위험한 권력

위험한 권력

견제 받지 않는 **사법 관료** - 사유화된 **검찰 권력**

최재천 지음

유리창

민주주의의 시작과 끝, 시민 주권

상식이 회복되고 있다. 권력의 '폭력성'에 시민이 저항한 결과다. 과연 이 땅이 21세기 민주공화국이었을까? 한동안 인권의 기본 원칙과 민주주의 핵심 원리들이 부정됐다. 국가는 왜 존재하는가. 통치 구조는 누구를 위한 제도인가. 사법절차의 목표는 무엇인가. 장탄식이 반도의 하늘을 뒤덮고 있었다. 더 많은 민주주의, 강력한 민주주의에 대한 시민적 자성과 행동이 다시 역사의 진보를 재촉하고 있다. 실질적 민주주의와 절차적 민주주의는 결코 둘이 아니라는 점 또한 깨닫게 한다.

모든 권력은 위험하다. 언제 어느 때건, 권력자가 누구건 시민을 기반으로 평가해볼 때 역시 권력은 위험한 것. 그렇다면 권력에 대한 막연한 불신과 외면보다는 권력에 대한 통제와 건강한 운용이 필요한 시대다.

시민 주권이다. 무엇보다 시민 주권이 확보되어야 한다. 시민 주권을 바탕으로 권력에 대한 통제, 정치에 대한 통제, 사법에 대한 민주적 통제를 감행해야 한다. 그것이야말로 민주주의의 시작이요, 곧 끝이다.

때로는 헌법이 결코 시민의 것이 못 되었다. 시민의 권리장전이어야 할 헌법이 다수파를 가장한 일부 정치인의 자의적 방편이 됐다. 양심에 기초해야 할 독립성을 내팽개친 사법 관료들이 간간이 있었다. 이들에 의한 사법 현실은 시민을 절망케 했다. 도대체 헌법은 누구의 편이란 말인가. 헌법은 언제쯤 법전에서 내려와 시민의 삶 속에 자리하려는가. 헌법의 위기가 민주정의 위기였고, 공화정의 위기였다. 한국적 현실은 '정치의 사법화' '사법의 정치화' 경향, 나아가 '선출되지 않은 권력'에 과도하게 정치적 결정을 전가했다. 시민의 결단과 행동이 필요했다.

이 책에서 제기하는 문제의식은 크게 두 가지다. 첫째, 권력의 위험성, 통치 제도의 위험성, 통치 권력의 위험성, 정치권력의 위험성, 정치인의 위험성이다. 둘째, 사법 권력의 위험성, 사법제도의 위험성, 사법 관료의 위험성이다. 그렇다면 공화국 시민으로서 대응은 간결하다. 오로지 시민 주권이다. 시민 주권의 원리다. 달리 말하면 민주주의요, 공화주의다. 그래서 모든 권력은 어떤 경우건 견제되어야 하고, 균형을 이뤄야 하며, 오로지 시민을 위해 작동해야 한다. 권력의 사유화야말로 이 시대 최고의 위협이다.

읽고 쓰고 말하기는 문자 공화국에서 살아가는 시민으로서 가장 기초적 권리일 것이다. 모처럼 여유를 가지고 다른 시절보다 정밀하게 읽을 수 있었고, 글 쓸 수 있었다. '저널리즘형 글쓰기'라 이름 붙이곤 했다. 정제되지 않은 글들이 모였다.

개개의 낱말을 정성껏 꿰매어 한 편의 글로 만들어준 분이 있다. 출판회사 유리창 우일문 대표다. 덕분에 죽었던 문자가 살아났다. 생각들이 정리되어 줄기가 됐다. 잊지 못할 정성과 고마움이다. 조용히 머리 숙여 감사의 인사를 올린다.

내가 쓴 모든 책이 그러하듯 이 책 또한 오롯이 아버지의 몫. 지난가을 벌써 14주기를 보냈다. 이 글을 쓰는 오늘, 마침 그분의 정성을 조금이라도 함께 나누고 싶어 만든 '최삼현 장학재단Global Sharing Foundation' 행사 날이다. 더불어 적절한 기념이 됐다. 이 또한 고마운 일이다. 글 하나, 말 하나, 책 하나에 늘어가는 빚, 언제 다 갚을 수 있을지 두렵다.

2011년 11월 법무법인 한강 版殿에서

최재천

견제 받지 않는 **사법 관료,** 사유화된 **검찰 권력**

위험한 권력

2부 '신성 권력'과 공정성

3부 바보야, 문제는 표현의 자유야

4부 상식과 몰상식

6부 그들만의 교육 리그

1부

눈 가린 **정의의 여신**

희망을 꿈꾸는 사회

우리는 후진국이다 경제협력개발기구^{OECD} 통계가 그렇다. 아이 낳기를 가장 싫어하는 나라다. 낳기도 싫고, 살기도 싫다. 자살률은 10년 넘도록 1등이다. 영어 교육열과 사교육비는 세계 일류다. 미국 유학을 가장 많이 보내는 나라다. 중국, 인도보다 많다. 대학 진학률은 세계 1, 2위를 다투지만 대학에 들어가는 순간 공부를 멀리한다. 중·고등학생들이 공부하는 시간은 성적과 별 상관없이 1등 수준이다. 대신 잠자는 시간은 가장 적다. 운동 시간은 없다. 노동시장도 세계 일류다. 좋은 일자리 비율은 가장 낮다. 그런데도 부지런하다. 연간 노동시간은 수년째 세계 1등이고, 작업장의 위험 수준은 초일류다. 산재 사망률은 늘 금메달이다. 비정규직 비율, 성별 임금격차, 저임금 노동자 비율 모두 세계 1위다. 수도권에서 내 집 마련하는 데 드는 시간이나 돈은 탁월한 1등이다. 이에 반해 저축률은 세계 꼴찌다. 미래를 예비할 돈도, 희망도 없다.

비관적 통계만 모았다는 비판에서 자유롭다고 말하지는 않겠다. 하

16

지만 이런 통계야말로 현재 우리 사회에서 인간의 존엄이 실천되는가에 대한 현실적 응답이다. 땅은 좁고 인구는 많다. 사람들은 서울로, 서울로 몰려든다. 나라와 정치는 믿을 수 없다. 오로지 시장이 기준이다. 모든 경쟁은 마라톤만큼이나 아름다운 것이고, 소유권의 미덕은 칭송된다. 남북 분단에 더해, 정치·사회·경제적으로 또 다른 분단에 시달린다. '이중의 분단'이다. 양극화의 극단은 한없이 멀어진다. 근본주의와 원리주의가 기승을 부린다. 그래서 아무도 희망을 찾지 못한다. 삶과 존재에 대한 투자는 불안하다. 인간의 본성, 인간의 존엄성에 대한 슬픈 송가다.

2008년 8월 오바마 부인 미셸 오바마가 민주당 전당대회 첫날 기조연설에 나섰다. 오바마와 데이트하던 시절의 이야기로 풀어나갔다. "우리는 (시카고 빈민가의 어느 건물) 지하실 안으로 들어갔어요. 오바마는 양복 윗도리를 벗어젖히고 '지금 우리가 사는 세상'과 '앞으로 우리가 바꿔가야 할 세상'에 대해 말했습니다. 우리는 너무 자주 이 두 세상 사이의 거리를 인정하고, 지금 우리가 사는 세상과 타협한다고. 지금 우리가 사는 세상이 우리의 가치와 느낌을 반영하지 못하는데도 말입니다." 미셸은 그날 이후 헤어날 수 없는 사랑에 빠지고 말았다.

인간의 존엄과 가치   오늘보다 나은 내일이 우리의 꿈이다. 지금 우리가 사는 세상보다는 '이랬으면 좋겠다' 하는 세상, 힘들겠지만 '그렇게 됐으면 좋겠다' 하는 세상이 우리의 비전이요, 가치다. 그런데 통계가 보여주는 현실은 결코 행복하지 않다. 차라리 비인간적이다. 인간이라기보다 경주마다. 보이지 않는 채찍에 의해

쫓기며, 죽음이라는 결승점을 향해 끊임없이 달려야 하는 외로운 경주다. 무엇이 문제인가.

먼저 속도, 성장 제일, 국토 개발이라는 전근대적 신화에서 벗어나야 한다. 지금은 1970년대가 아니다. 세상은 2008년 금융 위기를 겪으며 신자유주의의 한계를 절감했다. 그런데도 우리는 신자유주의 상투의 끝자락을 꼭 쥐고 있다. 근대에 이르러 역사와 경쟁에서 뒤처져온 우리 사회가 다시 한 번 세계사의 흐름에서 낙오자가 돼서는 안 된다. 세계사의 대전환기인 지금, 지구적 가치 변화에 집중해야 한다.

다음으로는 우리 시대의 화두에 좀더 충실할 필요가 있다. 양극단을 쫓는다 해도 최소한의 공통 비전은 한데 모을 수 있다. 이념의 상품성은 무의미하다. 인간의 존엄과 가치를 높이는 장치로써 나라가 필요하고, 정치가 필요하고, 경제가 필요하다.

구체적 수단은 통합이요, 대화다. 다른 사람의 생각을 내 생각만큼 존중하고, 최대공약수보다 최소공약수를 바탕으로 사회적 대타협을 시작해야 한다. 그리하여 희망을 조직해야 한다. 이 땅에서 인간의 존엄을 실현해야 한다. 인간을 인간답게 하는 것만이 세상 모든 일의 목표다. 그때 비로소 우리는 후진국이 아닌 선진국이다.

정치인 **걷어차기**

불편한 여의도　정치를 경멸하는 일, 정치인을 걷어차는 일은 우리 사회의 '국민적 스포츠'다. 그런데도 입신양명의 결승점으로 정치를 꿈꾸는 사람들은 줄지 않고 있다. 우리 사회의 모순이다. 사법부의 판사는 성적순이다. 이해하기 어렵다. 하지만 국회의원과 대통령은 시민의 직접선거로 선출된다. '나라의 주인은 바로 나'라는 국민주권의 증거다. 그런데 도장을 찍고 투표장에서 나오는 순간, 선택을 후회한다. 민주주의에 대한 중대한 자기모순이다.

우리 사회에서 여의도는 불편함의 상징이자, 무능과 부패의 대명사다. 그래서 대권으로 표현되는 대통령을 꿈꾸는 정치인들은 자신을 끊임없이 여의도와 차별화한다. 이런 현상은 우리나라의 일만이 아니다. 독일도 그렇다. 미국의 대선 주자들도 일상적으로 워싱턴 정치를 비판한다. 오바마 대통령도 그런 점에서 예외는 아니다. 우리나라도 마찬가지다. 노무현 전 대통령도 그랬고, 현재도 그렇다. 당선되기 전에도 그렇고, 당선되자마자 자신은 정치인이 아니라며 여의도를 배격한다.

여의도와 자신을 차별화함으로써 나라 사랑을 시민에게 증명하려 한다. 이는 견제와 균형의 원리를 주문한 헌법에 반하는 것이다. 국회의 헌법적 대표성을 무시한다. 이 역시 모순이다.

헌법을 만든 주권자인 시민은 정치라는 영역에 입법부와 행정부를 맡겨두었다. 삼권분립의 핵심 영역 두 가지를 정치와 정치인의 손에 위임한 것이다. 그만큼 정치의 중요성을 인정하는 셈이다. 물론 국민주권을 어떻게 실현할지, 투표와 대표성으로 이어지는 정치 행위 말고 어떤 방식으로 이를 추구할지 다른 대안을 찾아내지 못한 점도 있다. 그렇다고 아테네 시절 플라톤이 주장한 철인왕 정치로 돌아갈 수도 없고, 중세 봉건 시절 귀족정치로 돌아갈 수도 없고, 근대 엘리트 정치로 돌아갈 수도 없다는 건 모두 인정하는 사실이다.

문제는 이 지점에서 출발한다. 가장 중요한 정치의 영역에, 가장 중요한 문제를 위임하고도 정치를 경원시하고 외면한다. 시민의 주권 행사를 투표라는 일회적 행위에 가두고 만다. 시민은 종종 착각에 빠진다. '내가 투표장에 가서 도장을 찍었고, 시장경제가 작동하는 이상 우리 사회의 민주주의는 어느 정도 이루어진 셈이다'라고 말이다. 하지만 이는 '앙상한 민주주의'일 뿐, '더 나은 민주주의'가 아니다. '더 많은 민주주의'가 되지 못한다.

선거권 행사를 주권으로 한정하고, 다음의 모든 과정은 온전히 정치인의 몫으로 돌린다. 정치인을 믿는가. 견제하고 통제하지 않아도 괜찮은 정치인가. 이쯤 되면 정치인은 선거를 통해 위임받은 지위를 자신이 노력해서 쟁취한 사적 권한으로 착각한다. 권력을 일시적으로 위임받은 시민의 것이 아니라 타고난 자신의 권리로 오해한다. 이렇게 자기 합리화가 된 이상 권력의 이기적인 행사는 전혀 문제가 되지 않는다. 시민의 무관심과 정치인의 자기 합리화가 결합된 선물이다.

물론 선거라는 제도가 있다. 대통령은 정치적 책임에서 자유로운 5년 단임제다. 국회의원에게 선거라는 수직적 책임은 4년 뒤의 일일 뿐이다. 더구나 선거는 회고적 특성과 전망적 특성이 있기 때문에 시민의 투표라는 주권 행사가 어느 쪽을 지향했는지 확인하기도 쉽지 않다. 이를테면 2007년 대선에서 이명박 후보의 당선이 이명박 대통령의 경제 살리기 비전에 대한 긍정적 전망이 어느 정도였고, 노무현 전 대통령의 행정부에 대한 회고적 비판이 어느 정도 비중을 차지했는지 알아내기 어렵다. 그래서 학자들은 선거의 책임에 한계가 있다는 사실을 지적한다. 한 가지 더 얘기하면 내일은 새로운 해가 뜨는 것처럼 4년이나 5년 뒤에는 지금과 다른 바람이 불기 때문에, 내일 일은 내일 염려할 일이다. 이런 식으로 정치적 책임에서 자유로워지는 것이다.

이런 과정을 거치고 나면 주권자인 시민의 역할은 어디에서 찾아야 할지 궁금해진다. 참여라는 제도는 지극히 제약된다. 집회와 시위의 자유마저 질서라는 이름 아래 봉쇄되기 일쑤다. 여의도와 청와대에 대한 견제는 선술집의 안주에 불과하다. 정치적 인상 비평의 대상일 뿐이다. 다른 한편 언론에 맡겨두고 기자들이 알아서 감시해주겠지 하는 경우도 있다. 언론이 보여주고 써주는 대로 받아들이고, 언론에게 사실의 중계 기능을 넘어선 여론의 독과점 형성 기능을 부여한다. 시민은 정치의 주체가 아닌 방관자로 밀려난다. 주권은 불행한 소외의 길로 들어선다.

민주주의는 피를 먹고 자란다는 말이 있다. 하지만 이것은 옛말이다. 왕정을 타도하거나 군부독재를 깨뜨리는 과정에서 시민은 치열하게 저항했고, 무자비한 총칼에 희생되었다. 21세기 민주주의는 악의적 무관심을 가장 두려워한다. 일회적 투표 행위만으로 시민이라는 명예로운 권한을 행사했다고 말할 수는 없는 법이다. 법의학적 표현을 빌리면, 부작위不作爲에 의한 안락사다. 노약자에게 산소나 영양분을 끊임없이 공급하고 관리·감독해야 하는데, 이를 게을리해서 사람의 생명을 어려움에 처하게 하는 것과 다를 바 없다.

희망과 창조의 정치　　이제 우리는 정치에서도 희망을 찾아야 한다. 희망은 만드는 일이다. 창조 행위다. 희망을 만들 수 있는 사람들은 바로 시민계급이다. 그렇다면 어떻게 만들어야 할까.

첫째, 여론이 아닌 공론의 과정을 통해 정치와 권력을 끊임없이 견제하고 참여해야 한다. 정의와 공공선에 기반을 두고 주권자인 시민이 공통의 가치를 추구하는 행동에 나서야 한다. 자신의 권리를 투표 행위에 한정해서는 안 된다. 헌법이 보장한 표현의 자유, 정치적 자유를 통해 공통의 비전을 추구해야 한다. 우리 사회의 고질적 질환인 학벌주의와 지역주의, 혈연의 패밀리로 이어지는 밤의 문화를 청산해야 한다. 그래야 공정성이 실현된다. 이런 기준을 바탕으로 공론의 장을 통해 끊임없이 토론하고, 정치 행위를 시민의 공론에 종속시켜야 한다. 사회학자 벤저민 바버Benjamin Baber가 말한 '공적 시민'이 되어야 한다. 공유할 수 있는 공통의 열망이 무엇인지 토론하고 논쟁하며, 공공선을 실현하기 위해 활동하는 시민을 의미한다.

이런 공적 시민의 층이 두터운 시민사회가 움직이는 민주주의를 '강건한 민주주의'라고 했다. '앙상한 민주주의' '나약한 민주주의'에서 '튼튼한 민주주의'로 옮겨가야 한다. 세계의 모든 학자들이 시민적 참여가 붕괴되고 민주주의에 대한 열정을 잃었다고 이야기한다. 열정이나 공동체에 대한 관심과 애정은 민족주의와 종교 진영 포퓰리스트들의 몫이라는 비아냥거림도 있다. 공화주의에 관심을 쏟아야 한다. 공론을 통해 공통의 가치를 추구하고, 공화주의 이념을 통해 민주공화국의 이상을 실천하는 시민이 되어야 한다.

둘째, 우리 사회는 발전과 성장을 혼동한다. 현대사회의 모든 위기를 경제의 위기라며 단순화한다. 경제가 무너지면 우리 사회가 전부 무너지는 것처럼 생각할 정도다. 경제 우선주의요, 시장 우선주의다. 경쟁 우선주의다. 인간의 존엄이라는 본래적 속성을 시장의 우상 앞에 제물로 바치는 꼴이다. 경제성장만이 살길이라고 생각한다. 안정과 분배와 성장의 조화가 경제발전이라는 공식은 관심 밖이다. 삶이 곧 경제고, 경제가 곧 성장이다. 그래서 교황 바오로 6세는 1967년에 발표한 회칙 《민족들의 발전》을 통해 의문을 제기한다. 우리 사회의 발전이 "덜 인간적인 조건에서 더 인간적인 조건으로 옮겨가는 것이라면 무엇이든" 추구해야 한다는 것이다. 그렇다. 발전의 기준은 오로지 '인간적'인 데 있다. 무엇이 인간을 좀더 인간답게 하고, 어떤 발전이 인간을 더 자유롭게 하는지 확인해야 한다.

"이윤을 경제적 진보의 핵심 동기로, 경쟁을 경제의 최상위법으로, 생산수단의 사적 소유를 아무런 제한이나 사회적 의무가 없는 절대적인 권리로" 삼는 경제체제는 인간을 섬기는 경제체제로 바뀌어야 한다는 것이 그분의 말씀이다. 우리는 신자유주의에서 탈출해야 한다. '한국판 출애굽기'를 써나갈 때다.

셋째, "우리는 계속되는 형벌과 괴롭힘을 통해 백성의 정신을 긴장시키고, 공포에 사로잡히도록 하는 것이 공화국이나 군주에게 얼마나 해로운지 잘 알고 있다. 이보다 해로운 정치는 없을 텐데, 자신이 피해를 당하고 있다고 생각하기 시작한 사람은 무슨 수단을 써서라도 위험을 피하려 하며, 새로운 수단을 강구해내는 데 훨씬 대담해지고 덜 주저할 것이기 때문이다". 니콜로 마키아벨리의 《로마사론》에 나오는 말이다.

법과 질서가 통치 목표가 될 수는 없다. 그래서는 결코 안 된다. 법과 질서는 인간의 자유를 위해 봉사하는 수단이자 도구일 뿐이다. 그런 의미에서 대한민국 정치와 정치인은 시민의 의사에 좀더 철저히 종속되어야 한다. 헌법이 정한 기본권의 가치에 좀더 충실해야 한다. 법과 질서를 통치의 효율적 수단으로 활용하는 방식은 대단히 위험하다. 1970년대 국가주의 시대로 돌아갈 수는 없다. 정치에 대한 신뢰 상실, 정치에 대한 절망 등에 절반의 책임은 직접 정치를 담당하는 대의정치권에 있다. 좀더 낮아지고, 좀더 겸손해지고, 좀더 어린이의 마음으로 돌아가야 한다. 이렇게 묵상할 일이다.

"그때에 제자들이 예수께 와서 '하늘나라에서는 누가 가장 위대합니까?' 하고 물었다. 예수께서 어린이 하나를 불러 그들 가운데 세우시고 '나는 분명히 말한다. 너희가 생각을 바꾸어 어린이와 같이 되지 않으면 결코 하늘나라에 들어가지 못할 것이다. 그리고 하늘나라에서 가장 위대한 사람은 자신을 낮추어 이 어린이와 같이 되는 사람이다.'"(〈마태오복음〉 18:1~4)

법의 눈물

료칸 이야기　　　일본 에도시대 후기를 살다 간 료칸良寬의 이야기다. 집안의 장조카가 방탕한 생활에 젖어 있었다. 훌륭한 선승이자 시인으로 널리 알려진 료칸에게 홀로 아이를 키우던 형수가 부탁을 해왔다. 고향 집에 머무르는 사흘 동안 료칸은 한 마디도 하지 않았다.

그리고 떠나기 직전에야 조카를 불러 짚신 끈을 매달라고 얘기했다. 형수는 이때쯤 료칸이 꾸중하리라 여기고 뒤로 물러서서 두 사람의 모습을 조용히 살피고 있었다. 조카는 오늘따라 삼촌이 이상한 일을 시킨다고 생각하면서, 아무 말 없이 료칸의 짚신 끈을 맸다. 그 순간 조카의 목 언저리에 차가운 것이 뚝 떨어졌다. 조카가 깜짝 놀라 올려다보니, 삼촌이 슬픔 어린 눈을 깜박이면서 자신을 지그시 바라보고 있었다. 조카의 가슴에 깊은 울림이 일었다. 그러나 삼촌은 천천히 몸을 일으키더니 한 마디 말도 없이 떠났다.

우리 사회에서 통용되는 주류적 범죄관이 있다. 범죄는 일종의 질병, 개인의 병리적 현상이다. 그래서 범죄자는 환자와 마찬가지로 정상적인 기능을 회복할 때까지 격리한 다음, 그가 앓는 질병에 대하여 진단과 처방, 치료를 받아야 하는 존재로 유추한다. 판사와 검사, 교정공무원은 의료진이다. 교도소는 병원이다. 강제 노동과 교육, 반성은 치료다. 출소는 퇴원이다. 이로써 사회가 방위되고 안전성이 유지되며, 법의 지배가 준수된다. 그렇다면 이런 '의학적 일탈 모델'을 통해 우리 사회의 범죄는 근절되었는가. 그 점에서는 실패다. 그래서 대안을 모색한다.

실상 사형 폐지국에서 사형 집행을 검토하기 시작했다. 전자발찌법 시행 이전의 성범죄자에게도 전자발찌를 채울 수 있도록 소급입법이 제출됐다. 위헌 논란으로 폐지된 보호감호제도 이때다 싶어 고개를 들이밀었다. 강력 대응이다. 범죄는 개인 탓이라는 것이다. 범죄자를 제외한 사회는 일절 책임이 없다는 논거다. 근대 이전 유형流刑의 사고방식에서 벗어나지 못한다. 인간에 대한 철저한 불신이다.

이 모든 것은 교정주의에 입각한 주류적 범죄관과 다르지 않다. 강경 대응만이 범죄에 대한 이기적 욕구를 줄일 수 있다는 신자유주의적 범죄론과 한 치의 오차도 없다. 왜 실패를 반복하려 할까.

범죄는 인간이 가진 모순의 총체　　두 가지 문제를 제기한다.

첫째, 범죄행위의 책임이 순전히 범죄자에게 있다고 하기 위해서는 범죄자를 둘러싼 사회·문화·경제적 조건이 동등하다는 것이 전제되어야 한다. 태어나자마자 길가에 버려졌다는 사실이, 친자가 아니라 양자로 자랐다는 사실이 성폭력 범죄에 중대한 영향을 미쳤다면 이는 과연 개인 탓인가, 사회 탓인가.

둘째, '범죄행위자'가 아니라 '범죄행위'에 대한 관심이 제고되어야 한다. 그래야 범죄 현상론과 사회적 책임론에 눈을 돌릴 수 있다. 범죄자가 살던 사회, 범죄가 벌어진 공간은 범죄자와 대립된 어떤 것이 아니라 범죄를 형성하고 유지해온 심리적·물리적 공간이다. 물론 개인의 성행이 반사회적이기 때문에 저질러진 범죄도 있다. 하지만 개인의 자율적 결정에서 일정 부분 자유로운 범죄가 존재하는 한, 그 책임을 온전히 행위자에게 뒤집어씌우는 건 책임주의 원칙에 어긋난다.

이런 두 가지 생각만으로도 범죄자에 강경 대응하는 것이 유일한 범죄 대책이라는 현재의 접근 방식은 위험해 보인다. 범죄는 인간이 가진 모순의 총체다. 그래서 단선적 접근은 위험하다. 모든 범죄학의 근간에는 역설적이게도 인간에 대한 신뢰가 전제되어야 한다. 그래서 '법에도 눈물이 있다'고 했다.

법을 독점하는 법률가들

헌법을 독점하는 법률가들　　　프레드 로델은 《저주 받으라 법률가여》에서 말했다. "부족국가 시대에는 마술사가, 중세에는 성직자가 있었다. 오늘날엔 법률가가 있다. 장사의 요령을 익혀 그 지식을 소중히 이용하는 영악한 무리다. 전문 능력을 곡예적 기술과 융합해 민중의 머리 위로 군림하는 인간들이다."

성경에 대한 독점적 해석을 신학자들만 향유하던 시대가 있었다. 종교개혁은 필연이었다. 헌법에 대한 독점적 해석을 헌법재판소 재판관을 비롯한 법률가들이 독점하는 나라가 있다. 이런 나라라면 사법 개혁은 필연적이다. 2009년 대한민국이다. 우리 사회야말로 사법에 대한 헌법적 통제, 민주적 통제가 반드시 필요하다. 좋은 헌법이 있으면 뭐하나. 헌법을 민주적으로 해석하지 않고 불행하게도 일부 법률가들의 '개인적' 양심에 의지해야 한다면, 그리하여 지극히 반 헌법적으로 해석되고 그 해석이 우리 사회의 운명을 좌우할 수 있다면 이것이야말로 헌법의 위기요, 민주정치의 위기요, 공화정치의 위기다.

헌법 해석은 헌법의 창조 행위다. 헌법의 실질적 개정에 해당할 수 있다. 헌법 제정 권력의 의지를 훌쩍 뛰어넘을 수도 있다. 60년 헌정 역사상 한 번도 인정된 적이 없는 '관습헌법'을 찾아낸 헌법재판소다. 어느 시민도 몰랐다. 대다수 헌법학자들조차 관습헌법의 존재를 몰랐다. 그런데 헌법재판소는 알고 있었다. 자기들만 알고 있었다. 이 관습헌법이 대한민국의 헌법 해석에 미친 영향을 생각해보라.

참으로 이상한 나라다. 어떻게 단지 사법시험에 합격했다는 이유로, 사법연수원에서 좋은 성적을 얻었다는 이유로, 그리하여 단지 법률가라는 이유로 헌법에 대한 사실상의 '독점적 해석 권한'을 부여받을 수 있단 말인가.

공정성이 최고선　　　대입 수능 점수가 청소년의 인생을 결정해서는 안 되듯, 토익 점수가 젊은이의 장래를 예측하는 지표로 운용되어서는 안 되듯, 학점이 대학생의 품성을 좌우해서는 안 되듯, 자동차 배기량이 시민의 인격을 판단하는 요소로 작용해서는 안 되듯, 아파트 평수가 인간의 행복을 결정하는 수치로 운용되어서는 안 되듯, 고작 사법시험 점수와 사법연수원 성적의 합계가 법률의 해석 권한을 독점하고, 사법권을 독점하고, 헌법의 해석 권한을 독점하는 신분으로 이용되어서는 결코 민주공화정일 수 없다.

강남 3구에서 태어나 국제중과 외고를 졸업하고 법대 혹은 로스쿨을 거쳐 판사, 검사, 변호사가 되고, 이들 자격을 갖춘 이가 헌법재판관이 되고……. 과연 이런 헌법재판관 충원 방식이 민주공화정에 합치될 수 있을까. 우리 헌법이 예정하는 가치에 부합할 수 있을까. 헌법적 비전에 충실할 수 있을까.

"판사들이 어떤 식으로 선발되고 사회화되는지, 그들이 어떤 가치를 공유하는 경향이 있는지 살펴봐야 한다. 사법부의 독립은 그 자체로 가치 있는 것이 아니며, 이는 사법부의 공정성을 달성하기 위한 수단이다." 이탈리아 볼로냐대학의 정치학과 카를로 과르니에리 교수가 한 말이다.

선출되지 않은 위험한 권력

법 자체의 보수성에 법 해석 권한을 독점적으로 향유하는 이들의 선험적 보수성이 더해진다면, 어떻게 헌법 해석의 변천과 민주성을 담보할 수 있을까. 두려운 일이다.

더구나 사법부는 헌법적 정당성이라는 관점에서 치명적 약점을 안고 있다. 입법부와 행정부는 국민의 직접선거를 통해 선출된 권력이요, 위임된 권력이다. 이에 반해 사법부는 '선출되지 않은 권력'이다. 사법시험이라는 대한민국의 특수한 제도, 사법시험과 사법연수원 성적의 합계라는 희한한(?) 임용 제도를 통해 헌법적 정통성을 확보한다. 그래서 독립성을 강조한다. 국회의원과 대통령은 철저히 주권자의 의사에 종속된다. 입법부와 행정부의 독립성을 강조하지는 않는다. 하지만 헌법은 사법부의 독립성을 헌법의 중요한 논리로 채용한다. 이는 어느 나라나 마찬가지다. 그만큼 흔들리기 쉽고, 깨지기 쉬운 유리병과 같은 권력이다. 그만큼 위험한 권력이 바로 사법부다.

사법부는 선거를 통해 선출되지 않기에 수직적 책임성이 취약하다. 미국에서는 판사를 선출하는 주도 '대단히' 많다. 정치적 위험성은 있지만 민주적 통제가 가능하고 국민주권의 정신에 충실할 수 있으며, 무엇보다 예측 가능한 법 적용을 기대할 수 있기 때문이다.

헌법이 사법부의 독립을 규정했기에 권력기관 사이의 견제와 균형이라는 수평적 책임성 또한 치명적 약점이 있다. 독립성을 이유로 견제와 균형에서 자유롭고자 하는 것이다. 문제는 독립성이 독점성으로 작용하는 경우다. 독립을 오해하고 독점을 강화하는 쪽으로, 그리하여 헌법적 통제가 배제되고 헌법적 책임마저 무력화되는 위기가 발생한다. 2009년 헌법재판소가 이런 위기에 직면했다. 민주공화정의 위기다.

《수상록》으로 널리 알려진 몽테뉴는 1557년부터 1570년까지 보르도 고등법원에서 평정관conseiller으로 일했다. 그런데도 그는 판사들을 '소송을 관리하는 무리gens maniant des proces'라고 경멸했다.

"소송을 관리하는 무리는 법전의 교의와 지식에 대한 시험을 치른 것이지, 상식이나 정직에 대한 시험을 치르지는 않았다. 도처에서 정의는 탐욕과 어리석음, 사회적 특권, 공허한 법 형식에 희생되었고, 그 결과 범죄보다 범죄적인 유죄판결을 양산했다."(비앙카마리아 폰타나, 〈몽테뉴 《수상록》에 나타난 법의 지배와 사법 개혁의 문제〉)

몽테뉴의 말은 헌법에 맹목적인 이들이 헌법 해석을 독점하는 위험성에 대한 비판의 도구로 활용할 수 있다. 왜 법률가들이 헌법 해석을 독점해야 하나. 헌법을 해석하는 최종 기관인 헌법재판소 재판관에 왜 변호사 자격이 있는 이들만 임명되어야 하나. 국민주권의 한 양식인 헌법재판관이 되기 위해서는 왜 사법시험 성적이 유일한 기준이 되어야 하나. 대다수 시민의 공론은 미디어법이 잘못됐고, 절차적 민주주의에 심각한 위험이 있었다는 것인데, 왜 헌법에 합치된다고 해석되어야 하나. 그렇다면 국민주권은 어떻게, 어떤 방식으로 실현되어야 하나.

권력 견제가 국민주권 실천이다　　　　결국 권력에 대한 견제의 문제요, 국민주권의 실천 문제다. 사법부의 권력도, 헌법재판소의 권력도 당연히 헌법의 범위에서, 국민주권의 범위에서 견제되어야 하고 헌법적 책임의 원칙은 정밀하게 작동되어야 한다. 독립성을 독점성으로 오해하는 이들, 독립성을 책임 회피의 도구로 활용하는 이들 또한 헌법적 책임이나 견제와 균형의 원칙에서 결코 자유로워서는 안 된다. 그래서 헌법적 책임, 사회적 책임은 더욱 강조되어야 한다. 최장집 교수의 말이다.

"사법부가 사회적 책임에 종속되어야 하는 이유는 시민이 그들의 대표로 직접 선출하고, 그들에 대해 직접 책임지는 집행부나 입법부와 달리 시민에 대해 간접적으로 책임지기 때문이다. 그들의 선출이 간접적인 만큼 시민에 대한 책임도 약하다."

첫머리에 인용한 로델의 글에서 법률가를 변호사로 번역하기도 한다. 2009년 한국 사회의 사법 현실에 견주어보면 별 상관없을 것 같다. '제 얼굴에 침 뱉기'지만 나도 법률가다. 한때 입법가이기도 했다. 로스쿨 겸임교수이자, 저주 받은 변호사다. 나는 로델의 경멸을 겸허히 받아들이고자 한다. 그리하여 나부터 저주의 대상이 되고자 한다. 사법부의 민주적 통제와 헌법적 책임을 위해서라면.

눈 가린 **정의**의 **여신**

'정의의 여신'이 눈을 가린 이유　어떻게 눈을 감고 세상의 진실을 추
구할 수 있을까. 본래 정의의 여신은
눈을 뜨고 있었다. 지혜로운 눈이 있는 여신이었다. 그런데 오늘날 정
의의 여신은 눈을 가리고 있다. 눈을 가리고도 볼 수 있을까.

　알브레히트 뒤러의 '정의의 여신'이라는 목판화가 있다. 1494년 작품
이다. 정의의 여신은 이상한 자세를 취하고 있다. 광대 모자를 쓴 광신
도가 여신의 눈을 천으로 가렸다. 아무것도 볼 수가 없다. 왼손에는 천
칭을 들고, 오른손은 날카롭고 긴 칼을 흔들어댈 태세다. 이 작품은 말
도 안 되는 궤변으로 소송을 일삼으며 사법기관의 업무를 마비시키고
시민을 소송 피로증에 빠뜨리는 브로커들을 풍자한 것이다.

　수십 년이 지나자 눈을 가린 정의의 여신을 표현한 작품이 전 유럽
에 유행처럼 번졌고, 어느 순간 여신의 눈가리개가 사법기관 공평성의
상징이 되었다. 속세에서 떨어져 있기에 진리를 볼 수 있는 고대의 예
언자처럼 말이다.(에마뉘엘 피라, 《법은 사회의 브레이크인가, 엔진인가》) 그

래서 눈을 가린 정의의 여신은 마치 공정성을 위해 눈을 가린 것처럼 변형되고, 근대법과 함께 우리 사회까지 건너왔다. 이 순간 여신의 눈을 가리는 가리개의 의미를 물어야 한다. 15세기 중세 사회로 돌아가 저울과 칼과 눈가리개의 의미를 사법 주권과 시민 주권의 차원에서 되물어야 한다. 우리 사회 정의의 여신은 정의와 법치를 위해 애써 눈감고 있는가. 눈을 가린 것은 과연 자발적인가. 두 가지만 지적하자.

첫째, 사법의, 사법을 위한, 사법기관의 조직 배타주의다. 정의의 여신은 상징일 뿐 신이 아니다. 법관은 시민이다. 프랑스혁명 직후인 1790년 8월 13일, 제헌의회는 탄원서를 접수했다. "재판에서 판결하는 직분을 맡을 자들은 덕과 재능, 정직성 외에 어떤 식별 표시도 가져서는 안 됩니다. 판사들은 시민에게 모욕이 될 의복이나 제복에 예속되어서는 안 됩니다." 법관이 신분일 수 없듯, 법복 또한 사법제도의 본질이어선 안 된다. 법은 누가 뭐래도 시민의 것이기 때문이다. 시민의 눈에 법관은 보인다. 법관의 눈에 시민은 보이지 않는다. 그렇다면 시민과 사법부 모두 이제 눈 뜨고 깨어나야 한다.

둘째, "법률가는 법의 저울에서 모든 외부의 영향력을 멀리하기 위해서가 아니라 저울의 한쪽 판이 자신이 원하는 방향으로 기울어지지 않을 경우 자신의 칼까지 그것에 얹기 위해 일반적으로 정의의 칼을 사용한다".(이마누엘 칸트,《영구평화론》) 1795년의 글이다. 법률가는 천칭의 무게중심을 자의적으로 조정한다. 사법부의 정의를 위해 스스로 눈을 가린다. 그리고 독립성이라는 이름으로 이를 방어한다.

20세기 초 독일의 사회학자 막스 베버는 현대 국가의 특징을 특정한 영토 안의 '정당한 물리적 폭력의 독점'에서 찾았다. 근대국가는 국민의 생명과 재산을 보호하겠다는 약속으로 국가가 사용하는 폭력의 독점성과 정당성을 합리화했다. 국가는 폭력의 사용을 독점한 것이 아니라 정당한 폭력의 사용을 독점한 것이다. 문제는 군대와 경찰만 폭력을 독점한 것이 아니라는 점. 정의롭지 못한, 사법 권력 그 자체를 위한 자의적이고 차별적인 법 집행도 어느 사람에게는 폭력일 수 있다.

연전에 판사의 고액 강연료 문제, 그랜저 검사 문제 등이 쟁점이 된 사법부와 검찰에 대한 국정감사가 있었다. 이때 정의의 여신은 시민과 법조인을 공평하게 처리했을까. 두 눈 딱 감고 흔들림 없이 저울과 칼을 사용했을까. 우리 사회 속 정의의 여신은 왜 눈감고 있는가.

개도 아는 진실

허공에 대고 총질하기　　"오늘 오전 북한이 백령도 인근 북방한계선 NLL 북쪽 해상으로 해안포를 발사했다. 어제 선포한 항행 금지 구역 내다. 우리 군도 백령도 해병 부대에서 벌컨포로 대응사격을 했다. 양측이 허공에 대고 사격한 것이므로 아무런 인명, 재산 피해는 없다."

청와대 관계자가 한 말이다.

그러면 별 볼 일 없는 일이 되고 마는 셈인가. 비아냥거리는 것을 용서하라. 남북의 이런 말초적 행동이 허공에 대고 빈총을 쏘는 것과 뭐가 다를까. 냉전의 극치다. 아니다, 차라리 동물적 행동의 극치다. 이런 동물적 조건반사 앞에서 국격이고 뭐고 없다. 우리 사회 최고의 비전이라는 '성장'과 '경제'도 없다.

콘라트 차하리아스 로렌츠라는 학자가 있다. 1973년 동물행동 연구로 노벨 생리·의학상을 수상했으며, 동물행동학자 혹은 동물행태학자로 불린다. 로렌츠는 야생에서 살아가는 동물을 직접 찾아가서 연구하고, 집에 야생동물을 키우기도 하면서 동물의 행동에서 본능이 중요한 역할을 한다는 사실을 밝혀냈다.

개들도 아는 진실　　　두 집이 나무 담벼락을 사이에 두고 붙어 있었다. 양쪽 집에서는 사나운 개를 한 마리씩 키우고 있었다. 개들은 목책을 사이에 두고 매일같이 서로 으르렁대는 게 일과였다. 아침이면 얼굴이 빤히 보이는 상대를 향해 이빨을 드러내고 짖어대며 위협을 시작했다. 그래서 목책 이쪽에서 저쪽으로 상대를 위협하며 끝까지 나란히 갔다가 돌아오기를 반복했다.

어느 날 밤 폭풍우가 불어 목책 한쪽 끝이 무너졌다. 개들은 담벼락 한 부분이 무너진 것도 모른 채 여느 때처럼 상대를 위협하며 달려갔다. 그러다 무너진 목책에 다다랐고, 어쩔 수 없이 얼굴을 맞닥뜨렸다.

평소의 기세라면 서로 물어뜯고 싸워가며 결판을 내야 했다. 놀랍게도 두 개 사이에는 싸움 대신 정적이 흘렀다. 그리고 약속이나 한 듯 옆에 멀쩡하게 서 있는 다른 목책 쪽으로 뛰어갔다. 개들은 아무 일도 없었다는 듯 목책을 따라가면서 계속 짖고 으르렁거렸다.

로렌츠가 들려주는 사례다. 개들의 목적은 현실의 싸움이 아니라 오로지 위협하는 일이었다. 진짜 싸우면 서로 크나큰 손해를 본다는 것을 너무나 잘 알았다. 싸움은 두렵지만 위협은 즐거웠다. 로렌츠의 설명을 넘어 부연하면, 주인에게 충성심을 보여주기에는 매일 짖어대는 것으로 충분했다. 목책 너머에 적절한 위협이 존재한다는 것 자체가 그들이 존재하는 근거였다. 싸움은 승패를 예측할 수 없기에 두려운 일이었다. 딱 거기까지가 좋았다. 거기까지가 안전하고 즐거운 일이었다. 그래서 동물이다.

제발 형 노릇을 하자   북한은 끊임없이 도발함으로써 자신들의 존재 가치를 악의적으로 증명한다. 평화협정 체결은 의제로 던지고 6자회담 참가는 미적대면서, 군사적 도발을 통해 자신들의 존재 가치를 말하고자 하는 수준으로 평가될 뿐이다. 우리도 이런 논리에서 별반 자유롭지 못하다. 정치·경제·군사적 측면에서 압도적 우위를 대화와 협력의 방식으로 풀어나가지 못하고, 억지와 비확산이라는 논리에서 철저히 봉쇄하고 강경 대응한다. 우리는 여기에다 순전히 국내용으로 과거 정부와 달리 수세 국면이 아니라 적극적이고 공격적인 자세로 남북 관계에 대응하고 있음을 '선의'로 증명하려 한다. 대국민용 자존심이다.

북한에서 날아온 총소리는 코스피지수가 떨어지는 소리다. 한반도는 분쟁 지역임을 국내외에 과시하는 소리다. 코리아 디스카운트가 왜 존재할 수밖에 없는지, 왜 대한민국의 국격이 그 정도일 수밖에 없는지 말해주는 소리다.

한국전쟁 60년이다. 여전히 분단국이다. 평화선도 아니고 휴전선이다. 정전선이다. 언제라도 선고포고 없이 곧바로 전쟁에 돌입할 수 있는 지극히 불안정한 상태다. 이 불안정을 평화로운 상태로 이끌지 못하고, 서로 바다와 공중을 향해 총질하고 있다. 물론 먼저 도발한 북한의 책임이다. 하지만 이를 달래가며 협력과 대화의 장으로 이끌지 못하는 맏형은 과연 책임이 없나.

남과 북은 로렌츠가 설명한 것처럼 동물행동학의 범위를 벗어나지 못하고 있다. 말초적이고 본능적이다. 그런데도 전쟁은 없다. 이성적이고 합리적이어서가 아니라, 그저 그런 동물적 본능의 수준일 것이다. 왜 동물의 행동, 동물의 행태, 동물적 사유의 범주를 벗어나지 못하고 좀더 인간답고 인간의 존엄성이 보장되는 사회를 만들어내지 못하는가. 한없이 슬프고 분노가 치미는 하루다.

작전지휘 통제권이 없는 한국군

전투기로 폭격하자? 우린 결정권이 없다　　　　2010년 8월 팔레스타인 무장 세력이 로켓 한 발을 이스라엘 남부 도시에 발사했다. 인명 피해는 없었다. 이스라엘은 즉각 보복에 나섰다. 다섯 곳을 공습했다. 무장 세력의 로켓 제조 책임자도 제거했다. 우리나라 보수 언론이 부러워하는 '막대한' 보복의 사례다.

그런데 우리는 불가능하다. 교전규칙 때문이다. 규칙을 지켜야 한다. 비례의 한도에서 교전할 수 있다. 국방부는 2010년 11월 30일 교전규칙을 개정하겠다고 보고했다(물론 이 발표는 천안함 사건 때도 똑같았다). 정부는 규칙을 개정해 '북한의 불법 공격을 즉각·엄중·정확히 응징'(조선일보 11월 23일자 사설 제목)하겠다는 것이다. 강력한 보복이다.

이렇게 교전규칙을 개정하면 우리는 북한과 '국지전'이 벌어졌을 때 이길 수 있을까. 물론 '전투'에서는 그럴 수도 있겠다. 하지만 '전쟁'에서는?

'막대한' 보복 주문 실행할 수 없는 이유 평화협정이 있다. 전쟁 없이 이기는 길이다. 이스라엘과 같은 현실적 해법도 있다. 전투에서 이길 수 있을 것이다. '유엔군 사령부가 정해놓고 실상은 미국이 행사하는' 작전 통제권을, 가장 좁게는 교전규칙을 우리가 직접 만들고 결정하고 행사하며 보복하는 방법이 있다. 전투기를 통한 포격도 우리가 결정하면 된다.

그런데 이것이 가능할까. 불가능하다. 왜? 작전 통제권 때문이다. 교전규칙 때문이다. 작전에 대한 권리는 미국의 것이다. '보수파'는 작전 통제권 전환 때문에 한국 안보가 위기에 처했다고 주장해왔다. 그래서 천안함 사건 이후 작전 통제권 전환 시기를 3년 7개월이나 미뤘다.

그런데도 연평도 사태가 발생했다. 보복을 주문했다. 하지만 보복할 수 있는 결정권은 실상 미군에 있었다. 작전 통제권 문제에 대한 근본적 한계, 국군의 자기 결정권에 대한 근본적 모순을 정직하게 고백하는 이는 아무도 없다. 부끄러운 일이다.

"한미동맹은 예외적이다."

다음은 서재정의 《한미동맹은 영구화하는가》 한국어판 서문을 요약한 것이다.

군사동맹 중에서 한미동맹만큼 반세기 이상 지속된 장기적 동맹은 매우 예외적이다. 동맹국의 군대가 상시 주둔한다는 점도 예외적이다. 패전국이 아니면서 외국군 수만 명이 50년 넘게 주둔하는 것 자체가 예외적이다.

역사적으로 한 나라 군대가 다른 나라에 주둔하는 것은 군사적 점령이나 식민지 지배의 방식이었다. 한미동맹은 한 걸음 더 나아가 주한 미군이 한국군의 작전지휘 통제권을 보유하고 있다. 이를 두고 어느 학자는 "경이로운 주권의 양도"라고 표현했다. 외국군이 점령군으로 주둔하지 않고, 합법적으로 기지를 임대해서 주둔하며 그 기지를 빌려준 국가의 군대를 지휘·통제한다는 것은 그야말로 전무후무한 일이다.

더욱 경이로운 사실은 이상과 같은 예외적 현실이 당연한 일로 받아들여진다는 점이다. 미군이 주둔하지 않으면서도 동맹 관계나 우호적인 관계를 유지하는 국가들이 얼마든지 있는데도 주한 미군의 철수를 주장하는 사람들은 '반미'로 낙인찍힌다. 더더욱 경이로운 사실은 미국 정부가 주한 미군을 감축하려고 해도 한국 정부가 반대한다는 점이다. 국제 관계에서 결코 상상할 수 없는 예외 상태가 우리에겐 일상이 됐다. 차라리 종교가 됐다.

주한 미군 사령관 '사실상' 지휘권 행사하게 된 역사적 현실

한국전쟁이 발발한 직후인 1950년 7월 15일, 이승만 대통령은 한국군을 맥아더 장군이 지휘하는 유엔군 사령부 통제 아래 두었다. 이 대통령은 맥아더에게 보낸 편지에서 "현재의 전쟁 상태가 계속되는 동안 한국의 육해공군에 대한 전 지휘권"을 위임한다고 밝혔다. 1953년 7월 27일 휴전협정에 조인한 뒤에도 한국군의 작전 통제권은 유엔군 사령관에게 있었다. 1957년 유엔군 사령부가 도쿄에서 서울로 이전한 뒤에도 이 상태는 계속됐다.

1978년 한미연합사령부가 창설됐다. 주한 미군은 물론 '한국군에 대한 작전 통제권'도 유엔군 사령관에서 한미연합사령관에게 이전됐다. 《국방백서 1995~1996》과 《한미동맹은 영구화하는가》에 따르면 한미연합사령부와 유엔군 사령부는 법적으로 별도의 본부를 둔 별도의 실체지만, "휴전협정 업무에 대해서는 한미연합사가 유엔사 통제 아래 있다". 그러므로 북한의 군사적 도발이 있으면 이는 '휴전협정 위반'과 '유엔군 사령부에 대한 도전'으로 간주되어 휘하에 전투 병력을 두지 않은 유엔군 사령관이 한미연합사령관에게 즉각 그 도발을 응징하도록 요구하는 구조다.

현재도 한미연합사령관과 유엔군 사령관은 동일 인물이고, 한미연합사 일부 참모가 동시에 유엔사 참모로 근무해 양 사령부의 이런 법적 구분은 실질적으로 큰 의미가 없다. 결국 한미연합사령관인 주한미군 사령관이 한국군에 대한 '사실상' 지휘권을 행사하는 것이 '엄연한' 현실이다.

"한미연합사가 창설된 이후 주한 미군 사령관은 7개 직을 맡고 있다. 유엔군 사령관, 한미연합사령관, 지상구성군 사령부 사령관, 유엔 지상구성군 사령부 사령관, 주한 미군 사령관, 미8군 사령관, 한국 주재 고위 미군 장교Senior U. S. Military Officer Assigned in Korea가 그것이다. 미8군 사령관은 한미연합야전군CFA 사령관과 제2보병사단 사단장을 지휘하는 한국 주둔 미 육군 최고위 장교 역할을 한다."(서재정, 앞의 책 137~138쪽 요약)

1977년 3월 9일, 카터 미국 대통령은 주한 미군 철수를 통보했다. 당연히 혼란이 있었을 것이다. 같은 달 15일, 주한 미군 철수 대책 정부·여당 연석회의가 열렸다. 당시 박정희 대통령은 다음과 같이 말했다.

"이제 우리도 체통을 세울 때가 되었습니다. 60만 대군이 있는 우리가 미군 4만 명에게 의존한다면 무엇보다 창피한 일입니다. 우리의 자주국방력도 이만큼 컸고 지금이라도 전쟁을 하면 승산이 있는데, 굳이 미군이 있어야 마음이 놓인다는 것은 말이 안 됩니다."

그리고 33년이 지났다. 박 대통령의 자주국방 의식을 전혀 뛰어넘지 못한다. 1978년의 한미연합사 체제가 계속되던 1994년 12월, 한미연합사령관은 '평화 시' 한국군 부대에 대한 작전 통제권을 한국 합참의장에게 이양한다. 하지만 작전권 환수는 제한적이었다. 재위임의 형식을 밟았기 때문이다. '전쟁 억제와 방어를 위한 한미 연합 위기관리' 조항 등 6개 핵심 사항을 한미 연합 권한 위임 사항CODA으로 다시 한미연합사령관에게 위임하는 형식을 취한 것이다.

이로써 평화 시 한미연합사령관의 역할은 한국 합참의장이 위임한 연합 위임권 행사로 제한됐다. 대다수 사람들이 현재 '전시' 작전권은 미국에, '평시' 작전권은 한국에 있는 것으로 오해하거나 착각한다. 하지만 현실은 다르다. 위기관리와 한미 연합 훈련 등 전시에 대비한 평시의 여러 훈련을 위한 작전권은 온전히 미군에게 있다. 평시 작전권을 반환받으면서 이런 부분은 다시 미군에게 위임하는 형식을 밟아놓은 것이다. 환수한 일부 권한을 재반환했다는 것이 정확한 설명이다.

연평도 사태, 한국군의 독자적인 문제가 아니다 예를 들어보자. 연평도 사태가 발생했다. 휴전협정 위반이다. 지금은 전시가 아니니까 우리의 작전권 범주로 포섭되어 우리가 결정하고 작전을 펼칠 수 있을까. 연평도 공격은 휴전협정 위반이니 처음부터 유엔사 관할이다. 한미연합사령부의 일이다. 한국군의 독자적인 작전과 권한의 범위를 벗어났다. 물론 다른 논리도 있을 수 있다. 하지만 유엔사와 한미연합사와 미군이 해석하는 기준은

(확인한 결과) 필자의 논리 범위에서 벗어나지 않았다.

휴전협정 위반과 무관한 우발적 사건이라고 가정하자. 평화 시에 발생한 사건이라 치자. 이렇게 해석하면 한국군의 독자적 대응이 가능할 수도 있다. 그런데 한미 양국의 합의에 따라 지켜지는 교전규칙이 있다. 1953년 유엔군 사령부가 수립한 '정전 시 유엔사 교전규칙'은 정전협정 체제에서 유엔군 사령관의 의도와 능력 범위를 넘어서는 한국군의 대응을 통제하고, 작전이 벌어지는 경우 현장 지휘관에게 독단권의 범위를 정해줌으로써 작전의 효율을 기하고자 하는 사전 지침이라 정의된다.

하지만 이 규칙은 전면전 방지를 위한 위기관리, 현상 관리적 성격이 짙은 개념이다. 승리보다 관리 개념이고, 확전 방지에 주목적이 있는 개념이다. 미국은 한반도에서 국지 도발이 전면전으로 확대되는 것을 원치 않았다. 지금도 마찬가지로 해석된다. 적극적 전장 장악보다 소극적 현상 유지가 교전규칙의 목표고, 휴전 관리의 주된 개념으로 이해된다. 이런 상태에서 교전규칙을 해석하고 행사하고 개정하는 일은 소극적일 수밖에 없다.

우리는 연평도 현장을, 한국군의 작전을 책임지는 군 관계자들의 고충을 이해해야 한다. 이는 한국군의 독자적인 문제가 아니다. 국방 분야에 한정된 문제가 아니라 정치, 외교, 안보, 근본적으로는 한미동맹의 문제고, 전략 동맹의 문제다. 결코 군을 탓해서는 안 된다는 것이 필자의 생각이다. 권한과 책임을 부여한 다음 탓해야 한다. 그러기엔 교전규칙의 한계가 있고, 전시작전통제권의 문제가 있고, 한미 전략 동맹이라는 비전과 가치가 있다.

2005년 9월, 한국은 전시작전통제권 환수 논의 개시 의사를 미국에 전달했다. 그해 10월 서울에서 개최된 제37차 한미연례안보협의회의 ^{SCM}에서 윤광웅 국방 장관과 럼스펠드 장관은 "지휘 관계와 전시작전 통제권에 대한 협의를 적절히 가속화하자"고 합의했다. 2007년 2월 한미 국방 장관 회담에서 전작권의 한국군 전환 일자를 2012년 4월 17일로 확정했다. 1978년 창설된 한미연합사 체제를 폐지하고, 한국이 주도하고 미국이 지원하는 한국형 공동방위 체제가 새롭게 탄생한 것이다.

2010년 3월 천안함 사건이 발생했다. 석 달이 지난 6월 26일, 한미 정상은 전작권 전환 시기를 2015년 12월로 3년 8개월 연기하는 데 합의했다. 당시 이명박 대통령은 "한국의 요청을 수락해준 오바마 대통령에게 감사하다"는 말을 덧붙였다. 전작권 반환을 연기했는데도 연평도 사태가 발생했다.

정전협정 당사자들의 논의는 어떻게 되었을까　　　1953년 7월로 돌아가자. 당시 체결된 '국제연합군 총사령관을 일방으로 하고 조선인민군 최고사령관과 중국인민지원군 사령관을 다른 일방으로 하는 한국 군사 정전에 관한 협정' 제60항은 다음과 같다.

"한국 문제의 평화적 해결을 위하여 쌍방 군사령관은 쌍방의 관계 각국 정부에 정전협정이 조인되고 효력이 발생한 후 3개월 내에 각기 대표를 파견하여 쌍방의 한 급 높은 정치 회의를 소집하고, 한국에서 모든 외국 군대의 철수와 한국 문제의 평화적 해결을 협의할 것을 이에 건의한다."

그 이후 평화협정 체결을 위한 협의는 시작되었을까. 정전 상태를 평화협정으로 진화시키고 한반도에 평화를 정착시키기 위한 정전협정 당사자들의 논의는 어떻게 되었을까.

2000년 6월 15일, 김대중 대통령의 역사적인 '6·15남북공동선언'이 있었다. 2005년 9월 19일 열린 6자회담에서 '9·19공동성명'이 발표됐다. 제4항에 "6자는 동북아시아의 항구적인 평화와 안정을 위해 공동 노력할 것을 공약하였다. 직접 관련 당사국들은 적절한 별도 포럼에서 한반도의 영구적 평화 체제에 관한 협상을 가질 것이다. 6자는 동북아시아의 안보 협력 증진을 위한 방안과 수단을 모색하기로 합의하였다"고 명시되었다. 비로소 구체화된 것이다.

하지만 6자회담은 답보 상태를 거듭했다. 2007년 평양에서 2차 남북 정상회담이 개최됐다. '10·4남북공동선언문'이 발표됐다. 제4항이 그것이다. "남과 북은 현 정전 체제를 종식시키고 항구적인 평화 체제를 구축해나가야 한다는 데 인식을 같이하고, 직접 관련된 3자 또는 4자 정상들이 한반도 지역에서 만나 종전을 선언하는 문제를 추진하기 위해 협력해나가기로 하였다. 남과 북은 한반도 핵 문제 해결을 위해 6자회담 9·19공동성명과 2·13합의가 순조롭게 이행되도록 공동으로 노력하기로 하였다."

정권은 바뀌었고 모든 것은 10년 전으로 돌아갔다. 천안함 사건이 있었고, 연평도 사태가 발생했다. 천안함 사건 이후 발표된 모든 대책은 연평도 사태 이후에도 반복되고 있다. 변한 것은 하나도 없다. '말'의 위기요, '말'의 안보다. 위기의 일상화다. 위기는 끊임없이 강조되고, 필요에 따라 증폭된다. 시민은 위기에 짓눌려 '예외 상태'를 일상으로 알고 살아간다.

10·4남북공동선언문에서는 "서해에서 우발적 충돌 방지를 위해 공

동 어로수역을 지정하고, 이 수역을 평화 수역으로 만들기 위한 방안과 각종 협력 사업에 대한 군사적 보장 조치 문제 등 군사적 신뢰 구축 조치를 협의"하기로 했다. "해주 지역과 주변 해역을 포괄하는 서해평화협력특별지대를 설치하고, 공동 어로수역과 평화 수역 설정" 등을 적극 추진해나가기로 했다. 천안함 사건과 연평도 사태가 벌어진 바로 그 지역이다. 그대로 했다면?

연평도 사태 대응, 결국 전작권에 달렸다

이제 결론을 내리자.

첫째, 교전규칙은 그 한계가 분명하다. 그리고 교전규칙에 대한 해석권과 결정권의 최종적 책임은 유엔사에 있다고 정리하는 게 옳다. 유엔사가 곧 한미연합사. 한미연합사령관이 곧 주한 미군 사령관이다. 한미동맹의 전략 동맹 성격에 따라 서로 합의하고 현재도 동의한다는 것을 전제한다. 한 가지 덧붙이고 싶은 것은 현재의 교전규칙에서는 일부 보수 세력이 상상하는 응징이나 보복, 확전, 선제적 공격은 도저히 불가능하다는 것을 정직하게 시인해야 한다는 점이다.

둘째, 교전규칙의 문제는 결국 한미연합사의 문제고, 작전 통제권의 문제다. 전시작전권의 문제기도 하지만, 평시작전권의 문제기도 하다. 평시작전권이 대부분 전시작전권에 연계되다 보니, 그 권한은 한미연합사에 귀속된다. 전시작전권의 전환이 결국 평시작전권의 전환이다. 전환이 곧 반환이요, 환수다. 한국군의 독자적 결정과 작전과 책임을 의미한다.

그렇다면 전시작전권 전환 문제와 연평도 사태에 대응하는 것은 결코 분리될 수 없는 문제다. 전작권을 미국에 둔 상태에서 한국군의 독자적 영역을 확보함으로써 대응의 수준과 권한을 결정하려는 방식은 지극히 제한적이고 파편적이다. 비본질적이다. 물론 확전을 바라지 않는다. 북한의 도발은 강력하게 비난 받아야 한다. 지극히 위험한 공산주의 왕조다운 태도다. 모험주의요, 군사적 극단주의다. 하지만 대응의 수준과 범위에 대한 근본 문제는 결국 전작권에 달렸다. 전작권 환수가 왜 중요한지 깨달을 수 있는 계기가 됐으면 좋겠다.

셋째, 본질은 평화 체제다. 김대중 대통령이 그토록 꿈꾸던 '통일 지향적인 평화 프로세스'의 지난한 과정이다. 김 대통령은 "한반도 평화 체제에는 많은 논의와 여러 단계가 필요하다. 여기에서 가장 중요하고 근본적인 것은 남북한의 통일을 지향하는 평화 체제가 되어야 한다는 것이다. 지금의 분단 상태를 고착화하거나 현상을 유지하는 평화 체제는 갈등과 분쟁의 위험이 도사리고 있어서 언제 다시 깨질지 모르는 불완전한 것일 수밖에 없다"고 했다. 현재도 전시 상태는 아니다. 그렇지만 현재의 평화는 '분단 고착적' 평화다.

임동원 전 통일부 장관은 한반도 평화 체제를 구축하기 위해 "지난 반세기 동안 지속돼온 냉전 구조를 해체해야 한다"며 그 구체적 방안으로 통일 지향 평화 체제 구축, 북한 핵 문제 해결, 북미 관계 정상화, 남북한 경제협력 활성화, 군사적 대치와 군비경쟁 종식, 동북아 안보 협력 기구 발전 등을 차례로 제시한다. 이 길뿐이다. 이 과정을 거쳐 통일의 모습이 제시될 수 있다. 하지만 지금은 아니다.

DJ에 대한 5가지 오해

김대중 시대의 공과 과에 대한 역사적 평가가 시작되고 있다. 당파성을 떠나 역사의 법정 앞에서 바르고 공정하게 평가되기를 기대한다. 그런데도 일부 보수 세력의 극단적 왜곡에 따른 잘못된 정보와 평가가 유통되고 있다.

1. "햇볕정책이 북한의 핵무기를 만들었다?" 웃기는 소리다.

북한이 핵무기 개발에 대한 야욕을 품은 것은 1960년대 후반부터다. 그리고 1980년대 초반 현실화되기 시작한다. 1993~1994년 북 핵 위기가 터진다. 한반도에 전쟁의 위험이 몰아친다. 보수 언론은 북한이 핵무기를 만들었다고 보도한다.

그렇다면 보수 세력이나 보수 언론에게 묻고 싶다. 1994년 북 핵 위기와 그에 따른 보도, 당시 정부의 대응은 전적으로 거짓이었나. 그런데도 허겁지겁 제네바 합의를 받아들이고 10억 달러에 이르는 경수로 비용을 우리가 부담하기로 했는가.

2005년 2월 21일 MBC FM 〈손석희의 시선 집중〉에서 김 전 대통령이 말했다. "1994년, 그때 북한이 핵 문제 가지고 제1차 핵전쟁 일어날 단계에 있었잖아요. 그때는 6·15남북정상회담보다 6년 전인데 그렇게 요술 같은 일이 생겨난 거예요. 말이 안 되죠."

햇볕정책조차 북한의 핵 개발을 완전히 막을 수 없었다는 식의 논리라면 일부 동의할 수도 있겠다. 클린턴 행정부 시절에는 나름대로 북한과 미국의 교류가 시작되고, 미국이 대북 적대시 정책을 포기하려는 마지막 단계에 이른다. 그때 부시 행정부가 등장한다. 김 전 대통령이 "클린턴 대통령이 1년만 더 그 자리에 있었다면" 하고 두고두고 아쉬워하는 것도 이 때문이다. 부시 행정부가 등장하면서 고농축 우라늄 문제가 불거지고, 제네바 합의는 파기된다. 북한은 핵 개발을 가속화하고, 2006년 10월 핵실험으로 이어진다.

2. "정상회담 대가로 돈을 주었다?"   아니다, 현대의 대북 사업권 대가다.
                                        김대중 정부 시절인 2000년 6월, 현금 4억 5000만 달러가 건너간 건 인정한다. 하지만 현대의 포괄 사업권 대가다. 이는 2009년 7월, 이명박 행정부의 통일부가 국회에 제출한 자료 중 일부다. 정상회담 대가가 아니라 현대의 포괄적이고 독점적인 대북 사업권의 대가임을 분명히 해 논란이 필요 없는 부분이다.

임동원 장관의 2009년 8월 20일자 인터뷰다. "검찰 공소장을 보면 현대가 소위 7대 경제협력을 위한 선불금으로 지급한 것이라고 나와 있다. 정부는 송금의 편의를 제공했을 뿐이다. 정부가 세금을 쓴 일이 없다. 재판 기록과 검찰 공소장에 나오는 내용인데 그걸 받아들이지 않고 악의적으로 왜곡하고 있다. 팩트는 팩트대로 얘기해야 한다."

김 전 대통령은 2006년 10월 9일 미국 CNN 〈Talks Asia〉 대담에서 다음과 같이 말했다. "북한에 대한 문제는 정부로서는 돈을 준 적이 없습니다. 현대가 주었는데 그것은 엄청난 북한의 이익권을 장악하고 대가를 준 것입니다. 마치 영국의 디즈레일리 수상이 수에즈운하를 살 때 프랑스보다 영국이 먼저 샀는데, 그때도 법적으로 문제가 있었습니다. 그러나 디즈레일리 수상이 어느 정도 문제가 있는 줄 알면서도 개인에게 돈을 주어 계약하도록 한 것과 같이 나도 북한에게 장차 우리가 북한에서 발언권을 강화하는 데 필요하다는 생각에 그렇게 했고, 그것이 지금 부분적으로 실현되고 있습니다."

이제 와 생각해보면 남북 관계의 특수성에 대한 이해 부족으로 대북 송금 특검이 있었고, 결국 정치적으로 악용되면서 남북 관계는 상당 부분 후퇴하고 말았다. 보수 세력은 지금도 정상회담을 돈으로 샀다며 비판하는 논거로 이를 악용한다. 제발 판결문을 읽어주십사 부탁드리고 싶은 부분이다. 법과 질서를 강조하는 보수 세력이라면 마땅히 그래야 하지 않을까.

3. "대북 퍼주기다?"　　　천만에, '퍼오기' 시대가 오고 있다.

　　　　　　퍼주기가 아니라 퍼오기다. 물론 당장 일대일 거래를 생각하면 그렇지 않을 수도 있다. 하지만 거래 기간을 조금만 늘려보라. 외상 거래도 있지 않나. 퍼주기가 아니라 퍼오기다. 그래서 김 전 대통령은 2005년 12월 10일 폰 바이체커 대통령과 나눈 KBS 특별 대담에서 "햇볕정책을 '퍼주기'라고 비난하는 이야기는 국내 정치적 입장에서 나왔습니다"라고 얘기했다.

뿌리지 않고 어떻게 거둘 수 있나. 게다가 북한으로 간 돈은 대부분 민간 기업 현대가 북한의 철도, 전력, 항만, 통신 등 앞으로 30~50년 동안 사업권의 대가나 관광 비용 등으로 지급한 것이다. 쌀과 비료 등은 미국도 하는 인도적 지원이다. 좀더 들여다보면 이산가족 상봉과 사실상 연계되는 대가성 있는 지원이다. 비료로 이산가족 만남을 사오는 형식이다. 그래서 연세대 어느 교수는 햇볕정책이야말로 경제적 접근 방식의 대표적 사례라고 평가한다. 지금 이산가족이 만날 수 있나. 그분들 돌아가시면 어떻게 할 건가.

학술적으로는 평화 비용과 분단 비용을 비교해봐야 한다. 당연히 남북 교류·협력 비용이 분단 비용보다 남는 장사다.(2009년 7월, 《통일경제》, 현대경제연구원) 서해 교전이나 강릉의 무장간첩 사건 때 우리가 겪어야 했던 사회적 혼란과 비용을 생각해보자. 또 군비 증강에 따른 사회적 비용을 따져보자.

같은 포용 정책을 편 독일은 어땠을까. 매년 32억 달러를 동독에 주었다. 우리는 매년 정부 7000만 달러, 민간 3000만 달러로 1억 달러 정도 된다. 서독의 32분의 1 수준이다.(2006년 10월 19일 서울대 통일연구소 초청 강연) 우리가 퍼주기면 독일은 '뿌리기'다.(최상천 교수)

4. "김대중은 친북좌파다?"　　색깔론은 이제 그만.

　　　　　　　승공 통일이나 북진 통일이 아니라, 대결과 냉전이 아니라, 화해와 협력을 주장하고 평화통일을 주장하고 교류를 주장하고 남북이 손을 잡고 점진적으로 통일을 이루자고 주장하면 친북좌파가 되는가. 무력 통일이나 흡수통일에 반대하면 친북이 되는가. 헌법은 평화통일을 규정하고 있다. 논쟁이 필요 없는 부분이다.

대한민국에서 친북좌파를 가르는 주요 기준 중 하나가 주한 미군에 대한 평가다. 어이없지만 북한이 주한 미군 철수를 주장하기 때문에 북한과 동일한 주장을 하는 사람은 곧 친북이라는 희한한 프레임이 지배하고 있다. 서재정 교수의 말마따나 패전국이 아니면서 50년 넘도록 가장 적극적으로 외국군의 지배를 용인하고 전시작전권까지 넘겨준 나라는 대한민국뿐이다. 주한 미군에 반대하는 것이 아니라, 건설적이고 중립적인 논쟁은 늘 필요하다는 의미다.

김 전 대통령은 주한 미군의 지위와 균형자적 역할을 철저하게 인정해왔다. 도리어 국익에 적합하다는 거다. 일본이나 중국, 러시아보다 미국이 도리어 한반도에 대한 영토적 야심이 없다고 공식 발언한 적도 있다. 6·15남북정상회담 때는 김정일 국방위원장에게 주한 미군 주둔의 필요성을 긴 시간 동안 설명해서 마침내 동의를 얻었다.

굳이 논쟁하자면 남로당에 가담했다가 나중에 전향해서 대통령이 된 분도 있다. 이분은 빨갱이라고 비난하지 않으면서, 왜 김 전 대통령은 친북좌파라고 비난하고 낙인찍을까. 철저한 색깔론이다.

5. "수조 원대 비자금이 있다더라"　　천만에.

여전한 뒷공론이 있다. 수조 원대 비자금을 조성했고, 재산을 해외에 도피해놓았다는 소문이 그것이다. 얼마나 억울했으면 김 전 대통령이 마지막 일기에 한나라당 주성영 의원에 대한 억울함을 적어놓았겠는가.

정치자금법이 정비되지 않은 시절, 김 전 대통령도 정치자금을 마련하고 이 돈을 정치를 위해 썼다는 사실은 부정할 수 없다. 지금의 잣대로 보면 때론 부정적 평가를 내릴 수도 있는 부분일 것이다. 그땐 다 그랬다고 말하기에는 우리 정치가 다분히 후진적이었다. 하지만 야당 대표에게 무슨 대가가 있고, 이권이 있었겠는가. 참고로 대한민국에서 정치자금법과 선거법이 제대로 정비된 것은 노무현 정부 시절인 2004년경이다.

김 전 대통령은 정치인으로 일하던 시절 정치자금을 제외하고는 대통령 취임 전이나 재임 시, 퇴임 후를 막론하고, 어느 시기 어느 경우에도 불법 비자금을 가진 적도 만들어본 적도 없다. 대통령 재임 시 비자금 수천억 원을 조성한 분들과는 차원이 다르다. 뿐만 아니라 국내외를 막론하고 은닉 재산도 없다. 그런데도 스위스 비밀 계좌가 어떠니 말하는 사람들이 있다.

《월간조선》《주간동아》 등 일부 언론과 2008년 국정감사에서 한나라당 주성영 의원 등이 비자금 의혹을 제기했다. 하지만 주성영 의원 사건에 대해선 2009년 2월, 검찰이 김 전 대통령과는 아무런 관련이 없다고 공식 발표했다. 아니면 말고 식이다. 해외 재산 은닉 의혹 등을 보도한 《월간조선》 등도 소송이 제기되자마자 정정 보도문을 게재하는 방법으로 잘못을 인정하고 합의를 마쳤다. 그런데도 여전히 악의적 소문에 기초한 뒷공론이 유통되고 있다. 얼마 전 중앙일보 문창극 대기자의 칼럼이 대표적이다. 중앙일보와는 반론문을 게재하는 조건으로 소송까지 가지 않기로 합의했다.

고인의 명예 앞에 더는 이런 악소문이 유통돼서는 안 된다. 모든 재산은 연세대학교에 건립된 김대중도서관을 통해 기부되었다. 이는 언론 보도만 확인해도 충분하다. 과거 정치적 상대방을 제거하거나 모욕을 주기 위한 명분으로 시도되던 공작 정치의 폐해가 지금까지 유지되는 셈이다. 부끄러운 일이다.

역사적 평가는 공정하게　　　우리 정치의 평생 야당으로, 우리 사회의 비주류로 살아온 것이 김 전 대통령의 일생이다. 마침내 정권 교체를 이루었고, 남북 화해·협력 시대를 열었다. 사회적 약자에 대한 국가 차원의 배려가 시작됐고, 인권이 우리 사회의 근본적 가치로 내세워졌다. 하지만 정치적 반대 세력에게는 늘 불편한 존재였다. 김 전 대통령의 정책과 명예와 일생은 순전히 정치적 목적으로 왜곡되기 일쑤였다.

이제 그분들에 대한 햇볕정책이 필요하다. 김 전 대통령의 양지바른 묘역에 햇볕이 필요하다. 어둠 속 뒷공론 대신 역사적 법정에서 공정하고 치열한 토론이 필요하다. 역사적 평가는 달게 받으실 것이다. 어느 사람보다 떳떳하게 역사의 법정에 서실 것이다. 다만 보내드리기 전 최소한 몇 가지 누명만큼은 벗겨드려야 할 것 같다. 마지막 예의라고 생각한다.

부디 편안한 잠 이루시기 바랍니다. 우주 시공간의 무한함 속에서 김 전 대통령님을 만나 배우고, 모시고, 함께한 것을 한없는 영광으로 생각합니다.

노블레스 오블리주라고?

김영삼의 재산 환원과 언론의 받아쓰기　　　2011년 초 흐뭇한 기사에 모두 즐거웠다. 김영삼 전 대통령이 전 재산을 거제시와 재단법인 '김영삼민주센터'에 기부하겠다고 밝힌 것이다. 김영삼 전 대통령은 "죽으면 끝나는 것이고 영원히 못 산다"면서 "내가 가진 재산을 자식들에게 줄 필요 없고 재산을 환원하는 게 좋을 것 같다고 생각했다"며 전 재산을 사회에 환원하겠다는 뜻을 밝혔다. 김 전 대통령은 상도동 자택과 조상의 묘가 있는 임야, 거제도의 교회와 생가, 대통령기록관 등 50억 원이 넘는 재산이 있는 것으로 알려졌다. 이 가운데 거제도 교회와 생가, 대통령기록관은 거제시에, 상도동 자택과 선산은 김수한 전 국회의장이 이사장으로 있는 김영삼민주센터에 기부할 예정이라고 밝혔다.

　언론이 전직 대통령의 전 재산 기부는 세계적으로도 유례를 찾기 어렵다고 띄우기 시작했다. "우리나라 대통령의 경우 재임 중 자신과 가족의 치부로 퇴임 후 처벌받은 예가 있어 김 전 대통령의 기부는 상대적으로 더욱 돋보인다"는 기사도 있었다. 특히 전두환·노태우 전 대통령은 비자금을 조성했다가 법원에 수천억 원씩 추징당했으며, 지금도 1672억 원과 270억 원을 갚지 않고 서울 연희동 저택에서 풍족한 생활을 하고 있다는 애기까지 덧붙였다. "김 전 대통령의 재산 사회 환원은 이명박 대통령의 2009년 재산 기부와 상승작용을 일으켜 사회 지도층의 기부 문화 확산에 상당한 영향을 미칠 것으로 기대된다. 사회 지도층의 노블레스 오블리주 실천은 선진국이 되기 위한 필수 요건이며, 김 전 대통령의 기부는 그런 점에서 우리 모두 본받을 일"이라는 말도 잊지 않았다.

후세에 이름을 남길 욕심　　　그런데 이런 기사가 전해지고 며칠 뒤, 김영삼민주센터가 기업의 모금을 받아 대대적인 사업을 계획하고 있다는 보도가 전해졌다. 김영삼 전 대통령이 재산을 환원하겠다고 밝힌 김영삼민주센터가 최근 한 경제 단체에 지원을 요청했다는 것이다. 민주센터 측은 공문을 통해 "2014년까지 총 사업비 180억 원이 필요하다"며 국고보조로 54억 원을 충당하고, 나머지 126억 원 중 100억 원을 기업의 모금으로 채울 계획이라고 밝혔다. 김영삼민주센터가 해야 하는 주요 사업은 김 전 대통령 기념도서관 건립, 전시·홍보 사업, 연구·교육 사업 등 굵직한 프로젝트가 포함된다고 한다.

김 전 대통령이 자신의 재산 50억 원 중 일부를 이 단체에 기부한다고 밝혔는데도 기업의 모금까지 받아가면서 대규모 사업을 한다는 것을 어떻게 받아들여야 할까. 그나마 자식들에게 상속하지 않는 것이

다행이라고 생각해야 할까. 경제계의 한 관계자는 "기념센터 사업을 위해 자신이 감당할 수 있는 범위 이상의 돈을 기업들에게 요구하는 것"이라며 "'죽으면 끝'이라고 말씀하셨지만 오히려 이번 기념센터 건립으로 후세에 이름을 남길 욕심을 내시는 건 아닌가 하는 생각마저 든다"고 지적했다.

진정한 노블레스 오블리주   우리는 전 세계의 부자들이 재산을 대부분 자선단체에 기부하는 것을 자주 목격한다. 대표적인 사람이 세계적인 부자 워런 버핏이다. 그는 2006년 '빌 앤드 멀린다 게이츠 재단'에 300억 달러(약 30조 원)에 이르는 버크셔 헤더웨이 주식 1000만 주를 기부하겠다고 밝혔다. 빌 앤드 멀린다 게이츠 재단 역시 한때 세계 제1의 부자였던 빌 게이츠와 그의 아내 멀린다 게이츠가 자신들의 재산을 대부분 자선사업에 사용하기 위해 설립한 비영리 자선사업 재단으로, (2010년 기준) 300억 달러에 해당하는 자산을 보유한 것으로 알려졌다.

워런 버핏은 자신의 기부와 관련하여 "기부는 생활이다. 2006년 재산의 99퍼센트를 기부하겠다고 밝혔을 때가 내 인생에서 가장 행복한 순간이었다"고 말했다. 그는 2006년 버크셔 헤더웨이 주식의 85퍼센트를 사회에 헌납하기로 하고 그 금액의 6분의 5를 빌 앤드 멀린다 게이츠 재단에 기부하겠다고 밝혔으며, 이후 빌 앤드 멀린다 게이츠 재단을 비롯한 5개 자선단체에 기부를 실천하고 있다. 워런 버핏은 지난 2008년 세계 제1의 부자로 총 60조대의 재산을 보유한 것으로 알려졌다.

빌 게이츠와 워런 버핏은 얼마 전부터 '기빙 플레지The Giving Pledge'라는 단체를 만들어 억만장자들을 대상으로 재산의 50퍼센트를 기부하는 운동도 벌이고 있다고 한다. 테드 터너 CNN 회장, 마크 저커버그 페이스북 설립자, 마이클 블룸버그 뉴욕시장 등 57명이 기부를 약속했다. 한국의 많은 기업이 세금 감면을 목적으로 회사 명의의 재단을 만들어 기부한다. 사회 지도층 인사들은 연말에 일회성 이벤트로 기부한다. 진정한 의미의 기부라고 하기 어렵다. 워런 버핏과 빌 게이츠의 기부는 우리와 다르다. 단지 금액의 차이가 아니다. 사회 지도층의 노블레스 오블리주 실천은 선진국이 되기 위한 필수 요건이다. 하지만 노블레스 오블리주라고 다 같은 것은 아니다.

2부

'신성 권력'과 공정성

검찰은 우상이다

아무나 법률가가 될 수 없다? 검사는 시장의 우상이다. 시대의 우상이다. 검사는 엄친아, 엄친딸이다. 법대뿐만 아니라 대다수 문과계 대학생의 꿈은 고시 합격, 아니 로스쿨 입학이다. 경제적 능력이 있고 교육열 강한 전문직 부모를 둔, 대치동 학원가에서 학업을 시작한 아이들은 국제중과 외고를 거쳐 고시라는 관문에 도전한다. 대학은 오래전부터 고시원이다. 한국 사회에서 법조인을 꿈꾸는 일은 모든 사람의 몫이 되지 못한다. 법은 골치 아프고 어려운 학문이다. 그래서 시장의 일이고, 성적순이다.

영미법계에서는 법이 상식이기 때문에 법이 법전 속에 잠들지 않는다. 모든 시민이 법을 이해할 수 있고, 훌륭한 법률가가 될 수 있다. 형사사건의 배심원이 되어 유무죄를 판단하는 일은 시민의 권리이자 의무고, 조금만 훈련하면 전공에 상관없이 전문적인 법률가로 성장할 수 있다. 미국에서 법률가는 흔한 직업이고, 모든 사람이 로스쿨에 갈 수 있다.

하지만 일본, 한국 등 대륙법계에서 법은 특수하고도 비밀스러운 영역이다. 아무나 법률가가 될 수 없고, 되어서도 안 된다. 성적으로 선발된 학생들 중에서 또다시 선발을 거쳐 비로소 쟁취할 수 있는 직업이 대한민국 법률가요, 검사다. 실업과 '사오정' 시대에 검사는 평생직장이자 몸에 따라다니는 전속적 권리다. 현직에서 떠나는 일은 옷을 벗는 일이고, 전관예우로 갈아타는 일뿐이다.

신성 권력 검찰   시장경제를 민주주의와 동일시하는 나라에서 전근대적 독점 시장과 '기수'라는 이름의 서열주의를 온전히 보존하는 곳은 군과 법조계뿐이다. 봉건제에서 과거 시험은 신분질서를 유지하거나 신분을 뛰어넘는 등용문이었다. 이 시대의 고시가 곧 과거 시험이다. 우리 사회의 상식이다. 이웃이나 동문이 합격했다고 동네 어귀에, 교문에 현수막이 걸린다. 새로운 신분 권력이 탄생했음을 알리는 공고다.

본래 검찰 권력도 시민의 것이었다. 그런데도 고시라는 관문을 거친 특별 계급에게 국가권력은 사유화됐다. 검사는 두려움이다. 시민은 검사라는 친구를 일종의 핵우산으로 생각했다. 학벌주의, 연고주의, 밤문화주의와 검찰의 세속 권력이 자연스럽게 만났다. 검찰은 근대적 검찰 제도가 도입된 지 수십 년 만에 세속 권력의 상징으로 자리 잡았다. 새로운 우상이요, 물신이다. 상징 조작을 넘어선 신성이다.

모든 권력은 부패하는 것이 불변의 진리라면 문제는 민주적 통제다. 시민사회의 통제는 기껏해야 술자리 안줏거리다. 우리 사회는 전문성·특수성이라는 예외주의로 검찰, 경찰, 군, 정보기관에 대한 시민 통제를 포기한 지 오래다. 대한변호사협회는 생업에 급급하다. 사실 검찰권에 대한 최종적 견제의 책임은 사법부일진대, 현존 사법부에 기대하기란 역시나 '법조계'라는 기득권의 테두리를 벗어나지 못한다.

국회 법사위는 법조인들의 또 다른 동네에 불과하다. 통치권자에게 검찰은 통치 수단으로 간주된다. '나까지 써먹고 그다음에 어떻게 해보자'는 식이다.

진상규명위원회가 '스폰서 검사'를 조사했는데 향응 접대와 비리 내용을 은폐하려 한 사실까지 확인했지만, 형사처분 기준과 대상은 되지 않는다고 했다. 예견한 대로다. 특별검사가 필요하겠지만 형사책임을 넘어 보다 본질적인 정치·문화적 통제가 강구되어야 한다.

접대와 스폰서 문화는 검찰이라는 우상에 대한 제물이었다. 우상 타파 없이 신뢰는 없다. 검찰도 없다.

검찰은 특수성에서 벗어나라

도쿄지검 특수부 "나는 검찰청에 문자 그대로 특별수사부를 두고 그 안에 노련한 검사를 중심으로 신진 검사, 부검사, 검찰사무관을 배치하여 지능범 수사 전담반을 두고 이것을 어느 정도 전문화하는 조직을 만들까 생각한다. 여기에는 미국 FBI의 구상까지 채택해서 신 형사소송법 하에서 강력한 지능범 수사의 핵심체로 만들고 싶다."

일본 최고의 수사기관으로 일컬어지는 도쿄지검 특수부가 발족한 것은 1949년 5월. 당시 도쿄지검 차석 검사로 나중에 검찰총장을 지낸, '미스터 검찰' 바바 요시쓰구가 〈법조〉지에 위와 같이 썼다.

우오즈미 아키라魚住昭의 《도쿄지검 특수부》에 따르면 바바의 의도는 순전히 검찰의 위상 강화였다. 경찰이 수사한 사건을 기소하고 재판에 회부하는 것으로는 경찰과 법원의 중계 기관에 머물고 말 것이라는 위기감 때문이었다. 검찰의 독자적 수사로 정·관·재계의 부패를 적발하지 않으면, 검찰은 그 존재를 국민에게 인식시키지 못하리라는 것이 당시 바바의 생각이었다. 일본 검찰, 그중에서도 도쿄지검 특수부는 그렇게 했고, 그렇게 됐다. 물론 지금은 아니다.

스스로 감시해야 할 검찰　　검찰 개혁의 방향성을 놓고 논의가 무성하다. 그렇다면 그 방향은 어떠해야 할까. 크게 세 가지로 정리해볼 수 있다.

첫째, '특수부'의 논리, 특수성의 논리에서 벗어나는 일이다. 일반화의 길로 들어서는 일이다. 나라를 지키는 일에는 가치의 차이나 우열이 있을 수 없다. 검찰의 일만큼이나 환경미화원의 일도 중요하다. 검찰 제도는 이 나라를 유지하는 여러 기능 가운데 하나다. 집중적인 교육·훈련 과정이 요구될 수 있으나, 오로지 폐쇄적 엘리트들의 일이나 밀교적 업무일 순 없다. 시민사회나 검찰 모두 검찰 업무가 특수하고, 좀더 중요한 국가 사무라는 논리에서 자유로워져야 한다.

둘째, 모든 국가 작용에 일반적으로 적용되는 '감시자는 누가 감시하는가'의 원리, 시민 통제의 원리는 검찰에서 좀더 강화될 필요가 있다. 국가는 '폭력의 사용'을 독점할 뿐만 아니라 '정당한 폭력'의 사용을 독점한다.(공진성,《폭력》) 막스 베버는 현대 국가의 특징을 '특정한 영토에서 정당한 물리적 폭력의 독점'에서 찾았다. 국가가 폭력적인 수단을 가지고 관장하는 업무는 '방어'와 '보호'다. 외부의 적에게서 방어하는 것은 정보기관과 군대다. 내부의 적에게서 시민을 보호하는 것은 검찰과 경찰의 일이다. 합헌적이고 정당화된 폭력이지만, 남용되거나 오용될 경우 위험은 인간의 존엄성을 어지럽힌다. 국가의 존재 가치를 되묻게 된다. 감시를 자처해야 할 이유다.

셋째, 중·장기적인 관점에서 법무부, 검찰, 정보기관, 경찰의 업무 영역에 대한 재조정이 연구되어야 한다. 정보와 수사는 분리되어야 하고, 정보기관의 수사권은 재검토되어야 한다. 경찰이 수사와 정보, 공공 안전이라는 방대한 영역을 책임지기는 버겁다. 정보 기능을 분리해 통제를 강화해야 한다. 법무부가 직접 관할하는 미국 FBI 같은 기구가 필요할 수 있다. 손에 직접 피를 묻히기보다 지방분권화·축소화된 준수사기관에 대한 법무부와 검찰의 감독이 강화되어야 할 것이다. 시민 통제를 강화해야 할, 자칫 현대화된 인권 개념에 불안 요소로 작동할 수 있는 우리 사회 현존 권력 기구의 권한을 재조정하고 통제할 필요성에 대한 연구도 필요하다.

소련공산당의 마지막 서기장 고르바초프는 "너무 늦게 오는 사람은 인생에게 벌을 받는다"고 했다. 우리는 시간의 유한성, 역사 발전의 법칙에 구속된다. 현재 논의 중인 검찰 개혁 방안 또한 마찬가지다.

소수파 **대법관**이 필요한 **이유**

어머니 같은 대법관　　1993년 6월 백악관 로즈 가든, 여성으로서 대법
　　　　　　　　　　　관에 취임한 루스 베이더 긴즈버그는 일찍 자신
의 곁을 떠난 어머니에 대한 사모곡으로 인사를 대신했다.

　"제가 아는 가장 용기 있고 가장 강한 분, 하늘은 제게서 너무 일찍
그분을 데려가셨습니다. 저는 기도합니다. 여성이 포부와 열망을 가지
고 성취할 수 있는, 딸들을 아들만큼 소중히 여기는 이 시대에 그녀가
살았다면 그녀가 이루었을 모든 것이 되고 싶다고 기도합니다." 클린
턴 대통령이 긴즈버그와 함께 백악관으로 돌아가면서 눈물을 흘렸
다.(제프리 투빈,《더 나인THE NINE》)

　2010년 7월 20일, 미 상원 법사위는 엘리나 케이건 대법관 후보자 인
준안을 통과시켰다. 이제 본회의 인준을 받으면 역사상 네 번째 여성
대법관이 되고, '지혜의 아홉 기둥' 중 세 명이 여성으로 채워진다. 케
이건은 판사로 일한 적이 없다. 법관 경력이 없는 법조인이 연방 대법
관이 된 건 1972년 이후 처음이다. 주로 연방 항소법원 판사들이 후보

자로 거론되는 미국에서도 그만큼 이례적이다. 소수자의 성과 인종이 주요한 임명 기준이 되면서 케이건은 이런 것쯤 극복할 수 있었다.

여성 대법관이 필요한 이유　　그렇다면 주권자로서, 시민으로서 왜 소수파 대법관이 필요한지, 왜 여성 대법관이 필요한지 따져볼 필요가 있다.

첫째, 사법부는 '선출되지 않은 권력'이다. 따라서 헌법적 정당성이라는 관점에서 치명적 약점을 안고 있다. 입법부와 행정부는 국민의 직접선거를 통해 선출된 권력이요, 위임된 권력이다. 사법부는 특수한 선발 제도와 임용 방식을 거쳐 정통성을 확보한다. 놀랍게도 그 본질은 '성적'일 뿐이다. 독립성을 강조하는 사법 권력에게 민주적 통제는 중요하다. 통제는 구성과 내용 모두 해당된다. 구성은 국민주권의 정신에 충실해야 하며, 대법원의 최종 결론은 국민투표에 부쳐지더라도 같은 결론으로 이어질 수 있을 만큼 예측 가능해야 한다. 그렇다면 현재와 같은 성적 중심, 남성 중심, 경력 법관 중심의 대법관 구성 방식은 위험하다.

둘째, "그러나 이 땅의 수백만 여성들이 남편 손에 육체적·심리적 혹사를 당하고 있다. 이 여성들이 그런 이유로 임신했다면 낙태하겠다는 결정을 남편에게 알리고 싶지 않은 이유가 있게 마련이다". 미국의 첫 여성 대법관 샌드라 데이 오코너의 낙태에 대한 결정문이다. 1981년 9월 레이건 대통령은 철저히 보수적인 여성 대법관을 선택했다. 하지만 오코너의 판결은 대통령의 의도와 무관했다. 알츠하이머병에 걸린 남편을 간호하기 위해 스스로 퇴임한 오코너 식 법 해석의 한 기준은 소수자에 대한 인권 감수성이자 여성성이었다. 우리 사회의 절반이 여성이고, 그들이 사회적 약자라면 여성 대법관은 반드시 필요하다.

셋째, 2004년 8월 우리는 첫 여성 대법관으로 김영란 대법관을 선택했고, 2006년 7월 두 번째 여성 대법관으로 전수안 대법관을 선택했다. 퇴임을 앞둔 김 대법관이 어느 언론과 한 인터뷰에서 말했다. "얼마 전에 둘째 아이 방 얻는 문제로 어떤 남자 분과 통화한 적이 있어요. 그런데 계속 반말을 하시는 거예요. 통화가 끝날 때쯤 반말은 하지 말아 달라고 했더니 욕설을 퍼붓더라고요. 여성이라 그런 것 같아요. 권력이 없고 지식이 없는 사람들은 여전히 살기 어려워요."

시민사회는 소수파에 대한 대표성을 원한다. 사법부는 국민주권에서 자유로울 수 없다.

전관예우 거부한 김영란 전 대법관

변호사 활동 않겠다는 선언　　　우리나라 여성 대법관 1호 김영란 대법
관이 퇴임할 즈음 조선일보가 인터뷰를
했다. 우리 사회의 고질적인 폐단 중 하나인 '전관예우'에 대한 해법이
될 수 있는 중요한 발언이 있었다.

"단독 개업이든 법무법인이든 변호사 활동을 하지 않겠다."

워낙 전례가 없던 일이고, 조직 이기주의가 강한 법조계에서 자칫
이례적으로 비춰질까 염려스러웠는지 이렇게 덧붙였다.

"다른 대법관들이 어떻게 생각할지 몰라 조심스럽다."

그렇다면 무슨 일을 할지 계획을 물었던 모양이다.

"구체적으로 무슨 일을 하겠다고 정하지는 않았지만, 대법관 경험을
살려 사회에 기여할 수 있는 다른 방법을 찾아보겠다."

김영란 대법관에 대한 평가는 첫 '여성' 대법관이라는 점에 포인트
가 맞춰질 수밖에 없다. 그렇다면 우리 사회의 분명한 소수자인 '여성'
이 처음으로 대법관이 돼서 과연 여성이라는 관점, 사회적 소수자라는

관점, 사회적 약자라는 관점에서 어떤 식으로 기여했는지, 법원의 판례나 법 정책을 어떻게 바꿨는지, 사회적 영향력은 어떠했는지 등이 평가의 핵심일 것이다. 이 부분은 학자나 법조계를 연구하는 언론인이 계속 평가해나가야 할 것이다.

그런데 뜻밖에 김영란 대법관이 우리 사회 법조 문화의 고질적 병폐라 할 수 있는 전관예우 금지에 대한 현실적 대안을 내놓아 참으로 고맙게 생각한다. 물론 대법관 한 분이 개업하지 않는 것으로 해결될 문제가 아니다. 자칫 개업하는 모든 변호사가 전관예우의 영향력 아래 있다는 말이냐며 오해의 여지가 있는 반론도 받아들인다. 그럼에도 이것이 출발이요, 논의의 중요한 방편이 될 수 있다는 분명한 증거다.

부끄럽지만 우리나라는 대법원장을 마치고 나가서도 변호사로 개업하거나 대형 로펌에 고문으로 취업하는 나라다. 국회의장 마치고 다시 정치하는 분도 있다. 현실 정치의 언저리에서 끊임없이 부유하는 분들도 있다. 대법관들은 모르긴 해도 거의 100퍼센트 개업했을 것이다. 한두 분이 학계 석좌교수로 일한 것으로 기억한다.

더 많은 김영란이 기다려지는 이유　　전관예우의 뿌리는 대법원에 있을 것이다. 지금도 대법원 사건은 대법관 출신 변호사를 찾아간다. 그 이유는 첫째 실력일 것이다. 둘째 경험일 것이다. 셋째 결코 검증된 바 없지만, 끊임없이 의심해온 전관예우의 가능성이다. 전관예우를 차단하기 위해 수많은 논의가 진행되었다. 판사가 마지막으로 일하던 관할 지역에서 변호사를 개업하지 못하게 하는 방법이 대표적이다. 임기를 마치고 은퇴하는 대법원장 등에게 별도의 예우를 만들자는 논의도 있었던 것으로 기억한다. 물론 아직까지 그런 것들이 제도화되었다는 소식은 듣지 못했다.

이런 시점에서 첫 여성 대법관으로 퇴임하는 김영란 대법관이 아직까지 무슨 일을 해야 할지 생각하지 못했지만 최소한 개업하지 않겠다, 법무법인으로 들어가지도 않겠다는 말씀은 참으로 고맙게 느껴진다. 물론 경제적으로 어려울 수도 있을 것이다. 김 대법관의 남편 강지원 변호사가 설명을 보충했다. "연금으로 생활할 것이다. 수십억 원을 손해 볼지도 모르지만 아내의 어려운 결정에 박수를 보낸다." 돈 문제가 아니라 박수를 보내는 다른 이유가 있을 것이다. 세상은 이런 희생과 헌신을 통해 제도화로 이어지고, 그 제도화를 통해 문화의 변혁으로 이어질 것이다.

그래서 퇴임 이후 변호사 개업을 하지 않겠다는 김영란 대법관의 의지와 숨은 의도에 전적으로 동의하고 박수를 보낸다. 소수파 대법관의 경험을 살려 우리 사회에 좀더 폭넓고 깊이 있는 사회적 스승이 되어주기를 기대한다(그는 현재 국민권익위원장으로 재직 중이다).

하버드 로스쿨 vs. 한국 로스쿨

하필 하버드 로스쿨을 비교 대상으로 삼은 이유　　　로스쿨이 개원한 지 3주가 되어간다. 하지만 로스쿨을 둘러싼 논란은 여전하다. 비 로스쿨 학생에게도 사법시험 자격을 인정할지, 장학금 제도를 어느 정도 확충할지, 변호사 시험 합격 비율은 어느 정도로 할지 등이 논란거리다.

나는 개인적으로 로스쿨이 성공하길 바란다. 그리고 성공의 핵심은 선발 과정의 공정성과 균형성, 나아가 투명성이라고 생각한다. 제대로 뽑아서 제대로 교육하고, 제대로 합격시켜서 제대로 된 법률가를 배출하자는 것이다. 그러기 위해서는 제대로 뽑아야 한다. 스펙이나 성적만 보지 말고 사회적 양극화에 깃든 차별의 거품을 솔직하게 인정하되, 그 부분을 제거하고 잠재력과 적성을 잘 살펴서 뽑자는 것이다. 성적이 조금 부족하고, 비 명문대나 지방대 출신이라도 법률가적 잠재력을 잘 간파해서 뽑아야 한다.

버락 오바마 대통령도, 그 부인 미셸 오바마도 하버드 로스쿨 출신이다. 그 이유만은 아니다. 한국인에게 미국의 최고 대학은 하버드 로 스쿨로 인식되었기 때문만도 아니다. 하버드 로스쿨은 늘 입학생에 대 해 투명하고 공개적인 정보를 제공한다. 그래서 한국의 로스쿨과 비교 해보기로 했다.

2009년 한국 로스쿨 입학생의 스펙

통계는 한나라당 권영진 의원의 2009년 3월 13일자 언론 보도 자료 내용과《한겨레21》3월 2일자 기사를 기준으로 했다.

첫째, 철저히 SKY(서울대·고려대·연세대) 중심이다. 로스쿨 입학생 네 명 중 한 명은 서울대 출신이고, 서울 상위권 7개 대학 출신이 전체 로스쿨 입학생의 4분의 3을 휩쓸었다. 지방 로스쿨 합격자의 71.8퍼센 트(716명)는 서울 소재 대학 출신이다. 역으로 서울 소재 로스쿨에 입학 한 지방대 출신은 서울 전체 정원의 2퍼센트에 불과하다. 25개 로스쿨 전체를 기준으로 서울대 501명, 고려대 303명, 연세대 273명 등 이른바 'SKY' 출신이 54퍼센트나 된다. 학연이 아닌 학벌로 귀착될 위험성을 경계하지 않을 수 없다. 물론 SKY 출신이 법학적성시험LEET 성적이 좋 았을 가능성은 인정한다. 다만 LEET가 법률가적 적합성을 판단하는 전 부가 되어서는 안 된다는 점 또한 인정해야 할 것이다.

둘째, 강남 출신 중심이다. 이 부분은《한겨레21》자료를 인용한다 (이 자료에 한계는 있다. 일부 대학이 질문에 응하지 않았기 때문이다). 합격 생 가운데 시군구 주소지별로는 서울 관악구 거주자가 가장 많았다. 이는 관악구에 신림동 고시촌과 서울대가 있다는 지역적 특수성이 반 영된 결과로 보인다. 구별 주소지 통계에서 또 다른 특이점은 강남구와 서초구 등 강남 지역 비율이 상당히 높다는 것이다. 서울 지역 로스쿨 가운데 주소지 정보를 공개한 고려대, 이화여대 등 7개 대학(530명)의 자료를 보면 관악구가 72명(13.6퍼센트)으로 단일 구로는 가장 높은 비율을 차지했고, 강남·서초·송파구가 각각 59명, 45명, 23명(총 24퍼센트)으로 그 뒤를 이었다. 서울 지역 로스쿨 합격생 넷 중 한 명은 '강남 사람'이다. 이 통계 또한 우리 사회의 현실을 반영한 결과다. 하지만 강남에 거주한다는 이유만으로 성적이 좋고, 훌륭한 법률가로 자랄 가능성이 높다고 단정해선 안 된다는 점 또한 받아들여야 할 것이다.

셋째, 20대 중심이다. 마찬가지로 《한겨레21》 통계다. 22개 대학이 공개한 등록생(1760명)의 나이 정보를 보면, 20대가 1133명으로 64.4퍼센트를 차지했다. 원서 접수와 선발이 지난해 진행되었음을 감안할

서울대가 공개한 로스쿨 신입생(정원 150명) 정보

1) 나이별 현황
23~26세 : 50명 / 27~29세 : 67명 / 30~32세 : 26명 / 33~35세 : 7명
(평균 나이 : 27.7세)

2) 주소지별 현황
서울 : 112명(관악구 : 33명, 강남구 : 14명, 서초구 : 11명, 송파구 : 8명, 마포구 : 7명, 동작구·영등포구 : 각 6명 등)
경기 : 18명 / 부산 : 5명 / 인천 : 3명 / 경북·대전 : 각 2명 / 강원·광주·대구·울산·전남·제주·충남·충북 : 각 1명

3) 직업별 현황
공무원 : 6명 / 회사원 : 41명 / 의사 : 6명 / 대학(원)생 : 77명 / 무직(로스쿨 준비생 포함) : 20명

《한겨레21》 2009년 5월 18일자

때, 선발 당시 20대 합격생 비율은 70퍼센트가 넘었을 것으로 추정된다. 30대 이상은 624명에 불과했는데, 그나마 30~32세가 절반 이상(342명)을 차지한다. 특히 서울 지역 대학, 그 가운데서도 서울대 로스쿨 등록생의 평균 나이는 27.7세로 전체 로스쿨 가운데 가장 적었다. 연령 차별로 이어질 가능성이 있다. 다양한 사회적 경험자를 로스쿨로 유인하여 사회적 수요에 대응하겠다던 로스쿨의 목적이 방해받을 가능성이 충분하다.

넷째, 통계에 대한 요약이다. 역시 《한겨레21》 분석을 그대로 인용한다. "요컨대 획일적인 선발에서 탈피하고 다양한 교육을 하자는 취지와 달리 로스쿨 합격생에게 여러모로 우려스러운 '편향'이 존재한다. 그 편향은 '서울(강남) 출신, SKY 졸업, 20대, 법학 전공자 과다'로 정리할 수 있다. 이는 현행 사법시험에서 뽑히는 이들과 크게 다를 바 없는 분포로 보인다."

2008년 하버드 로스쿨 입학생과 재학생 스펙 가을 학기에 입학하는 미국 학제상 2008년 통계를 비교해야 한다. 자료는 하버드 로스쿨 홈페이지와 로스쿨넘버스 harvard.lawschoolnumbers.com를 이용했다. 모두 공개 자료다.

첫째, 여성과 유색인종의 비율이다.

a. 여성 : 47퍼센트

b. 유색인종 : 33퍼센트

둘째, 학위와 사실상 졸업 연도를 기준으로 한 통계다.

a. 석·박사 학위 소지자 : 12퍼센트

b. 대학 졸업한 지 1~4년 된 자 : 53퍼센트

c. 대학 졸업한 지 5년 이상 된 자 : 8퍼센트

셋째, 외국인 비율이다.

a. 비 미국 국적(캐나다, 중국, 콜롬비아, 엘살바도르, 프랑스, 독일, 이스라엘, 한국, 싱가포르, 슬로바키아, 타이완, 터키, 영국, 짐바브웨) 소지자 : 7퍼센트

참고로 대학 측이 공개하진 않지만 소수자 우대 정책, 각 주에 대한 쿼터제, 경력과 사회 공헌도 등이 성적과 상관없는 특별 전형 대상이다. 하버드 로스쿨을 지망하는 사람들이 모이는 카페를 통해 확인할 수 있는 사실상 준 공식적 정보다. 미국 대선 과정에서 버락 오바마 대통령과 미셸 오바마가 소수자 우대 정책을 통해 하버드 로스쿨에 입학한 게 아니냐는 말이 나오곤 했다.

넷째, 주거지역 분포다.

a. 북동부(뉴저지, 뉴욕, 펜실베이니아) : 22퍼센트

b. 대호수(일리노이, 인디애나, 미시건, 미네소타, 오하이오, 위스콘신) : 13퍼센트

c. 극서부(캘리포니아, 하와이, 네바다) : 16퍼센트

d. 뉴잉글랜드(코네티컷, 매사추세츠, 메인, 뉴햄프셔, 버몬트, 로드아일랜드) : 10퍼센트

e. 남동부(앨라배마, 플로리다, 조지아, 미시시피, 사우스캐롤라이나) : 9퍼센트

f. 미드사우스(워싱턴 D.C., 델라웨어, 켄터키, 메릴랜드, 노스캐롤라이나, 테네시, 버지니아, 웨스트버지니아) : 12퍼센트

g. 중남부(아칸소, 루이지애나, 오클라호마, 텍사스) : 10퍼센트

h. 마운틴웨스트(애리조나, 콜로라도, 아이다호, 뉴멕시코, 유타, 와이오밍) : 4퍼센트

j. 미드웨스트(아이오와, 캔자스, 미주리, 네브래스카) : 2퍼센트

k. 북서부(알래스카, 오리건, 워싱턴) : 2퍼센트

다섯째, 출신 대학 분포다.

차라리 'SKY'처럼 단순하면 인용하기 편하겠다. 하버드 로스쿨 입학생은 연간 550명 내외인데, 278개 학교에서 모여들었다.

물론 단순 비교다. 이보다 자세한 비교는 로스쿨이나 연구자들의 몫이 될 것이다. 다만 우리 로스쿨보다 개방적이고 다양하다는 점은 확인할 수 있다. 대한민국 로스쿨의 문제점과 대안을 만들어가는 분들에게 참고가 되었으면 한다.

로스쿨이 몰고 오는 법학의 위기

입구가 넓어야 출구도 넓다　　　　나는 로스쿨 설립에 동의했다. 하지만 현재의 로스쿨에 대해서는 일정 부분 비판적인 생각이 있다. 정원이나 대학이 너무 적다. 변호사 시험 합격자 수가 너무 적을 것 같다. 학비가 너무 비싸다. 특권화될 수밖에 없다. 3년간 1억이 든단다.

　로스쿨은 단기적으로 초기 정착을 고민한다. 초기 정착의 핵심은 각 대학의 합격률과 취업률이다. 대법원과 법무부는 아직까지 판사와 검사를 어떻게 충원할지 구체적 안조차 내놓지 않는다. 사법의 분권화에 대한 생각도 없어 보인다. 지방 로스쿨 출신자를 지방법원이나 지방검찰청에 어느 정도 비율로, 어떤 방식으로 충원할지 대안이 없어 보인다. 그렇다면 지방대 강제 배분이 무슨 의미가 있을까.

　변호사 집단은 더 한가하다. 현재 변호사협회와 로스쿨에는 아무런 연결 고리도 없어 보인다. 로스쿨 3년 마치고 변호사 시험 합격하면 채용하기는 할까. 왜 미국처럼 학교로 찾아가고, 학교와 교류하고, 학교에 설명하고, 방학 동안 인턴 변호사를 받지 않을까. 변호사 수습은 어떤 방식으로 할까.

다양성을 모토로 삼는 현재 로스쿨의 입학생 충원 방식은 타당한가. 가난하고 힘없는 소수자에 대한 우대 조치는 충분한가. 나이 든 사람도 얼마든지 입학할 수 있나. 로스쿨은 현재 사회 각 분야의 다양한 집단과 충분히 소통하고 교류하며 정보와 지식을 주고받는가. 학생들은 사회와 교통하며 자신의 경험을 외부에 나눠주는가. 교수들의 교수 방식은 충분히 변화되어 학생들을 만족시키는가. 방학 때면 '고시촌' 신림동에 로스쿨 학생들이 나타난다는 소문은 잘못된 정보일까.

이런 점에서 비판적이다. 물론 전면적이 아니라, 부분적이라는 생각에는 변함이 없다. 혹여 로스쿨의 근간이 흔들릴까 봐 하는 얘기다.

로스쿨은 유지되어야겠지만 다시 강조하거니와 더 넓어지고, 더 깊

로스쿨 설치 인가 대학 주요 현황

대학명	입학 정원	전액 장학생 비율	연간 등록금 (만 원)	입학금 (만 원)
강원대	40	100%	1,000	18.6
건국대	40	75%	1,600	92.6
경북대	120	21.3%	1,014	17
경희대	60	25%	1,760	100
고려대	120	20%	1,900	113
동아대	80	34.2%	1,800	80
부산대	120	30%	945.6	19.1
서강대	40	37.5%	1,440	120
서울대	150	25.2%	1,350	30
서울시립대	50	41.9%	910.6	19.4
성균관대	120	37.3%	2,000	100
아주대	50	25%	1,800	100
연세대	120	32%	1,950	292.5
영남대	70	48.8%	1,840	80
원광대	60	43%	1,500	100
이화여대	100	41.7%	1,680	100
인하대	50	44.7%	1,800	100
전남대	120	24.7%	963.2	18.6
전북대	80	20.1%	930	20
제주대	40	32%	1,000	18.7
중앙대	50	55.1%	1,530	150
충남대	100	31.4%	863	19
충북대	70	25%	980	20
한국외대	50	20%	1,600	160
한양대	100	55%	1,800	100

*자료 제공 : 대한민국 정책 포털 사이트

어지고, 더 유연해져야 한다. 더 많이 뽑고, 더 많이 배출해야 한다. 좁은 문이 아니라 넓은 문이 되어야 한다. 이미 투자한 소수 정예 대학 입장에서는 억울하겠지만, 그 대학들의 정원을 늘려주면서 다른 대학에게 인가를 내주는 한이 있더라도 입구는 넓어져야 한다. 당연히 출구도 넓어져야 한다.

이곳저곳 특강하러 다니면서 로스쿨에 대해 들을 기회가 있었다. 현장의 목소리다. 로스쿨 자체에 대해서는 말을 아낀다. 아직 시작에 불과하고, 그야말로 조심스럽게 로스쿨을 키우고 있기 때문에 그런 것 같다. 그 점을 존중한다.

법학의 위기에 대한 우려   그런데 내가 관심 있게 들은 부분은 다르다. 로스쿨이 자칫 법학의 위기로 이어질지 모른다는 염려가 종종 있었다.

첫째, 법학 전문 서적이 한계에 봉착했다고 한다. 책이 팔리지 않는 것이다. 전에는 고시 공부에 몰입하는 학생들이 많았기 때문에 모두 즐거운 상상 속에 책을 구입했다. 그런데 지금은 법서가 팔리지 않는단다. 법률 전문 출판사들이 어려워질 수밖에 없다. 교수들의 학문적 열망이 약해지는 모양이다.

둘째, 대학원 자체가 대단히 위축되고 있다. 앞으로 로스쿨 교수는 로스쿨 출신이 될 수밖에 없다는 생각 때문이란다. 아직은 기능적 성격을 띠는 로스쿨 법학이 학문적 법학과 교직되기에는 시간이 필요한데, 별다른 희망이 없는 대학원에 법과대학 학생의 진학이 중단되고 있다. 대학원의 황폐화가 법학의 황폐화로 이어질 수 있다는 의미다.

셋째, 법대 자체도 재정적 측면에서 간단치 않다. 얼마 전만 해도 통계 수치를 보면 법과대학 학생의 등록금이 가장 적은 게 마땅했다. 학생들을 가르치는 데 특별한 원가가 필요 없다. 강의실과 칠판만 있으면 되는 것이 법과대학 강의였다. 굳이 평가하면 원가가 가장 덜 드는 대학이었다.

그런데 로스쿨은 그렇지 못하다. 지금은 법과대학 학생들이 있어서 괜찮지만 앞으로 문제라는 것이다. 로스쿨 1년 등록금이 2000만 원에 육박한다. 물론 일부 서울 사립대 기준이다. 정원 100명 기준으로 3학년을 모으면 60억이다. 교수들이 대부분 40명 내외다. 변호사로 일하던 분들이니 연봉이 만만치 않을 것이다. 여기에 의무적으로 지급하는 장학금이 있다. 자칫 적자로 이어질 수 있다.

단기간은 괜찮지만, 장기적으로 볼 때 다른 단과대학의 부담으로 이어진다. 다른 단과대학은 참고 있어야 하나. 당신들 스스로 해결하라고 할 것이다. 그러면 로스쿨 등록금 인상으로 이어진다. 그렇지 않아도 가난한 사람들에게 어려운 관문인데, 그때는 더욱 어려워질 것이다. 더 좁은 문이 될 것이다. 결국 법학의 위기가 자연스럽게 로스쿨의 위기와 결합되는 상황도 예상해볼 수 있다.

로스쿨에 대한 사회적 합의가 필요해　　나는 이 부분의 전문가가 아니다. 그냥 최근 몇몇 교수님께 배우는 과정에서 이런저런 상황을 알았다. 간단치 않다는 생각이 들었다. 이는 사법시험을 언제까지 끌고 가느냐 하는 문제와도 상관있고, 로스쿨 장학생을 어느 정도까지 늘리느냐 하는 문제와도 상관있을 것이다. 하지만 좀더 근본적인 문제는 무엇일까.

로스쿨에 대한 우리 사회의 입장과 이해를 분명히 할 필요가 있다는 생각에 이른다. 단지 몇 년 더 교육하자고 로스쿨을 도입한 건 아니잖은가. 문턱을 낮추어 사회의 다양한 자원을 법률 전문가로 넓게 끌어들이자는 것이었다. 사법시험의 폐쇄성과 특권성을 극복하자는 것이었다. 접근 가능성을 높이자는 것이었다. 현재 그렇게 되고 있나. 자칫 법학계와 로스쿨이 모두 진퇴양난에 빠지는 건 아닐까.

그럴 리는 없을 것이다. 하지만 지금은 좀더 정밀하게 고민해야 할 때인 것 같다. 법학도 살고, 로스쿨도 살고, 법조계도 살아야 한다. 로스쿨 학생도 살아야 한다. 법과대학 학생도 살아야 한다. 무엇보다 시민의 입장에서 '싸고 질 좋은' 미국산 수입 쇠고기 대신 한국산 법률 전문가를 손쉽게 고용해서 활용할 수 있도록 해야 한다. 더 넓고 더 깊이 있고, 더 유연하게 만들어야 한다.

우리법연구회와 추악한 색깔론

'아무렇게나 넘겨짚은' 우리법연구회 판사들의 명단　　　보수 성향의 시민 단체 '자유주의진

보연합'이 2009년 8월 15일 법원 내 연구 모임인 '우리법연구회' 소속 판사들의 명단을 공개했다. 이 단체는 명단 공개와 함께 "우리법연구회는 과거 군부 내 '하나회'를 연상시키는 법원 내 사조직으로, 좌편향 판결은 물론 신영철 대법관 파문에도 적극 관여한 것으로 추정된다"며 "자진 해체하라"고 주장했다.

이들이 주장한 명단은 현직 법관 129명, 탈퇴자 53명이다. 조선일보 사설은 한걸음 더 나아가 탈퇴자까지 합쳐 180여 명으로 대법관을 포함한 전체 법관의 10퍼센트에 육박한다고 했다. 하지만 경향신문은 "명단에는 이미 탈퇴했거나 사실상 탈퇴한 법관들도 상당수 포함되어 그분들에게 피해가 가지 않을까 염려된다"는 연구회 소속 한 판사의 말을 전하고 있다.

1950년 2월, 미국 상원 조지프 매카시 의원은 웨스트버지니아 주 휠

링에서 악명 높은 연설을 한다. 브라이언 해리스의 《인저스티스》에 따르면 그는 이 연설에서 "국무부 소속 직원 가운데 공산당 정식 당원이거나 공산당에 확실히 충성하는 것으로 보이는 205명의 명단을 가지고 있다"고 주장했다. 나중에 알고 보니 이 숫자는 '아무렇게나 넘겨짚은' 것이었다.

경향신문, 한겨레 vs. 조선일보　　　　8월 18일자 경향신문 사설 제목은 〈판사들에 대한 색깔론은 시대착오다〉이다. 법관의 독립에 대한 부정이요, 헌법 정신에도 어긋난다고 했다. 같은 날짜 한겨레 사설 제목은 〈이제 법원에까지 색깔론 분탕질인가〉이다. 좀더 나은 미래를 고민하는 모임을 빨갱이 집단인 양 매도하고 있다고 비판한다. 이에 반해 조선일보의 사설 제목은 〈우리법연구회 회원 명단 공개해야 마땅하다〉이다. 우리법연구회는 국민이 요구하기에 앞서 스스로 명단과 활동을 공개하는 게 옳다고 주장한다.

　　독일은 극좌도 위험하다고 생각하지만, 극우 또한 위험하다고 생각한다. 극우 세력의 추악한 역사를 자신들 스스로 잘 알고 있기 때문이다. '매카시즘은 스탈린이 미국인에게 선사한 마지막 선물'이라고 평가받는다. "그해 여름 한국전쟁이 터지지 않았다면 매카시가 중요한 인물로 부상할 가능성은 거의 없었다." 1952년 공화당 후보로 대통령에 당선된 아이젠하워는 "매카시즘이 선풍을 일으킨 것은 한국전쟁 때문이고, 한국전쟁이 끝나면 매카시즘도 곧 시들해질 것임을 알았다."

　　　　　　　　　　　　　　　　　폴 존슨, 《모던 타임스 II》, 177쪽

전쟁이 끝난 게 언제고 빨갱이 사냥이 끝난 게 언제인데 우리는 아직도 색깔론에 시달리고, 이념론에 시달리고, 좌익론에 시달리고, 친북좌파론과 종북론에 시달리고, 1950년의 매카시즘에 시달린다.

진보를 가장한 '꼴통'의 위험성

"자유주의진보연합은 자유를 향한 진짜 진보를 표방하며 출범했다고 한다. 그럼에도 시대착오적인 색깔론의 미몽에서 깨어나지 못하는 이 단체가 진보를 논할 자격이 있는지 묻고 싶다."

경향신문 사설의 마지막 대목이다. 그래도 경향신문은 참 순진하다. 진보는 무슨 진보겠는가. 진보의 옷을 입고 진보의 옷에 분탕질하려는 것에 불과하다. 그래서 진보라는 이름으로 국민에게 비난과 질시의 대상이 되도록 하려는 극단적 위장술이다. 변장이다. 효용 가치를 다한 뉴라이트의 변장에 불과하다. 극단적 보수 근본주의 세력의 위장술에 불과할지도 모른다. 진보의 재구성이 아니다. 진보의 리메이크를 가장한 진보의 퇴행이다. 위장 진보다. 그래서 진보의 이름에 역사적 오명을 남기려는 것이다. 리버럴liberal도 아니고, 프로그레시브progressive도 아니다. 가장假裝 진보다.

진보라는 이름에 속아서는 안 된다. 진보의 이름으로 진보를 공격해서 시민이 오인하게 만들고, 진보끼리 충돌하는 것으로 비춰지게 만드는 지극히 수준 낮은 공작에 불과하다. 그래서 한겨레 사설에서 '색깔론 분탕질'이라고 했다. 마녀사냥이라고 했다.

매카시즘 시절에도 법원을 공격했다. 공격이 두려워 미 연방 대법관이 집안 결혼식에 가는 것조차 두려워하던 시절도 있었다. 도대체 자유주의진보연합은 이런 식의 낙인과 색깔론을 통해 무엇을 얻고자 하는가. 획일주의 사회인가, 극단주의 사회인가? 최소한의 균형 감각도 없는 행태다.

차라리 한나라당 주성영 의원이 그립다

2005년 10월 6일 대법원 대회의실에서 열린 대법원에 대한 국회 법제사법위원회의 국정감사에서 한나라당 주성영 의원은 우리법연구회와 민사판례연구회는 법원 내에 존재하는 여러 가지 연구 모임과 완전히 다른 특징이 있다고 했다. 주 의원은 희망하는 사람이 자유롭게 가입하는 것이 아니라 특정 대학 출신, 특정 초임지, 1~5명을 선발하며, 운영도 1년에 두 차례씩 가족을 동반하거나 연수 혹은 단합 대회를 해서 나중에는 정치화하고 있다고 주장했다.

물론 그의 질의에 동의하지 않는다. 그때나 지금이나 비판적이다. 하지만 법원 내의 연구 모임 혹은 비공식 조직에 문제를 제기하려면 이 정도라도 됐으면 좋겠다. 이 정도 균형 감각이라도 있으면 좋겠다. 차라리 주성영 의원이 그립다.

법원에는 수많은 연구 모임이 있고, 공부 모임과 학회도 있다. 연고의 성격을 띤 동문 모임도 있고, 근무지 모임도 있다. 사조직이나 연구 모임이 재판에 구체적으로 영향을 미친다면, 헌법기관으로서 재판의 독립성을 침해하고 공정성을 훼손한다면 그런 각도에서 문제를 제기해야 한다. 나와 다른 법리, 나와 다른 학설, 나와 다른 견해를 주장한다는 이유만으로 상대방을 낙인찍고 공격하겠다는 것이야말로 추악한 폭력이다.

법원에도 균형이 필요하다   대한민국 법원은 태생적으로 보수적이다. 법관 양성 제도나 교육제도, 인사 제도, 선발 제도, 사법시험 제도, 법과대학 시스템 자체가 그렇다.

최근 영국에서는 7~8퍼센트에 불과한 영국 사립학교 출신이 법원이나 변호사의 60~70퍼센트를 차지하는 데 총리실 차원에서 문제를 제기하고, 그 대안을 마련 중이다. 기회의 불공정성에 대한 문제 제기와 함께 법적 입장의 불균형에 대한 문제의식도 담고 있다. 법원 내부의 균형, 법적 견해의 균형은 새의 날개만큼이나 중요하다. 미국 연방 대법원이 늘 5대 4나 4대 5로 보수와 진보의 아슬아슬한 균형을 유지하는 것도 이 때문이다.

극단은 위험하다. 획일주의는 위험하다. 소유권을 중요시하는 법적 입장이 있는가 하면, 거래 안전과 공공성을 더 중요하게 생각하는 법적 입장이 있을 수 있다. 사용자의 입장을 더 이해하는 법적 입장이 있을 수 있고, 노동자의 권리를 더 고민하는 법적 해석이 있을 수 있다. 학설의 대립이 견해의 대립으로 이어지고, 판결의 대립으로 이어진다. 그리하여 우리 사회 다양한 견해의 축소판 혹은 논쟁의 장으로 법원이 존재해야 하고, 그 논쟁의 대립항으로 판결문이 쓰여야 하며, 그 결론으로 판결이 있어야 한다. 보수 우익이 그토록 사랑하고 존경하는 시장주의는 법적 견해의 장에서도 마땅히 보장되어야 한다. 법적 논리의 독점도 시장의 독점만큼이나 위험하다.

지난 시절 우리 법원의 몰역사성과 반민주성에도 아직까지 침묵으로 일관하는 무반성과 무책임이 이해되지 않는다. 기본권 보장의 최후 수단으로, 헌법기관의 의무에 좀더 충실해야 하고 강력해져야 하는 것이 대한민국 법원이고 판사다. 법과 질서를 전매특허처럼 사용하는 보수적 시민 단체가 이런 방식으로 법관의 독립성과 공정성을 침해하려는 행태는 지극히 불온하다. 위험하다. 외눈박이다.

위험한 외눈박이들　　　차라리 자유주의진보연합이 법관인사위원회를 구성하면 어떨까. 그래서 종교도 심사하고, 양심도 심사하고, 정당도 심사하고, 이념도 심사하고, 색깔도 심사해서 오로지 자유주의진보연합이 동의하고 인정하는 법관들로 법원을 구성하면 그때는 만족할 수 있을까. 그 순간 자유주의진보연합은 참으로 행복할까. 그때 비로소 우리 사회는 자유민주주의 국가로 거듭날까. 개인의 자유와 창의가 한없이 살아 숨 쉬는 대한민국이 될 수 있을까.

사법부 독립은 기득권 아닌 공정성 위한 것

공정성 위한 독립　　　"사법권 독립은 국민의 신뢰를 얻기 위한 제1조
건"이며 "국민의 신뢰 없이 사법권 독립을 외치
는 것은 독선"이다. 2009년 4월 21일 전국법관워크숍에서 이용훈 대법
원장이 한 말이다. 문제는 공정성을 위한 독립성이다. 헌법재판소의
일관된 결정문을 인용한다.

"헌법 제101조는 '사법권은 법관으로 구성된 법원에 속한다'고 규정
하고 있고, 헌법 제103조는 '법관은 헌법과 법률에 의하여 그 양심에
따라 독립하여 심판한다'고 규정하고 있으며, 사법의 본질은 법 또는
권리에 관한 다툼이 있는 경우에 독립적인 법원이 법을 해석·적용하
여 유권적인 판단을 내린다는 데 있다. 따라서 법원이 사법권을 행사
하여 분쟁을 해결하는 절차가 가장 대표적인 사법절차라 할 수 있을
것이고, 그렇다면 사법절차를 특징짓는 요소로는 판단 기관의 독립성,
공정성, 대심적對審的 심리 구조, 당사자의 절차적 권리 보장 등을 들 수
있을 것이다."(헌재 2000. 6. 1. 98헌바8 판례집12-1, 590, 601)

그렇다. 대심 구조와 적법절차라는 절차적 성격을 잠시 제쳐두면, 사법절차의 본질적 요소는 '독립성'이요, '공정성'이다. 둘은 충돌하지 않는다. 독립성과 공정성은 조화롭게 작동할 수 있고, 굳이 따지자면 독립성은 공정성을 위해 필요하다.

위험한 사법 관료화　　　대한민국은 민주공화국이다. 그리고 주권은 국민에게 있다. 주권은 사회적 계약을 통해 나라를 만들었고, 주권인 헌법 제정 권력은 헌법이라는 절차를 통해 입법권은 의회에게, 집행권은 행정부에게, 사법권은 사법부에게 분배하고, 각기 견제와 균형을 통해 일을 잘 처리하도록 했다.

그런데 간혹 국민주권주의에서 일탈, 헌법적 정통성의 취약성은 예상치 못한 중대한 문제를 내포하기도 한다. 로버트 달의 《미국 헌법과 민주주의》에 보면 다음과 같은 예가 나온다.

"법원의 판결이 이와 같은 민주적 기본권의 영역에 있을 때, 그들의 활동과 위상을 문제 삼기는 어려울 것이다. 그러나 법원이 그 자체만으로도 충분히 광범한 민주적 기본권의 문제 영역을 넘어설수록 그들의 권한은 점점 의심스러워진다. 왜냐하면 그러한 상황에서 법원은 선출되지 않은 입법부가 되기 때문이다. 헌법을 해석한다는, 혹은 헌법 입안자들의 모호하고도 종종 이해할 수 없는 입법 의도를 파악한다는 명목 아래 대법원은 선출된 관리들이 맡아야 할 중요한 법률과 정책의 결정권을 행사하는 것이다."

주권자의 의사에 종속되지 않을 때, 입법자의 의사를 자의적으로 해석할 때 민주주의의 위기와도 연결될 수 있다. 그만큼 중요하고 그만큼 취약하다. 그래서 독립해야 한다. 그 독립은 스스로 지켜나가야 한다. 물론 외부도 공정하리라는 믿음을 전제로 독립을 지켜주어야 한다. 하지만 우리 역사는 그렇지 못했다. 권력기관 사이의 수평적 책임성은 막무가내였다. 시민에 대해 책임을 지는 사법부의 수직적 책임성은 극도로 취약했다. 수직적 책임성에는 관심조차 없었다. 시민은 이들이 사법시험이라는 특별한 제도를 통과한 우리 시대의 엘리트고 일종의 철인이기 때문에 믿고 싶어했고, 사법부 구성원들은 이 믿음을 통해 자기최면에 빠지는 경우도 있었다. 이런 엘리트 의식과 사법 관료의식이 결합되면서 '공정성을 위한 독립성'이라는 명제는 사라지고, 독립을 통해 소외와 고립을 자초하며, 지나친 효율성을 통해 사법 관료화가 고착되었다.

참여연대 법원 개혁 토론회에서 새사회연대 이창수 대표는 〈사법 인사 제도의 개혁과 법조 일원화에 대한 단상〉을 발표하며 다음과 같이 주장했다.

"국가기관 중 하나인 법원이 민주적인 통제를 받아야 하는 일반적인 민주주의 원리의 지배를 받아야 함에도 불구하고, 사실상 사법권의 독립이라는 역사적이고 실체적인 필요성으로 인해 그 중요한 요소인 '법관 인사의 독립성'을 지나치게 강조하여 민주성보다는 '전문적인' 효율성을 추구해왔다."

다시 강조하고 싶다. 그렇다면 선거를 통해 뽑자는 말이냐. 그건 아니다. 선거제도의 한계는 인정한다. 철인정치를 주장하는 사람도 있었다. 중우정치의 위험성을 충분히 경계한다. 이른바 '포퓰리즘 논쟁'이다. 선거는 과거의 정치 행태에 대한 책임을 묻는 회고적retrospective 통제와 미래의 정치적 비전에 초점을 맞추는 전망적prospective 통제가 있다.

이 둘이 어떤 방식으로 작동했는지는 아무도 모른다. 그렇다면 투표를 통해 입법부와 행정부에 책임 있는 행동을 촉진할 수가 없다. 버나드 마넹Bernard Manin 은 정치인에 대한 시민의 통제는 기껏해야 매우 불완전한 것이라고 결론 내린다.

소송을 관리하는 무리   여기에 한국과 같은 단임제 정부라면 어떻게 되는가. 선거의 수직적 책임성 원칙이 사법부를 제외한 입법부와 행정부에게는 제대로 작동한다고 큰소리치기가 당장 곤란해진다. 그래서 수평적 책임성의 작동을 요청한다. 정당 제도나 시민 참여 제도, 비정부기구와 사이에서 요구되는 각종 견제와 균형의 방식을 통해 책임성의 문제와 국민주권의 실현이라는 민주주의의 근본 가치는 끊임없이 보완되어야 하는 것이다. 사법부는 이런 방식의 책임 추궁에도 민감하게 반응한다. 전문성을 이유로 주권에 대한 종속성이나 수직적 책임성, 수평적 책임성 모두 외면한다. 일부 대법관들이 퇴임사에서 늘 얘기하는 '여론에서 독립하는 것이 가장 어려웠다'는 말이 이를 잘 대변한다. 신비주의와 밀행주의를 지나치게 선호하는 건 아닌지 염려스러울 때가 있다.

그렇다면 사법부는 이런 문제의식과 책임 의식에 충분히 공감하고 있었을까. 최근 10여 년간 사법시험 합격자는 대부분 SKY(서울대·고려대·연세대) 출신이고, 강남 3구(서초·강남·송파구) 출신이 많았다는 통계에 대해 한번쯤 고민해보자. 앞으로 법관을 배출할 로스쿨 신입생의 통계도 별반 다르지 않다. 특정 지역의 특정 계층, 특정 학벌이 지배적인 사법시험 배출 구조, 법관의 임용 구조가 사회적 기득권의 재생산으로 이어지거나, 법적 담론의 보수화에서 공정성을 담보할 수 있을까. 그 점에 대한 문제의식을 충분히 인식하고 보완할 대안이 있는가.

우리는 과연 이런 문제의식에서 자유로울 수 있을까. 공정성을 담보하는 지혜와 균형, 정직이라는 가치에 충실하고 있는가.

어떻게 독립성, 공정성, 책임성을 조화시킬 것인가

판사의 임명과 전보, 승진 형태 등 모든 요소들이 개별적인 판사의 구체적인 지위에 영향을 미치고, 내적인 면과 외적인 면 모두 사법부 독립의 실제 수준을 평가하게 해준다. 내적 독립성은 다른 판사들의 부당한 압력에서 개별 판사를 보호하는 문제다. 외적 독립성은 사법부와 정부 다른 부문들의 관계다.

현재 가장 큰 문제는 수평적 책임의 문제, 주권자에 대한 어떤 책임에서도 자유롭고 책임을 추궁할 수 있는 방법조차 사실상 무의미한 수직적 책임의 공허함, 신영철 대법관 사태에서 보듯 법원 내부의 독립성에 대한 심각한 도전과 정치적 이해관계에 따라 끊임없이 왜곡하는 언론과 여론의 독립성 침해 등일 것이다.

우리나라 사법부의 내적 독립성 문제는 다음과 같은 구조가 있다. •사법 관료제, 피라미드 최정점의 대법관 •사법의 본질이 사법행정에 종속되고 도구화되는 강력한 위험성 •판사의 임명과 전보, 징계, 유학, 승진 등 인사 제도의 종속성 •사법연수원 기수가 상징하는 고전적인 서열주의 •초임지, 유학, 법원행정처 근무 경력 등의 폐쇄적이고 종속적인 인사 구조 •조직에서 탈락되면 전관예우로 보상받는 전근대적 예의 등이다.

독립성이 왜곡되어 사법 관료제로 변형된다. 사법 관료제의 문제는 공정성의 위기로 이어진다는 점이다.

카를로 과르니에리의 〈수평적 책임성의 도구로써 법원〉이라는 글에 따르면 유럽 대륙의 국가들에서 승진 체계는 과거에 '선례 구속성 원리'의 부족한 부분을 보완하는 기능을 했다. 즉 하급법원의 판사들은 승진이 걸려 있기 때문에 상급법원의 판정을 따랐다. 이렇게 순응적이고 보수적인 태도가 노골적으로 장려됐다. 선례 구속성 원리가 승진 제도 등 인사 제도와 결합된다. 여기에 대한민국의 독특한 경험인 사법연수원 기수 제도가 찰떡처럼 달라붙는다. 이런 현상이 주는 효과는 더 분석할 필요가 없다. 기수주의는 전관예우 등과 결합되면서 공정성에 대한 도전으로 작동한다. 참여연대 법원 개혁 토론회에서 서강대 법대 이상수 교수가 〈해석 투쟁 공간으로서의 법원〉을 통해 날카롭게 지적한 내용을 덧붙인다.

"사법 관료주의의 문제는 그것이 법원을 사회에서 단절시키기 때문이 아니라, 사회 특정 계급의 이익이나 특정 가치만 대변하기 때문에 문제다. 법원이 편파적으로 한쪽 이익을 대변한다면 이는 법원이라고 할 수 없고, 특정 집단(계급)의 이익을 관철하는 폭력적 억압 기구에 불과할 것이다."

법률가의 특권 의식을 깨뜨려야   2009년 4월 21일 끝난 전국법관워크숍에서는 독립성과 공정성을 담보하기 위해 사법행정권의 적정한 범위, 법관 인사 제도 개선, 재판 독립권 고충 처리 기구의 신설 방안, 각급 법원의 판사 회의 위상 강화 등이 거론된 것으로 알려졌다. 역시 지나치게 미시적이다. 신영철 대법관 사태의 현상적 측면은 법원 내부의 독립성 문제였을 것이다. 하지만 보다 본질적인 의미는 공정성을 위한 독립성 문제였다. 이번 사태를 계기로 사법부는 어떻게 공정성을 확보하고, 주권자의 의사에 자신의 권력을 어떻게 '헌법적으로' 합치시키며, 국민주권주의의 한 표현으로써 사법부의 헌법적 위상을 어떻게 재창조할지 고민해야 했다. 그 점에서 대단히 미시적이고 표면적인 수준의 논의였음을 지적하지 않을 수 없다. 안타까운 일이다.

현재까지 시민·사회단체에서 논의되는 수준은 사법권의 지방분권화, 정보의 공유, 시민 입법의 참가, 국민 참여 재판의 확대, 법조 인력의 증원과 다양성 확보, 법관 충원 방식의 전면적 재검토, 로스쿨 재학생 인턴 등 사회적 훈련 방식 도입과 강화, 시민운동, 언론의 비평, 법률 소비자 운동을 통한 법률 주권자 운동 등이다.

나아가 모든 재판이 공개되고 생중계될 수 있도록 해야 한다, 언론과 시민의 상시 감시 아래 놓이도록 해야 한다, 대법원 판결문 말고 하급심 판결문을 전면 공개해야 한다 등이었다. 덧붙여 《민주사회를 위한 변론》 2009년 3~4월호에서 고려대 법대 박경신 교수가 〈적은 이명박 정부가 아니다〉라는 글을 통해 제안한 내용도 적어두어야겠다.

"가장 중요한 것은 검찰과 법원을 구성하는 법률가들의 배경을 다양하게 만들고, 이들의 특권 의식을 깨뜨리는 것이다. 이를 위해서는 법률가 수를 대폭 늘려야 한다. 현재 변호사 정원제 아래서는 아무리 사회적으로 소외되었던 사람이라도 한번 특권 의식의 세례를 받고 나오면 중요한 시점에서는 법과 원칙을 포기함은 물론, 누구의 편도 아닌 자신들의 편에만 서게 된다."

모든 권력은 견제되어야 한다　　　　"사법부의 권력도 견제할 수 있다. 남
　　　　　　　　　　　　　　　　　　용을 막으려면 모든 권력은 견제되어야
한다. 사법부도 예외가 아니다." 카를로 과르니에리가 한 말이다. 대한
민국 사법부는 강력하게 보호를 희망한다. 하지만 견제받지 않으려 한
다. 책임지려고도 하지 않는다. 이번 사태의 책임에 대한 워크숍 또한
두루뭉술하게 끝난 것 같다. 최장집 교수의 말을 대신한다.

"사법부가 사회적 책임에 종속되어야 하는 이유는 시민이 그들의 대
표로서 직접 선출하고, 그들에 대해 직접 책임지는 집행부나 입법부와
달리 시민에 대해 간접적으로만 책임지기 때문이다. 그들의 선출이 간
접적인 만큼 시민에 대한 그들의 책임도 약하다."

더 이상 입신양명지로서 사법부는 없다. 굳이 시민의 언어로 적어보
면 사법권은 법조인 개인의 것이 아니다. 일신 전속적이지 않다. 위임
받은 권력이다. 시민의 헌법적 기본권 보장이라는 한도에서 사용되어
야 한다. 법관들의 법률에 대한 창조적 해석도 그 틀을 넘어서는 안 된
다. 사회적 다원성에 귀 기울여야 한다. 무엇보다 본질적인 문제는 사
법부의 독립성과 공정성에 대한 도전이다. 이는 국민주권에 대한 중대
한 도전이다.

그런데 사법 내부의 현실은 슬프다. 사법관료, 이른바 법조 엘리트
들이 노력으로 성취한 과실果實로 법관의 직무를 해석하고, 독립성이라
는 이름으로 국민주권에서 도망치려 하며, 기득권과 자폐성을 강화하
려는 경우가 종종 있다. 이런 상황이야말로 국민주권의 위기요, 민주
주의의 위기다. 그래서 독립성을 묻는다. 독립성을 묻는 이유는 공정
성을 위함이다. 독립성은 공정성을 위해 필요하다.

'다른 수단'에 의한 정치

미국은 정치 후진국   정치학자 마틴 쉐프터와 벤저민 긴스버그는 1970년대 이후 미국 정치를 '다른 수단에 의한 정치'로 특징지었다. 민주주의는 선거에서 정책과 이념을 토대로 더 많은 유권자의 지지를 확보하고자 하는 정당들의 경쟁을 통해 작동하는 정치체제다.

그러나 두 학자가 본 미국 정치는 정당이 다른 대통령과 의회가 사법 기구와 언론 매체를 활용해 상대방의 윤리적 결점이나 법률 위반 혐의를 '폭로Revelation'하고 '조사Investigation'하고 '기소Prosecution'하는 RIP 방식의 정치 경쟁을 중심으로 전개되었다. 닉슨 대통령의 워터게이트, 레이건 행정부의 이란-콘트라, 클린턴 재임 시기 화이트워터와 르윈스키 스캔들 등이 모두 그런 경우다.

사법 기구와 언론 매체가 정치의 주요 수단으로 활용되고 부패와 위법 혐의가 정치 경쟁의 중심 소재로 다뤄지면서 일반 시민의 정치와 정치인에 대한 불신과 혐오는 더욱 확대되었다. 그 결과 미국은 절반

에 가까운 유권자가 민주주의 정치에서 가장 기본적인 투표에도 참여
하지 않는 정치 후진국으로 전락하고 말았다.

검찰과 언론이 대신하는 정치

검찰과 언론이 정당과 선거를 대신하는 정치라면, 한국이 미국보다 더하면 더했지 덜하다고 말하기는 어렵다. 지금부터 20년 전 노태우 대통령은 검찰과 언론을 활용한 부패 스캔들로 정국을 주도하며 내각제 개헌의 발판을 마련하고자 했다.

1991년 1월 국회의원 뇌물 외유 사건은 양김이 주도하는 의회의 영향력을 차단하려는 청와대의 기획이었고, 여기에 대응하여 민자당 내 민주계(YS 진영)는 수서택지 특혜 분양의 배후가 청와대라는 증거를 언론에 흘려 대통령의 정당성을 약화하며 개헌 시도를 조기에 차단하려 했다. 청와대는 그해 6월 지방선거에서도 야당의 '공천 헌금'에 대한 검찰 수사를 통해 정치 부패를 선거의 중심 이슈로 만들었고, 그 와중에 일부 야당 의원이 '돈 공천'을 비판하며 탈당하는 사태가 벌어지기도 했다.

이렇게 정당과 정책이 설 자리를 잃고 부패 정치에 대한 혐오와 냉소가 지배한 지방선거 결과는 민주화 이후 처음 실시된 지방선거인데도 매우 낮은 투표율을 기록하며 여당의 압승으로 끝나고 말았다. 안타까운 일이지만 그 후에도 '다른 수단'을 통해 권력을 획득하고 유지하려는 경쟁은 계속되었다. 그리하여 선거와 정당의 의미는 점점 퇴색했고, 그에 비례해 '선출되지 않은' 검찰과 언론의 영향력은 더욱 확대되었다.

많은 사람들이 공직자와 정치인에게 누구보다 정직하고 청렴할 것을 요구하고 기대한다. 하지만 정치인에겐 그에 못지않게 중요한 정치의 윤리가 존재하는 것 또한 사실이다. 그것은 보통 사람들의 요구와 바람을 수용하고, 토론과 설득을 통해 정책 대안에 동의를 구하며, 그 정책의 최종 결과에 대해 '선거를 통해 책임'지고자 하는 태도다.

바로 이것이 한국 정치가 본연의 수단으로 자기 가치를 실현하는 길이다. 그렇지 않고 검찰과 언론이 윤리와 도덕과 법률을 무기로 정치를 좌우한다면, 선거와 정당과 민주주의의 가치와 효능은 그만큼 줄어들고 말 것이다. 부패와 범죄가 있다면 언론과 검찰은 당연히 파헤쳐야 한다. 그러나 모든 범죄와 부패를 파헤칠 수 없는 노릇이기에 거기부터 정치적 편파성과 다른 수단에 의한 정치가 나타날 수 있다. 그들의 활동에 무엇보다 절제와 균형 감각이 중요한 것도 이 때문이다.

2007년 2월 서울지방법원 정영진 부장판사는 당시 대법원장에 대한 여러 의혹을 내부 통신용 편지 세 통으로 올리며 사법 불신 문제를 제기했다. 정 판사의 글 중 정치권에 던지는 아픈 부분도 있었다. "심지어 집권 여당의 내부적 갈등까지 법원에서 해결할 것을 요청하고 있다"는 부분이다.

나는 일관되게 '다른 수단에 의한 정치'를 반대해왔다. 사법부의 역할이 증대하는 것은 정치의 약화, 나아가서는 정치의 붕괴가 가져온 것이라는 지적에도 정치인의 한 사람으로서 부끄러우면서도 뼈아프게 동의한다. 그래서 정치학자 로버트 달이 지적한 것처럼 대법원이 "선출된 관리들이 맡아야 할 중요한 법률과 정책의 결정권을 행사하는 것"에도 반대한다. 정치의 사법화와 사법의 정치화, '선출되지 않은 권력'에게 중요한 정치적 결정을 맡기는 일은 경계하고 또 경계해야 할 일이다.

일본 최대 정치 스캔들인 록히드 사건의 주임검사 요시나가 유스케吉永祐介는 이런 말을 남겼다.

"수사로 세상이나 제도를 바꾸려 하면 검찰은 파쇼가 된다."

3부

바보야, 문제는 **표현**의 **자유**야

'막걸리 보안법'과 신해철

풍자냐, 찬양이냐　　　2009년 4월 17일 라이트코리아(대표 봉태홍)와 자유북한운동연합(대표 박상학)이 서울중앙지검에 가수 신해철에 대한 고발장을 제출했다. 라이트코리아 측은 "신씨는 일반인이 아니라 연예인이자 공인이다. 그렇기 때문에 북한을 노골적으로 찬양한 것에 대해 책임을 물어야 한다"고 주장했다. 노컷뉴스 4월 17일자 기사에 따르면 다행히 신해철은 전날 오마이뉴스와 인터뷰했다. 때마침 오마이뉴스 기자가 블로그에 이 사건의 배경을 설명하는 기사를 올렸다.

기　자　　로켓 발언은 어떻게 쓴 건가.

신　씨　　그날 새벽까지 술 마시고 집에 들어갔다. 로켓 발언은 술자리 마지막 건배사였다. 건배사를 그대로 옮겨놓은 거다.

'막걸리 보안법' 시절이 있었다. 술자리에서 한 애기로 반공법을 걸고, 국가보안법을 걸던 시절이다. 걸면 걸리던 시절이다.

그나마 고발장이 건배사에 대해 걸지 않아서 다행이다. 건배사가 '신해철닷컴'으로 옮겨왔고, 거기에 대해서 걸었다. 고발장을 직접 보진 못했지만, 언론 보도를 보면 고발인들은 국가보안법 제7조 제1항에 걸었다.

'국가의 존립, 안전이나 자유·민주적 기본 질서를 위태롭게 한다는 정을 알면서, 반국가 단체나 그 구성원 또는 그 지령을 받은 자의 활동을 찬양·고무·선전 또는 이에 동조하거나, 국가 변란을 선전·선동한 자는 7년 이하의 징역에 처한다.'

국가보안법 제7조의 핵심 문언을 그대로 옮겨보자. '반국가 단체나 그 구성원 또는 그 지령을 받은 자의 활동'을 '찬양'하면 죄가 된다. 그런데 신해철의 인터뷰는 찬양이 아니라는 증거만 즐비하다. 찬양이 아니라 풍자다. 도리어 우리의 자존에 대한 '똥침'이다. 그래서 풍자라는 것이다.

신 씨 발사체의 발사 방향이라든가, 뭐 이런 것들이 주변 국가에 피해를 끼치지 않았고, 통보도 하고 적법절차 다 밟지 않았느냐. 그렇다면 이걸 가지고 비난할 이유가 뭔가. 그리고 주권이 있는 나라인데도 로켓 개발 사거리 제한을 받는 우리 민족이 쪽팔린 것이지, 냅다 갈긴 북쪽에 있는 우리 민족이 나쁜 건가. 우리가 쪽팔린 거 아닌가.

부연 설명이 이어진다.

신 씨 그렇지만 그 문장을 통해 정말 하고 싶은 말은, 주권이 있는 나라
       가 핵을 개발하든 로켓을 쏘든 우리 맘인데, 외세에 의해 제한 당
       하는 걸 당연시하는 우리 민족의 자세가 이상하다는 것이다. 그
       주제에, 북쪽 로켓 발사를 비난한다? 우리는 노예근성이 아주 (뼈
       에) 박힌 게 아닌가. 우리가 만들고 싶으면 다 만들겠다. 세계 평
       화를 위해 자제하겠다고 하면 모르지만, 그것도 아니지 않느냐.

더 이상 무죄 변론이 필요하지 않다. 굳이 법적으로 설명하면, 판례
는 '대한민국의 존립, 안전과 자유민주주의 체제를 위협하는 적극성,
공격성'을 요구한다.

신해철에게 조롱당해온 우리 사회의 경직성   신해철의 발언에서 대한
                                              민국 체제의 존립 위기를
느낀 사람이 있을까. 안전의 위기를 느낀 사람 누구일까. 안보의 위기
를 느낀 사람 누구일까. 체제에 대한 위협을 느낀 사람 그 누구일까.
역으로 신해철이 이런 발언을 했을 때 존립과 안전, 자유민주주의를
위협한다는 정情을 알았거나 인식하거나 의도했을까. (이런 생각을 하는
분들은 제발 신해철의 인터뷰 원문이나, 충실하게 옮겨준 블로그 기사를 읽어
주시기 바란다.)
    우리 사회의 엄숙성, 경직성, 허위성, 이중성은 신해철에게 조롱(?)

당해왔다. 자유롭고 경계를 넘어선 예술가의 입장에서 우리 사회의 이런 성격은 공격하기에 딱 맞는 소재다. 그래서 늘 신해철에게 당해(?)왔다. 그러고도 자신들은 정작 당한 줄 모른다. 이번에도 걸려든 사람은 신해철이 아니라 걸려고 달려든 이들이다.

우리 사회는 아직도 지나치게 경건하고 엄숙하다. 지나치게 폐쇄적이다. 그래서 풍자를 풍자로 받아들이지 못한다. 북한을 빙자해서 우리 사회의 종속성과 노예근성에 대한 굴욕적 성격을 비판한 신해철의 풍자를 이해하지 못한다. 비평의 자유, 논평의 자유, 풍자의 자유를 인정하지 않는다. 말의 자유를 인정하지 않는다. 예능의 자유, 예술의 자유, 예인의 자유, 풍자의 자유, 해학의 멋들어짐을 전혀 이해하지 못한다. 블랙코미디를 이해하지 못한다. 은유를 이해하지 못한다.

그리하여 '자유의 적에게는 자유가 없다'를 핑계 삼아 신해철의 자유를 억압한다. 어쩌면 신해철은 숨 막혀 죽을지도 모른다. 2009년 4월 대한민국 하늘을 유령처럼 짓누르는 억압의 공포 때문이다. 이런 염려를 하는 속 좁은 나를 신해철이 조롱했다. 신해철은 이런 걱정과 고발인의 행태에 "웃음만 나온다. 대꾸할 가치가 없다"고 했다. 이래서 신해철은 대마왕大魔王이다.

막걸리 보안법 탐구　　이왕 말이 나왔으니 막걸리 보안법을 탐구해보
　　　　　　　　　　　　자. '막걸리 반공법'에서 비롯된 말이다. 1961년
제정된 반공법에 '찬양·고무' 조항이 있었다. '귀에 걸면 귀걸이 코에
걸면 코걸이'가 됐다. 그만큼 자의적이었다는 말이다. 2003년 국가인권
위원회 연구 용역 보고서 〈국가보안법 적용상에서 나타난 인권 실태〉

에 보면 다음과 같은 설명이 나온다.

"일반 시민이 술김에 격분해서 혹은 농담 삼아 토로한 언동조차 반공법과 국가보안법으로 단죄되었는데, 이처럼 과도하게 남용되는 것을 빗댄 표현이 '막걸리 반공법' '막걸리 국가보안법'이라는 별칭이었다."

일반 시민의 사소한 불만마저 정권 비판이 되고, 북한도 남한 정권을 비판하는 만큼 이 비판은 북한과 논리 구조가 똑같기 때문에 친북반미가 되고, 이는 곧 반공법이나 국가보안법이 예정하는 바에 '딱' 걸리는 것이다. 박원순 변호사는 《국가보안법 연구2》에서 이를 두고 "가장 초보적이고 원천적인 언론 자유의 유린"이라고 표현했다.

막걸리 반공법, 막걸리 보안법 적용 사례　　　다음 사례는 앞서 인용한 국가인권위원회 연구 용역 보고서에 실린 내용을 재가공한 것이다.

- 피고인 이○○는 술자리에서 "이북에는 김일성이가 대통령이다. 대한민국은 거짓투성이다. 박○○는 쏴 죽여야 한다. 이북으로 가자"고 고함을 치는 등 북괴에 동조했다.(69고46201 반공법 위반. 2심에서 징역 8월. 집행유예 2년 선고)
- 피고인은 1986년 5월 새벽 2시경 서대문구 남가좌동에서 택시를 기다리다 술기운이 올라 같은 장소에 있는 남자와 시비가 붙어 갑자기 큰 소리로 '김대중 만세'를 외친 뒤, 노상에 드러누워 두 팔을 어깨 위로 번쩍 올리면서 '김정일 만세'를 세 차례, '김일성 만세'를 두 차례 반복해 고창함

으로써 반국가 단체인 북한 괴뢰 집단의 수괴 김일성과 그 후계자 김정일을 찬양·고무하여 그들을 이롭게 하였다.(1986년 6월 불구속 입건된 32세 도아무개 씨 송치 기록)

• 1986년 11월 낮 12시께 서울 성북구의 한 사찰에서 열린 친형의 칠순잔치에 참석해 소주 한 병을 마시고 놀다가 오후 5시께 귀가하기 위해 버스에 승차했는데 요금을 내지 않자, 운전기사가 "요금을 내라"고 하니 "운전이나 잘하라"고 소리치며 술주정을 하다가, 승객 30여 명을 향해 "나는 공산당이다. 왜 공산당이 나쁘냐. 공산당을 잡는 놈이 더 나쁜 놈들이다. 왜 데모하는 학생들을 잡아넣느냐. 잡아넣는 놈이 더 나쁘다. 김일성은 위대한 인물이다. 잡아넣어라, 이 새끼들아"라고 10여 분간 외쳐 반국가 단체인 북괴 공산당과 그 수괴인 김일성을 찬양·고무·동조해 그들을 이롭게 한 것이다.(1986년 11월 구속돼 1심에서 징역 2년형을 선고받은 55세 김아무개 씨 송치 기록)

• 1986년 1월 오전 10시께 서울 중구 만리동에 있는 한 여인숙에서 잠을 자고 일어난 강아무개(45세) 씨는 부근 구멍가게에서 빈속에 강소주를 들이부었다. ……취기는 어느새 머리끝까지 올라 있었다. 몇 시간 뒤 중구 정동의 한 다방에 나타난 강씨는 소리 지르기 시작했다. "김일성과 김정일을 만나게 해달라. 김일성은 정치 일인자다. 참 좋은 사람이다. 나는 갈매기다. 나는 빨갱이다. 이북으로 넘어가야 한다. 약속한 시간에 넘어가야 한다. 전두환이나 노태우도 별것 아니다"라며 20여 분간 소란을 벌인 끝에 경찰에 연행된 그는 며칠 뒤 국가보안법 위반 혐의로 구속됐다.

이렇게 적어놓고 보니 신해철에게 미안한 기분이 든다. 사실 막걸리 보안법은 술에 취한 상태에서 한 발언에 한정하는 것이 아니다. 처음부터 북한을 찬양하고 동조하겠다는 고의나 인식이 없는 사례에 막무가내로 법을 적용하는 사건을 말한다. 북한을 찬양하겠다는 이론적 근거를 갖춘 정교한 발언이 아니라, 취중이나 격분한 상태에서 자제력을 잃고 홧김에 한 발언까지 보안법이라는 엄청난 법을 적용한 사건이다. 비판의 내용이 단순하고 우발적이며, 구체적 결과를 예정한 것도 아니고 구체적 위험을 발생시키려는 인식조차 없는 사건에 국가보안법을 적용한 사건이다. 북한을 찬양하기보다 우리 사회를 비판하고, 우리 사회의 허위의식과 이중적 행태와 아무런 의미 없는 극단적 엄숙주의를 비판한 사건마저 우리 사회를 비판하는 것이 곧 친북이라는 식으로 국가보안법을 적용한 사건이다.

그간의 사례를 보면 꼭 술 취한 상태가 아니라 별다른 생각이나 특별한 의도 없이 순간적으로 나라를 비판하고, 정치를 비판하고, 정권을 비판하는 발언마저 국가가 요구하는 생각과 다르다는 이유만으로 처벌한 사례가 수없이 많다. 처벌할 가치조차 없는 다원주의적 사유 체계에 입각한 사소한 발언마저 결코 용납하지 못하고 국가보안법의 잣대를 들이댄 막걸리 보안법 사건이 너무나 많다.

무죄를 선고받은 막걸리 보안법 사례　　　　이를테면 내 집을 철거하는 철거반원에게 "김일성보다 더한 놈들"이라고 말한 사람이 반공법으로 구속됐다. 다행히 법원은 무죄를 선고했지만, 이 사람의 명예와 구속에 따른 피해는 누가 보상해줄까.

예비군 훈련 통지서를 받고 "예비군 훈련이 지긋지긋하다. 안 받았으면 좋겠다. 내일 판문각 관광을 가는데 그곳에서 수틀리면 북한으로 넘어가겠다"고 한 사람이 있다. 당연히 반공법 위반으로 기소됐고, 대법원은 무죄를 선고했다.

영어를 전혀 읽을 줄 모르는 사람이 미군의 주문을 받아 붉은 낫과 망치가 그려진 도안에 영문으로 'North Korea, Land of the Free(북한, 자유의 땅)'라고 쓰인 점퍼를 제조해서 진열했다. 한글이라곤 전혀 없었다. 대법원에 가서야 간신히 무죄를 선고받았다.

이런 사건이 바로 막걸리 국가보안법이다. 고소당한 것만으로도 고통이다. 물론 신해철은 "석 달 정도 살다 나오죠"라며 웃어넘겼다고 한다. 조사받는 게 대한민국 국민의 의무겠지만, 그 고통도 한번쯤 헤아려야 한다.

현행 국가보안법의 문제점　신해철의 발언에서 죄가 될 수 없다는 증거는 충분하다. 신해철은 우리 사회의 엄숙성과 경직성, 허위성, 이중성을 조롱한 것이다. 북한을 찬양한 것이 아니라 우리 사회에 대한 조롱이요, 풍자다. 그런데 어느 사람이 참지 못하고 국가보안법의 잣대를 들이댔다. 이 정도 자유조차 용납하지 못한다면 과연 우리 사회를 자유민주주의라 말할 수 있겠는가.

그나마 국가보안법을 1991년에 조금이라도 개정한 것이 다행이라면 다행이다. 그 전에는 아무런 '목적'이 없어도 찬양이고, 고무고, 선전이고, 동조면 무조건 걸려들었다. 중국과 수교하면서 국가보안법을 개정할 수밖에 없었다. 이때 법 적용을 제한하는 '목적'을 넣었다. "국가의 존립, 안전이나 자유·민주적 기본 질서를 위태롭게 한다는 정을 알면서"라는 구성 요건을 넣어 법 적용을 제한할 수 있게 되었다. 목적범으로 만든 것이다. 정확한 인식과 목적이라는 고의 이상의 요건을 추가한 것이다. 물론 이 개념 자체도 대단히 추상적이고 구체적이지 못하다. 그 점에서 비판받아 마땅하다.

그래서 2004년 국가보안법 폐지안이 상정되었을 때 가장 큰 쟁점이 된 부분이 바로 제7조 찬양·고무 등이다. 제7조는 대표적 독소 조항이라는 것이 필자를 비롯한 찬성 측의 입장이었고, 제7조를 없애면 큰일 난다는 것이 반대쪽의 입장이었다. 그해 12월 4일 한나라당 식 표현을 빌리면 이른바 필자의 '손바닥 상정'까지 있었는데도 국가보안법은 폐지되지 못했다. 그 폐해와 후유증이 엉뚱하게도 신해철의 몫이 되었다. (그때의 죄의식이 자꾸만 이 글을 쓰게 하는 이유일까.)

동아일보의 찬양, 고무?　　　사회주의자 로자 룩셈부르크는 《러시아 혁명》에서 레닌이 이끄는 러시아 볼셰비키를 향해 일갈했다. 사회주의자들조차 이랬다는 증거다.

"정부의 지지자들만을 위한 자유, 당원들만을 위한 자유는 그것을 누리는 자의 수가 얼마나 됐건 자유가 아니다. 다르게 생각하는 사람의 자유를 인정하는 것만이 진정한 자유다. 정의에 대한 광신적 열정 때문이 아니라 정치적 자유의 소생과 치유와 정화가 바로 이 정치적 자유에 달렸고, 자유가 특권화되면 이루어지지 않기 때문에 이렇게 말하는 것이다."

남북 당국 차원에서 선물을 주고받은 것은 1970년대에 대화를 시작하면서부터다. 남쪽에서 어떤 선물이 북쪽으로 갔는지는 묘향산 국제친선전람관에 가보면 알 수 있다. 남쪽 언론사 중에는 동아일보, 중앙일보, 한겨레의 선물이 전시되었다. 가장 주목되는 것은 동아일보다. 김일성 주석이 '보천보 전투'를 승리로 이끌었다는 내용을 담은 1937년 6월 5일자 호외 동판에 금을 입힌 것이다. 1998년 10월 김병관 회장 일행이 방북했을 때 건넨 선물이다. 김일성 주석의 항일 투쟁을 정권의 정통성으로 삼는 북한의 입장을 고려할 때 적절한 선물이 아닐 수 없다. 그러나 보수적인 신문 중 하나인 동아일보가 이런 선물을 했다는 사실은 어딘지 모르게 어색하다. 중앙일보 홍석현 회장이 1998년 9월에 선물한 보석이 박힌 손목시계도 전시되었다. 한겨레의 선물로는 2001년 2월 8일과 9월 17일 두 차례 방문 당시 건넨 나무 밥상과 만년필, 한겨레신문 창간호 동판 등 석 점이 있다.(《한겨레21》 2008년 7월 24일자)

통일 운동은 국가보안법 위반인가

범민련 압수 수색과 체포 영장　　　2009년 5월 7일 경찰과 국정원은 국가
보안법 위반 혐의로 조국통일범민족
연합(범민련) 남측본부 사무실을 압수 수색하고 간부들을 체포했다. 보
도에 따르면 이들이 당국의 허가 없이 북측 인사와 접촉한 사실을 문
제 삼은 것 같다.

이에 범민련은 "국가보안법을 앞세운 전형적인 공안 탄압이자 민간
통일 운동에 찬물을 끼얹은 반통일적 행각"이라고 규탄했고, 민주당은
"이명박 정권은 민주주의를 박제로 만들려는 것 같다"며 "생각이 다르
다고 국민을 모두 잡아 가둘 수는 없다. 색깔론으로 통일 운동을 탄압
하는 과거의 전철을 되풀이해선 안 된다"고 경고했다.

헌법에서 출발해보자. 뻔한 논리지만, 기본은 헌법에서 시작해야 한
다. 먼저 헌법 전문은 "조국의 민주개혁과 평화적 통일의 사명에 입각
하여 정의·인도와 동포애로써 민족의 단결을 공고히 하고"라고 규정
한다. '평화적 통일'과 '민족의 단결'을 규정했다. 다음은 대통령 취임

선서(헌법 제69조)의 일부다. "나는…… 조국의 평화적 통일과…… 노력하여 대통령으로서의 직책을 성실히 수행할 것"이라고 했다. '평화적 통일'이다. 헌법 제4조는 아예 이렇게 규정한다. "대한민국은 통일을 지향하며, 자유·민주적 기본 질서에 입각한 평화적 통일 정책을 수립하고 이를 추진한다." 역시 '평화적 통일'이다.

평화통일이란 도대체 무엇일까? 헌법을 너무나 쉽게 잊기 때문에 그렇다. 분명 평화통일이다. 전쟁 통일도 아니고, 봉쇄 통일도 아니고, 압박 통일도 아니고, 대결 통일도 아니고, 북진 통일도 아니다. 그저 소박한 평화통일이다. 평화통일은 어떻게 만들 수 있을까. 당연히 평화로운 과정, 즉 통일을 지향하는 평화로운 프로세스를 통해서 가능한 일이다.

화해하고 협력하고 교류함으로써 공통점을 찾아가고, 얼어붙은 북한 사회를 변화시키고, 인권과 시장과 민주주의의 가치를 일깨우고, 합리적 인간관에 기초한 자유주의적·공화주의적 가치를 스스로 이해하게 하고, 시장경제에 대한 학습에 녹아들게 하고, 총과 대포를 녹여 보습을 만들고, 군비를 감축하고 병력을 생산 현장으로 돌려 긴장을 완화하고, 휴전선 부근의 병력을 후방으로 배치하여 전쟁의 위험성을 줄여가고, 휴전 상태인 불안정한 평화 구조를 정전회담에서 평화 회담으로 전환해 한반도 평화 구조를 정착시키고…… 이렇게 너무나 빤한 과정을 밟아나가는 것이 평화통일이다.

대북 적대시 정책을 포기하면 한반도에 평화의 기운이 움트고, 철저한 검증과 관리를 통해 북한 핵을 폐기하고, 과거와 현재와 미래의 핵

계획을 완벽하게 포기하도록 하며, 이에 따르는 에너지 지원을 6자회 담의 틀에서 진행해나가면 우리가 그토록 염려하는 북한 핵 문제도 자연스럽게 해결할 수 있다. 그러기 위해서는 다층적이고 다원적인 교류와 협력이 필수적이다.

여전히 작동 중인 국가보안법이라는 폭력적 프레임　　대한민국에는 헌법 위에 국가보안법이 있다. 그것만은 확실하다. 헌법은 민주공화국이지만, 국가보안법은 결코 사상의 자유를 허용하지 않는다. 그래서 헌법 위에 국가보안법이 있다고 하는 것이다.

　대한민국 최고의 대량 살상 무기는 친북반미주의자라는 낙인성 무기다. 나는 현재 대한민국에서 폭력혁명을 주장하는 사람은 아무도 없을 거라고 확신한다. 공산주의 혁명을 주장하는 사람도 존재하지 않을 거라고 확신한다. 학문적 차원이나 비교의 역사적 차원에서 호기심을 품은 이는 있을지도 모르지만, 대한민국에는 공산당도 없고 마르크스 레닌주의에 빠진 운동가도 현실적으로 존재하지 않는다. 백번 양보해서 존재한다 해도 순수한 학문적 차원일 가능성이 높고, 아니면 공상적 혁명가에 불과할 것이다. 일본에도 있는 공산당이 대한민국에는 없다. 존재할 필요도 없고, 존재할 가능성도 없다.

　대한민국에서 진보주의자는 곧 좌파다. 좌파는 좌경 사상에 빠진 이다. 좌경 사상에 빠진 사람은 친북적이다. 친북은 당연히 반미와 통한다. 이것이 바로 국가보안법이 짜놓은 폭력적 살상 무기다. 사상에 대한, 양심에 대한 절명絶命 도구다.

'반기업'이 곧장 빨갱이가 되고 마는 폭력적 프레임

문제는 이런 프레임이 지극히 과잉생산되어 폭력적으로 작동하는 데 있다. 이를테면 사회적 약자를 옹호하거나, 중소기업을 좀더 우선시하거나, 세금을 강조하는 사람들은 곧장 반기업적인 사람으로 매도된다. 이는 곧 부자에게 적대적인 사람이다. 부자 것을 빼앗아 가난한 사람에게 주자는 식으로 평가받는 극단적 평등주의자가 되고 만다. 이 순간 그 사람은 왼손을 쓰는 좌파다. 좌파는 곧 좌경 사상에 찌든 사람이고, 친북주의자요, 때로는 종북주의자다.

이쯤 되면 당연히 반미다. 친북친미는 존재할 리 없다. 북한이 여전히 미군 철수를 주장하기 때문이다. 한국에서 미군 철수를 주장하거나 미국을 비판하는 사람은 북한과 똑같은 주장을 하기 때문에, 북한을 고무·찬양하거나 북한과 내통하는 사람이다. 그렇다. 빨갱이다. 빨갱이는 간첩이다. 그는 우리 사회에 살아서는 안 될 나쁜 놈이 되고 만다. 극단적 반역자로 낙인찍힌다.

그렇다. 우리 사회에는 진보가 설 자리가 없다. 민간 통일 운동의 자리가 없다. 모든 것은 국가가 주도해야 한다. 국가가 악의적이고 방관적인 무시로 남북 교류·협력을 중단할 때는 어떻게 해야 하나. 그냥 열중쉬어 하고 기다려야 한다. 우리 사회에는 친미 아니면 반미, 친북 아니면 반북, 친북반미 아니면 친미반북만 존재한다. 다른 조합은 결코 존재하지 않는다. 민간은 없다. 국가만 있다. '지북知北'이나 '이북理北'은 전혀 존재하지 않는다. 우리 사회는 여전히 그런 사회다.

대한민국의 특정 집단은 극우 파시즘과 극단적 개인주의에 기초한 폐쇄적 자유주의의 조합이라는 특별한 성격을 보인다. 이들이 진보와 민간 통일 운동가를 탄압하는 가장 좋은 폭력적 프레임은 친북·좌파· 반미·자주다. 그리고 그 프레임의 근거는 국가보안법이다.

2004년 국보법 폐지 운동에 대한 복기　　지금도 아쉬운 건 2004년 국가 보안법 폐지 운동 때 제대로 해내지 못한 미련이다. 당시 마지막 동력을 살리지 못한 것이 오늘의 사태로 이어지고 있다. 내란과 외환에 대한 처벌은 하자고 했다. 간첩 도 처벌하자고 했다. 하지만 불필요하게 과잉되고 소모적인 색깔성 낙 인은 없애자는 것이 국보법 폐지의 논거였다. 국보법 폐지에 이르지 못한 최악의 원인은 당정 간 의사의 불일치였다. 그때 노무현 전 대통 령의 발언을 안타깝게 기록해둔다.

"국가보안법은 칼집에 넣어 박물관에 보내는 것이 좋지 않겠나." (2004년 9월 5일 MBC-TV 〈시사매거진 2580〉 출연)

"오랫동안 우리 사회에 군림해온 국보법을 하루아침에 한꺼번에 바 꿀 수 있겠느냐. 산이 높으면 돌아가야 하지 않겠느냐."(2004년 12월 23일 열린우리당 지도부와 함께한 송년 만찬 모임)

법무관 파면, 금서 지정자를 파면하라

국방부 금서가 베스트셀러가 되었다

문 최근 교수님의 저서 《나쁜 사마리아인들》이 국방부 금서로 지정됐다.
    느낌이 궁금하다.

답 웃어야 할지, 울어야 할지 모르겠다. 그 덕에 책이 잘 팔린다고 들었
    다. 아직도 금서라는 개념이 있다는 것이 당황스럽다. 뭐라고 해석해
    야 할지 잘 모르겠다.

2008년 8월 장하준 교수 인터뷰다. 이 책을 비롯한 금서들은 베스트
셀러가 되었다. 인터넷 서점들은 금서를 모아 별도로 판매 코너를 만
들었다. 오프라인 서점도 마찬가지다. 사람들은 도대체 어떤 책이기에
금서가 됐느냐며 궁금해했고, 책을 구입하고 읽는 것으로 국방부를 한
껏 조롱했다.

금서를 통해 정신 전력을 강화하겠다는 국방부　　국방부는 '불온서적 헌법 소원 군법무관 징계에 관한 브리핑'을 열었다. 브리핑에는 육군 고등검찰부장이 나섰다. 법률가다.

> 문　헌법재판소에서 국방부의 '불온서적' 지정이 위헌이라는 결론이 난다면, 애초에 이런 혼란을 야기한 정책 입안자도 책임을 져야 하는 것 아닌가?
>
> 답　징계위원회는 헌법재판소의 판단과 관련 없이 징계 대상자들이 군인 사법이나 관련 법규 위반 사항이 있는지 조사한 것이다. 별개의 사안으로 판단하고 있다. (대변인) 공무상 주어진 권한을 행사하는 과정에 생긴 일은 사법적으로 판단받을 사항이 아니라고 생각한다. 불온서적 지정은 최근 원정화 사건처럼 현역 장교를 포섭 대상자로 삼는 등 북한의 대남 공작이 노골적으로 진행되고, 신세대 장병들을 대상으로 설문 조사한 결과 북한보다 동맹국인 미국이 위험하다는 등의 답변이 나오는 가운데 장병들의 정신 전력을 강화한다는 의미에서 입안된 것이다.

책 몇 권을 금서로 지정하면 정신 전력이 강화될 수 있다는 것이 국방부의 입장이다. 금서로 장교의 생각을 틀어막으면 간첩 사건의 포섭 대상에서 제외될 수 있다는 것이다. 금서로 통제하면 북한 주적론이 강화되고, 친미 또한 강화될 수 있다는 것이 국방부의 입장이다. 이 복잡한 지혜로움에 경배드리지 않을 수 없다.

국방부의 징계 사유　　국방부의 군법무관 파면 사유는 다음과 같다.

　　　　　　　　　　"군인은 상관이 직무상 지시나 명령을 내렸을 경우 내부 건의 절차를 밟아서, 반드시 지휘 계통에 따라 단독으로 건의할 것을 명시하고 있다. 이번 군법무관들의 징계는 그런 과정을 무시한 것에 대한 징계다."

　하나하나 따져보자.

　첫째, 금서를 지정한 명령 자체가 적법한가. 헌법의 입장에 비추어 합헌적인가. 아니다. 양심의 자유를 침해한 것이다. 출판의 자유를 침해한 것이다. 표현의 자유를 침해한 것이다. 학문의 자유를 침해한 것이다. 국방부만 모른다.

　둘째, 재판청구권은 헌법이 정한 기본권이다. 내가 재판을 청구하고 헌법 소원을 청구하는데 건의 절차를 밟아 동의 절차를 구해야 한다고? 불법적인 명령에 합법적으로 승복하라고? 법률가적 양심으로 불법 명령에 복종하고, 악법도 법이니 따르라고? 아무리 군대라는 특별권력관계지만, 군 복무 기간에는 국민의 재판청구권마저 제한되어야 맞다고?

　아무리 생각해도 이해하기 어려운 일이다.

금서의 슬픈 역사　　사실 지금은 잊었지만 우리가 책을 마음껏 출판하고, 마음껏 소지하고, 마음껏 읽게 된 것도 불과 얼마 전이다. 가까운 역사를 기억해보자. 쿠데타 세력이 국정을 유린하던 5공화국 시절로 가보자.

　"1985년 2월 12일 총선 결과에 충격을 받은 5공은 5월 3일, 자신들의 자의적인 잣대를 무기로 삼아 '불온서적'과 '불법 간행물' 등 이념 서적 50여 종과 유인물 298종에 대한 무기한 단속 방침을 발표했다. 그리고 곧바로 이념 서적의 온상지로 주시하던 도서출판 일월서각과 풀빛, 민청련 등에 영장도 없이 압수 수색을 실시했다. 5공 정권이 이념 서적으로 규정해 단속의 칼을 빼든 이유는 '이들 이념 서적이 날로 격화되어가는 학생운동권의 학습 자료와 투쟁의 이론적 근거 자료로 제공되기 때문'이었다. ……5월 4일부터는 압수수색영장을 발부받아 이념 서적 압수에 나섰는데, 무려 10일간 계속된 압수 수색의 희생양이 된 서적은 모두 합해서 233종이고, 유인물은 298종에 달했다."(강준만, 《한국 현대사 산책 : 1980년대편 2권》)

지난해 평양에 다녀온 일이 있다. 처음 가는 길이라 책을 가져가도 되느냐고 물었다. 평양에서는 다 불온서적이니 아예 가져가지 않는 편이 낫다는 게 우리민족서로돕기본부 관계자의 조언이었다. 그래서 활자란 활자는 다 버려두고 평양에 갔다. 머릿속에서 활자를 치워내니 텅 빈 공허함이 무척 즐거웠다. 어쩌면 지금 국방부가 꿈꾸는 장병들의 머리가 이런 식일까 하는 생각이 든다.

한 가지 더. 1980년대로 기억하는데, 음란 서적의 고전이라 할 수 있는 《소녀경》을 당시 교육부가 제목만 보고 청소년 권장 도서로 지정한 적이 있다. 어쩌면 국방부는 장하준 교수의 책을 '착한 사마리아인'이 아니라, '나쁜 사마리아인'이라고 이름 붙인 것만으로 읽어보지도 않고 금서 목록으로 지정하지 않았을까. 갑자기 안쓰러워졌다.

《2008 국방백서》에서 자랑한 장병 기본권 보장 실태　　국방부는 2009년 1월 19일 《2008 국방백서》를 발간했다. 제10장에서 국민과 함께 하는 국민의 군대를 지향하는 한 방편으로 장병 기본권 보장을 증진하겠다고 했다.

　나. 장병 기본권 보장과 복무 여건 개선
　(1) 장병 기본권 보장
　국방부는 장병 기본권 증진을 위해 조직과 제도를 지속적으로 발전시키고 있다.
　2006년 1월에 인권담당관실을 국방부 본부에 신설하여 기본권 정책 및 장병 기본권 증진 업무를 전담토록 하였다. 2007년 12월에는 각 군 본부에도 인권과를 설치하여 예하 부대 장병들의 기본권 보장을 감독하고 기본권 증진 계획을 시행토록 하고 있다.
　2008년 1월에는 기본권 교육을 강화하는 내용으로 '군 인권 교육 규정'을 개정하였다. 향후 '군 인권 가이드라인과 인권 개선 성과 지표'를 신설하여 장병 기본권에 대한 제도적 기반을 마련할 것이다.

모순도 보통 모순이 아니다.

소셜테이너와 표현의 자유

공정성을 해친다는 개념 연예인　　　최근 언론 매체를 통해 소셜테이너란 말이 자주 회자된다. 이 말은 '소셜'과 '엔터네이너'를 합성한 것으로 연예인 김미화, 김제동, 김여진 씨 등이 적극적인 사회참여 활동을 펼치며 대중의 주목을 받은 데서 비롯된 신조어다. 사회가 발전함에 따라 직업과 가치관이 다양해지다 보니 새로운 사회 활동 영역이 만들어지고, 그에 걸맞은 용어가 생긴 것은 당연하고 자연스런 일이다.

　그러나 한국에선 이 새로운 유형의 연예인이 여론의 '공정성'을 해친다는 '불공정한' 근거로 방송 활동에 제재를 받고 있다. '자유민주주의' 사회에서 표현의 자유가 억압받는 것이다. 공영방송사가 주도하는 이런 제재 조처의 부당함은 다른 나라의 사례를 보면 쉽게 알 수 있다. 다른 나라, 특히 우리가 여전히 선망의 대상으로 삼는 미국에선 연예인의 사회참여 활동이 전혀 낯선 일이 아니다. 세계적인 배우로 우리에게도 낯설지 않은 숀 펜, 리어나도 디캐프리오, 앤절리나 졸리, 매트 데이먼, 마틴 쉰, 조지 클루니는 미국의 대표적인 소셜테이너다. 이들은 방송과 영화를 통해 얻은 명성을 개인적인 부를 쌓고 여흥을 즐기는 데만 활용하지 않는다.

숀 펜은 대규모 지진으로 피해를 본 아이티 재건을 위해 구호 기구를 설립해 5만 명에 이르는 이재민에게 숙소를 마련해주고, 직접 의료봉사 활동에 참여했다. 영화 〈타이타닉〉의 주인공 디캐프리오는 환경에 관심이 많다. 그는 자기 이름으로 설립한 재단을 통해 환경 운동을 벌이며, 위기에 처한 생태계를 고발하는 다큐멘터리 영화 〈11번째 시간 The 11th Hour〉을 제작하기도 했다. 앤절리나 졸리의 사회 활동은 우리나라에도 적잖이 알려졌다. 그녀는 2001년 이래 유엔 특사로 난민 구호 활동을 펼쳐왔고, 아이티와 이라크 등 20여 개 나라를 방문하며 농촌 지역 빈곤 퇴치에도 힘썼다.

〈본 Bourne〉 시리즈에서 인상적인 연기를 보여준 매트 데이먼은 북아프리카의 물 위기를 그린 영화 〈사하라 달리기 Running the Sahara〉의 주연을 맡았을 뿐만 아니라, 'H2O 아프리카'라는 단체를 만들어 우물과 위생 시설 설치에 필요한 소액 융자를 제공하고 있다. 사회 활동에 가장 적극적인 이는 단연 〈오션스〉 시리즈의 조지 클루니다. 그는 지난 5년 동안 아프리카 수단 주민의 안전과 인권, 남수단의 분리 독립을 지원하며, 자비로 인공위성을 사들여 북수단의 군사행동과 대량 학살을 감시하고 있다.

이들이 모든 사람이 쉽게 동의할 만한 인도주의 사업이나 구호 활동, 환경보호에 주력하는 반면, 한국의 소셜테이너는 지나치게 정치적이고 논쟁적인 문제에 집중한다고 말하는 사람들이 있을지도 모르겠다. 그러나 드라마 〈웨스트 윙 The West Wing〉에서 조사이어 바틀렛 대통령으로 열연한 마틴 쉰의 활동은 이런 지적을 무색하게 만든다. 그는 수많은 반전·반핵 집회에 참여했을 뿐만 아니라, 환경보호와 총기 규제에 찬성한 민주당 엘 고어와 하워드 딘 후보를 공개적으로 지지하기도 했다. 게다가 그는 정치사회적 이슈를 다룬 대중 집회에 참여하면서 무려 64차례나 경찰에 체포되었다.(The Progressive, 1999-08-22) 하지만 이런 활동을 했다는 이유로 마틴 쉰이 조지 W. 부시 정부에서 방송 활동에 제재를 받은 적은 없다.

물론 미국에서도 소셜테이너의 표현의 자유가 사회적 반발 없이 널리 인정받는 것만은 아니다. 얼마 전 영화배우 제인 폰다는 1960년대 반전운동을 적극적으로 펼쳤다는 과거 '정치 이력' 때문에 방송 출연이 무산되었다. 방송사는 시청자들이 베트남전에 반대한 폰다를 비난하는 항의 전화를 한데다, 방송이 나가면 불매운동을 벌이겠다고 협박해서 방송을 취소하기로 했다는 입장을 밝혔다.

더 많은 소셜테이너 나와야

그러나 이런 경우는 매우 드문 사례일 뿐, 미국의 소셜테이너는 한국과 비교할 수 없을 정도로 폭넓은 표현의 자유를 누리며 그만큼 강한 사회적 책임 의식을 갖고 정치·사회 활동을 펼친다. 내전에 휩싸인 수단 주민의 안전과 인권을 위해 일하는 조지 클루니는 소셜테이너로서 자기의 역할에 대해 다음과 같이 말했다.

"이곳에 살며 아내와 자녀가 학살될까 두려워하는 사람들의 목소리를 증폭하는 일이 내 임무다. 그들은 산꼭대기에 올라가 외치려 하지만, 성능 좋은 확성기도 없고 산도 별로 높지 않다. 그래서 높은 산이 있고 성능 좋은 확성기를 가진 사람이 나서서 자신의 가족과 마을을 보호해달라고 요청하고 싶어한다. 그러다가 나를 발견하고 '당신 큰 확성기가 있소?'라고 묻는다. 나는 '그렇소'라고 말한다. '소리를 널리 퍼지게 할 만큼 높은 산도 있소?' '그래요, 상당히 높은 산이 있죠.' '그럼 나를 위해 소리 좀 질러주겠소?' 그러면 나는 '좋아요, 그렇게 하리다'라고 말한다."(《뉴스위크》 2011년 3월 2일자)

비록 지금 우리나라에선 공영방송사들이 소셜테이너의 표현의 자유를 억압하려 하지만, 그럴수록 조지 클루니와 같은 생각을 하는 소셜테이너가 더 많이 나타날 것이다. 그들은 정치를 소명으로 하는 나에게 좋은 의미의 또 다른 경쟁자이자 협력자가 될 것이다. 내가 그들의 표현의 자유를 옹호하는 이유 중 하나다.

김제동은 딴따라일 뿐이다

반민주적인 연예인 퇴출　　김제동 퇴출은 반민주적이다. 정치적으로나 경제적으로나 '독점'의 사유 체계에서 벗어나지 못한다.

대한민국에서 연예인은 그저 '딴따라'다. '어릿광대'다. '꼭두각시' 그 이상도, 그 이하도 아니다. 정치판의 '병풍'이다. 나서면 안 된다. 튀면 안 된다. 배경에 그쳐야 한다. 잠시 수선을 떨어 사람들을 끌어모으고 조용히 무대 뒤편으로 사라져야 한다. 대한민국에서 연예인으로 살아남으려면 생각이 없어야 한다. 양심이 없어야 한다. 정치적 표현의 자유는 애초부터 꿈꾸지 말아야 한다. 정치적 사상과 정치적 양심은 필요도 없다. 그것이 생존 법칙이다.

단 하나 예외는 있다. 극단적인 보수 혹은 '꼴보수'의 생각을 하면 된다. 그때는 별문제 없을 것이다.

이병순의 목표와 비누 재벌의 목표가 무엇이 다른가　　KBS 이병순 사장은 이제 표현의 자유를 주장해서는 안 된다. 김제동을 퇴출한 반민주적이고 반인권적인 행태와 모순되기 때문이다.

"언론사의 목표가 비누 재벌의 목표와 다르지 않다면 왜 언론사가 미국 수정헌법 제1조(표현의 자유)에 따라 운영되어야 하는가." 미국의 저널리스트 톰 플레이트가 《어느 언론인의 고백》에서 한 말이다.

뭐가 다를까. 도대체 이병순 사장이 말하는 공영의 의미는 무엇일까. KBS를 언론으로 생각하는가, 아니면 자의적으로 운영해도 되는 구멍가게로 생각하는가. 도대체 어떻게 생각하는 걸까.

출연료가 비싸기 때문이라고? 그러면 유명 연예인은 모두 퇴출되어야 하고, 시장의 모든 고가품은 시장에서 퇴출되어야 한다. 공영방송이 시장일 순 없지만, 시장의 관점에서 보더라도 이 얼마나 허무맹랑한 행패란 말인가.

대한민국 사회에서 공직자 혹은 사회적 리더들이 자리를 지키기 위한 자기만족적 업무 행태는 낯설지 않다. 도대체 누구를 위한 KBS 사장이며, 누구를 위한 언론의 자유일까. 방송 출연자인 연예인의 언론의 자유, 표현의 자유, 생각의 자유, 말할 권리는 어떤 경우에도 보장되어서는 안 된다는 것이다. 결코 보장될 수 없다는 것이다.

정치는 정치인에게 맡기고, 연예인은 웃기면 된다?　　대한민국에서 자기 생각이 뚜렷하거나 자기 생각을 말로 표현하면 그 순간 공산당이 된다. 5·16 군사 쿠데타 이래 대한민국 사회는 "정치는 정치인에게 맡기고, 국민은 생업에 전념하라"고 주문해왔다. 전두환 쿠데타 때도 그랬다. 이 논법은 지금도 유효하다. 정치는 정치인에게 맡기고 연예인은 그저 웃기면 된다는 것이다. 당신들은 생업에나 종사하라는 것이다. 우리가 다 알아서 만들어주고 먹여줄 테니 조용히 생업에 종사하며 우리 하는 일에 감 놔라, 대추 놔라 하지 말라는 것이다. 정치는 우리 멋대로 할 테니 신경 쓰지 말라는 것이다. 조용히 있으면 떡 하나 더 주고, 시끄럽게 굴면 그것도 없다는 식이다.

주권자인 국민에게 4년 혹은 5년마다 한 번 투표장에 가서 도장 찍는 것으로 만족하라는 얘기다. 투표권이 주권자의 최고의 권력이라고 한정하는 것이다. 시장과 투표가 존재하는 한 민주주의는 완성되었다는 것이다. 한번 위임받은 이상 어떤 식으로 독점하고 어떤 식으로 독식하건 관여하지 말라는 얘기다. 철저히 합헌성을 획득한 이상 간섭은 곧 불법이라는 식이다. 한번 저질러진 일은 절대로 되돌릴 수 없다는 사고방식과 결합되는 순간 어떤 비판도, 시정도 불가능하다. 모든 것은 위임받았고, 지나간 모든 것은 그저 과거의 일이기 때문이다. 그 이상은 과거 파헤치기다.

그래서 국민은, 시민은, 연예인은 생업에 종사해야 하고, 주어진 법과 질서에 충실해야 하며, 소모적 논쟁을 벌이지 말고 일사불란하게 국민소득 4만 달러를 향해 매진해야 하는 의무가 부여되는 것이다. 이런 사회에서 연예인은 사람이 아니다. 김제동 씨에게 미안하지만 그는 '딴따라'일 뿐이다.

승자가 모든 것을 가져도 된다는 생각이 팽배하다. 시장에서 독점의 위험성에 일절 반응이 없다. 시장의 자유를 주장하면서도 시장의 원리를 사회 구석구석에 적용하는 데 서투르다. 하긴 '대한민국주식회사' 라는 말에 그 모든 진리가 들어 있다. 주식회사는 대주주가 다수의 투표권을 행사한다. 민주주의는 1인 1표지만, 주식회사는 1주가 1표다. 주식이 많을수록 투표권을 여러 개 행사할 수 있다. 그렇게 보면 KBS 는 공영방송이 아니라 승자의 전리품이요, 주식회사며, 거대 주주가 자기 지분에 따라 회사의 운영을 좌우해도 되는 극단적 사기업에 지나지 않는다.

정치권력은 스타 권력을 두려워한다　다른 한편 정치인은, 권력자는 유명 스타가 신격화되고 권력을 갖는 걸 두려워한다. 리처드 도킨스가 《만들어진 신》에서 주장한 것처럼, 유명 스타의 영향력이나 신성시되는 권력을 두려워한다. 정치권력 이외의 또 다른 권력, KBS 사장이라는 방송 권력 이외의 또 다른 권력을 두려워한다. 결코 양립을 허용하지 않는다. 다양성에 터 잡은 민주주의에 대한 두려움이다. 괴로움이다. 공포다.

이런 공포는 색다른 의미의 공포정치로 주입된다. 늘 그렇듯 연대가 사라진 곳에 조직은 분열되고 사람은 원자화된다. 구획과 구분을 통해 연대를 차단하고, 고립된 개인에게 폭력이나 소외로 앙갚음한다. 나와 다른 생각을 용인하지 않는다. 나와 생각이 다른 사람들에게 고립과 유형流刑이 있을 뿐이다. 이런 사회에서는 결코 민주주의가 건강하게 자라날 수 없다.

수잔 서랜던, 숀 펜, 오프라 윈프리가 부러운 이유

한국의 유명 연예인은 미국의 진보적 연예인이 부러울 것이다. 미국 최고의 문화 권력이라는 오프라 윈프리는 늘 진보적 입장에서 자신의 정치적 견해를 펼치고, 이를 자신이 진행하는 프로그램에 직접적으로 반영한다. 자신의 토크쇼에 민주당의 비주류에 불과하던 버락 오바마를 초대해 대담을 나누고, 가장 적극적으로 지지 캠페인을 벌이기도 했다.

반전운동가로 이름난 수잔 서랜던이야 더 말할 필요도 없다. 수잔 서랜던은 미국 공화당의 권력이 정점에 달했던 시절, 조지 W. 부시 대통령의 이라크전쟁을 강력하게 비판했다. 숀 펜도 마찬가지다. 숀 펜은 아예 뉴욕타임스, 워싱턴포스트 등에 부시 대통령을 비난하는 광고를 냈다. 심지어 그는 2006년 토론토영화제에서 부시 대통령을 "악마이자 벙어리 같은 존재"라고 했다. 숀 펜은 "스타라면 자신의 정치적인 입장을 표현하고 적극적으로 정치에 참여해 정치가 바르게 되도록 해야 한다"고 했다.

하지만 숀 펜이나 수잔 서랜던에 대한 보복은 없었다. 그렇다고 미국 대통령이 된 버락 오바마가 오프라 윈프리를 특별하게 대우하지도 않는다. 이것이 민주주의다. 이 반대편에 KBS가 있고, 이병순이 있고, 김제동이 있다.

순간이라도 김제동을 '딴따라'에 비유해서 미안하고 죄송하다. 고개 숙여 사죄의 말씀을 드린다. 이 모든 것은 우리 탓이다.

코미디언을 **울리는 법**, 코미디언을 **웃기는 법**

법의 지배를 위장한 사람의 지배　　　이건 법이 아니다. 법이라는 이름의 폭력이다. 박해다. 핍박이다.

　대한민국 보수주의자는 결코 자유주의자가 되지 못한다. 자유주의의 대표 선수 프리드리히 하이에크Friedrich A. von Hayek가 생각하는 '법의 지배rule of law'란 '인간의 지배'의 대립항이다. 도저히 예측 불가능한 인간의 지배가 싫다는 것이다. 인치人治를 하지 말고, 법치法治를 하자는 것이다. 그래야 인간의 자유를 최대한 확보할 수 있다. 이때 법은 인간의 자유를 보장하는 필수 요건이요, 자유에 대한 안전장치다.

　그런데 법이라는 이름으로 인간의 '안전할 권리'를 침해한다면? 인간을 공포에서 자유롭게 하는 것이 아니라, 공포로 몰고 갈 자유의 한 수단으로써 법이라면? 이것은 법의 지배를 위장한 사람의 지배요, 힘의 지배요, 폭력의 지배다. 기득권의 또 다른 수단이요, 무기일 뿐이다. 본래적 의미의 보수주의자들이 꿈꾸는 진짜 자유주의의 정반대 상황이다.

김미화의 말이다.

"어느 날 제가 KBS에 출연할 수 없다는 말을 들었을 때 적어도 물어볼 권리 정도는 있다고 생각했습니다."

그렇다. 최소한 자기의 신상 혹은 안전에 대해 물어볼 권리, 의문을 제기할 권리, 호기심을 가지고 의심할 권리…… 이것은 인간의 가장 원초적 권리다. 원초적 본능에 가까운 인간의 권리를 법이라는 이름으로 경찰의 손에 맡긴다. 이것은 법이 아니다.

소송을 사랑하는 한나라당과 기득권 세력　　이 정부의 기득권자들은 소송을 사랑한다. 얼마 전 한나라당 대표 경선 과정에서 블랙코미디가 있었다.

"홍준표 후보는 KBS가 주최한 〈한나라당 대표최고위원 경선토론〉에서 '안상수 후보는 이번 전대의 화두로 당내 화합과 국민 통합을 내세웠는데, 지난 1997년 조선일보와 중앙일보 보도를 보면 안상수 후보가 신한국당 국회의원을 할 때 옆집 개가 짖는다고 2000만 원의 손해배상 소송을 냈다'며 '자기 옆집과도 개 소리 때문에 화합을 못 하는 분이 당내 화합과 국민 통합을 얘기할 수 있나?'라며 13년 전 개 소송 문제를 끄집어냈다."

이웃집과 개 소리 문제조차 해결하지 못하고 소송으로 가는 나라다. 아무런 너그러움도 없다.

다시 김미화의 말이다.

"저는 KBS 측에 여러 차례 '이 일이 고소로 갈 일이 아니다. 확대되고 논란이 되는 걸 원치 않는다'는 의사를 분명히 전달했으나, 이미 이 시점까지 왔습니다."

그렇다. 이 정도다. 너그러움이란 없다. 화해가 없다. 조정이 없다. 협상이 없다. 일방적이다. 고소, 고발이면 모든 것이 정당화된다. 법이라는 잣대면 모든 문제를 해결할 수 있다고 믿는다. 법은 만능이다. 법이 얼마나 위험하고 편파적이며 편향적이고 악용될 수 있는지 아무런 생각이 없다. 자신의 모든 문제를, 스스로 해결되는 문제를 경찰의 손에, 검찰의 손에, 법원의 손에, 헌법재판소의 손에 가져다 바친다. 신탁을 의뢰한다. 무서운 일이다.

모든 문제를 법으로 해결하려는 위험 사회　　　우리 사회는 모든 문제를 법으로 해결하려 하는 '법 위험 사회'다. '정치의 사법화'는 우리 사회의 거대한 트렌드다. 의회나 정당은 늘 자신들의 문제를 스스로 해결하지 못하고 검찰로, 법원으로 쫓아다닌다. 의회주의 핵심인 본회의나 상임위의 의결 과정조차 경찰의 판단을 구하고, 검찰의 판단을 구하고, 법원의 판단을 구하고, 헌재의 판단을 구한다. 우리는 모두 법이란 신의 지배 아래 있다.

이런 나라에서 김미화의 소소한 문제 제기도 스스로 해결하지 못하고 법의 판단을 통해 해결하려는 방식은 어쩌면 지극히 정상적일 것이다. 웃음에도 법의 잣대를 들이대는 나라, 웃음에도 색깔을 칠하려는 나라, 대한민국이다.

웃음에는 색깔이 없다   다시 김미화의 말이다.

"한나라당이 집권을 하든, 민주당이 집권을 하든 여러분이 저를 필요로 했을 때 이 나라의 코미디언으로 행사에 가서 대통령 모시고 웃겨드렸습니다. 전두환, 노태우, 김영삼, 김대중, 노무현 그리고 이명박 대통령께서 집권한 현 정부에 이르기까지 저를 필요로 했을 때 어떤 행사에도 기꺼이 제 재능을 가지고 빛내드리지 않았습니까? 제가 그때마다 집권당의 사상과 이념을 따지고 선별적으로 응해드렸습니까?"

지금 우리 사회의 법은 김미화를 울리는 법이다. 김미화를 블랙코미디로 웃기는 법이다. 법이 아니라 그저 방법의 하나다. 법을 폭력의 수단으로, 칼자루로 착각하는 사람들 때문에 법은 존재 가치를 무시당한 채 시민에게서 멀어지고 있다. 시민에게서 불신의 나락으로 떨어지고 있다. 그렇다면 법은 법이 아니요, 법의 지배가 아닌, 인간의 지배의 대용물일 뿐이다.

"바보야, 문제는 표현의 자유야"

미네르바, 인권, 익명, 표현의 자유, 허위 사실 유포　　독일의 헌법학자
　　　　　　　　　　　　　　　　　　　　　　　　루돌프 스멘트^{Rudolf}

Smend는 표현의 자유는 "자주적 인간에게 도덕적으로 필요한 생명의 공기"라고 했다. 그렇다. 문제는 표현의 자유다. 누가 미네르바인가라는 진위 공방이 아니다. 미네르바가 한 명이면 어떻고, 100명이면 어떤가. 미국식 표현을 빌리면 "바보야, 문제는 표현의 자유야"다.

《신동아》 2009년 2월호는 자신이 미네르바라고 주장하는 K씨와 인터뷰한 기사를 실었다. 《신동아》의 공신력이라는 측면에서, 다른 한편으로 검찰 수사의 적정성 측면에서 모순되는 사안이라 또 다른 논란을 예고한다. 물론 미네르바의 신체의 자유는 중요하다. 그래서 신체의 자유라는 측면에서 몇 가지 문제를 다시 제기해보자.

첫째, 과연 불구속 재판의 원칙은 지켜지고 있는가.

둘째, '의심의 여지가 있을 때는 피고인의 이익으로'라는 로마법 이래의 기본 정신이 현행 사법 질서에서 지켜지고 있는가.

셋째, 볼테르의 비극 〈자이르Zaire〉에서 비롯된 "죄 없는 사람에게 유죄판결을 내리는 것보다 죄지은 사람을 풀어주는 것이 낫다"는 법리가 관철되고 있는가.

넷째, '자백은 증거의 왕'이라는 근대 이전의 법 원칙이 유일하게 작동된 사례가 아닌가. 더구나 우리 헌법 제12조 제7항은 "자백이 그에게 불리한 유일한 증거일 때에는 이를 유죄의 증거로 삼거나 처벌할 수 없다"고 규정하고 있다.

문제는 미네르바 진위 공방이 아니다　　　이런 의문은 검찰과 법원이 앞으로 진행될 사법절차를 통해 해소해야 할 의무가 있다. 《신동아》 인터뷰에 대한 추가 수사가 계획되었다면 검찰과 법원은 미네르바 구속 취소나 직권보석도 고려할 필요가 있다. 이번 사건의 핵심은 정부에 대한 익명의 비판적 글쓰기라는 표현의 자유에 인신의 구속으로 대응했다는 점이다. 인스턴트instant 정치, 즉응卽應 정치, 즉자적 정치의 전형이다.

그래서 이번 사태가 미네르바의 진위 공방으로 흘러가는 것을 경계한다. 이는 지엽적 논쟁이다. 물론 구속된 미네르바의 입장에선 억울할 수도 있다. 하지만 진위 논쟁은 결코 본질적 논쟁이 아니다. 이번 사태의 핵심 논점은 과연 '생각대로 T'처럼 '생각대로 표현할 자유'가 존재하는지 여부다. 표현의 자유가 제대로 보장됐다면 미네르바가 구속되는 일은 없었을 것이다. 앞으로도 표현의 자유를 이번처럼 좁게 해석한다면 수천수만의 미네르바가 양산될 수밖에 없다.

나아가 정보 주권자인 시민에 대한 불신이 내재되었다. 시민은 자기 판단 없이 각종 매체에서 유통되는 글과 말을 그대로 믿는 소극적이고 수동적인 존재라는 엄청난 불신이다. 그래서 국가가 나서서 이런 위험성을 제거해야 한다고 생각한다.

익명 비판이 문제라고? 표현의 자유일 뿐이야

표현의 자유에는 '표현할 권리'와 함께 '표현하지 않을 권리'도 있다. 실명으로 표현할 자유도 있고, 익명으로 표현할 자유도 있다.

미 연방 대법원은 "표현하지 않을 권리에는 표현할 때 자신이 누구인지 밝히지 않을 권리가 포함된다"고 했다. 캘리포니아 주법은 익명으로 전단을 발행하는 것을 금지했다. 그러자 미국 수정헌법 제1조를 침해했다며 위헌 소송이 제기됐다. 이때 연방 대법원은 "역사상 때때로 박해받던 집단이나 분파는 익명으로 혹은 전혀 이름을 밝히지 않은 채 억압적인 관습이나 법률을 비판할 수 있었다"고 선언했다. 익명이라는 이유만으로 표현의 자유를 규율하는 것은 위헌이라는 판결이다. 나아가 "익명으로 하기로 한 결정은 경제적·공식적인 보복에 대한 두려움, 사회적 매장에 대한 염려, 가능한 한 사생활을 보호하고자 하는 욕구에서 유발될 수 있다. 따라서 익명으로 하기로 한 결정은 그 출판물의 내용에 무엇을 생략하거나 첨가하는 것에 관한 결정과 마찬가지로 수정헌법 제1조에 의해 보호되는 언론의 자유의 한 영역이다"라고 했다.

익명이건 실명이건, 비판이건 칭찬이건, 현명한 발언이건 어리석은 발언이건 모두 표현의 자유의 한 형태라는 데 미 연방 대법원은 한 차례도 의심의 눈길을 던지지 않았다. 사실 공익이라는 명분으로, 허위 사실 유포라는 낙인으로, 경제학을 전혀 공부하지 않은 전문대학 출신 무직자라는 차별과 편견으로 표현의 자유를 매도한 역사적 사례를 찾기는 참으로 어렵다. 근대 인권의 역사에 이런 사례는 없었다.

좀더 근원을 거슬러 올라가면 표현의 자유의 역사는 곧 인권의 역사요, 근대 시민권의 역사다. 프랑스의 계몽주의 사상가 볼테르는 "나는 당신이 말하는 것에 동의하지 않는다. 그러나 나는 당신이 당신의 의견을 말할 권리를 위해 죽도록 싸울 것이다"라고 했다.

미네르바의 문제는 단순히 미네르바의 문제가 아니다. 한 사람의 인신의 자유를 제한하는 문제가 아니다. 미네르바는 우리의 문제다. 표현의 자유 문제는 곧 나의 문제이기 때문이다.

통근 버스 좌석, 정규직·비정규직 분리라니

미국의 버스 흑백 좌석 분리에 대한 투쟁사　　　1955년 12월 1일, 어느 추운 겨울 오후, 로자 파크스라는 흑인 여성이 앨라배마 주도州都 몽고메리의 시내버스에 올라탔다. 마흔두 살의 재봉사였던 이 여성은 일과를 마치고 피곤한 몸을 이끌고 집으로 가는 만원 버스에 올라타, 중간께 통로 쪽 좌석에 앉았다. 근처에는 다른 흑인 승객 세 명이 자리 잡고 있었고, 바로 앞줄까지는 시의 인종 분리 법규에 따라 백인 전용으로 지정된 좌석들이었다. 백인 전용 칸의 빈자리는 순식간에 들어찼고, 어느 정류장에서 한 백인 남자가 올라탔을 때는 서 있을 수밖에 없었다.

그때 버스 운전사가 고개를 돌려 이 여성과 그 곁에 앉은 세 흑인에게 자리를 비켜달라고 요구했다. 강요에 가까운 명령조였다. 그러자 다른 흑인 셋이 순순히 일어나 좌석을 비우고 버스 뒤쪽으로 자리를 옮겨 섰다. 그러나 이 여성은 꿈쩍도 하지 않았다. 또다시 운전사가 백인 승객한테 자리를 내주라고 다그쳤다. 그러자 이 여성은 "노"라고 대

답했다. "노"라는 한 마디에 이 여성은 체포됐다.(마셜 프래디,《마틴 루터 킹》)

공판은 12월 5일 월요일, 이날을 기점으로 마틴 루터 킹 목사와 동료 민권운동가들은 버스 보이콧 운동에 나서기로 결의한다.

버스 보이콧 운동이 있기 전에는 버스 운전사들이 흑인을 '검둥이' '검은 원숭이' '검은 젖소'라고 부르는 일도 많았다. 흑인 승객은 앞문으로 타서 차비를 내고 다시 내려서 뒷문으로 가서 버스에 타야 하는데, 차비를 내고 나서 뒷문으로 올라타기 전에 버스가 떠나는 경우도 있었다. 하지만 더욱 충격적인 일은 빈 좌석이 있는데도 흑인이기에 서서 가야 하는 경우였다.(클레이본 카슨 편,《나에게는 꿈이 있습니다》)

카풀 작전에서는 무려 200명이 넘는 손수 운전자들이 자원해 하루 약 2만 번꼴로 봉사 운행하는 실적을 기록한다. 45군데의 차량 대기소와 42군데의 합승 정류소 목록이 흑인 사회에 배포됐다.(마틴 루터 킹 자서전)

월요일 아침, 킹 목사와 아내는 평소보다 일찍 일어났다. 그리고 앞으로 전개될 역사적 사건의 첫 장을 놓치지 않고 지켜볼 준비를 갖췄다. 마침 집 앞에 버스 정류장이 있어 킹 목사는 창문에 서서 항의 운동의 시작을 지켜볼 수 있었다.

서막이 열리기를 기다리는 30분이 지루할 정도로 길게 느껴졌다. 부엌에서 커피를 마시고 있는데 아내가 "여보, 여보 빨리 와보세요" 하고 외치는 소리가 들렸다. 커피 잔을 내려놓고 창문으로 다가서자, 아내가 기쁜 표정으로 느릿느릿 움직이는 버스를 가리켰다. "여보, 버스가 비어 있어요." 나는 눈을 의심했다. 우리 집을 지나가는 사우스 잭슨 노선은 몽고메리에서 흑인 승객이 가장 많은 노선이고, 그중에서도 첫차는 언제나 만원이었다.(마틴 루터 킹 자서전)

오전 9시 30분, 즉결재판소에서 재판이 열렸다. 흑백 분리에 관한 시 조례를 위반했다는 이유로 시 재판이 시작됐다. 유죄였다. 벌금 10달러와 재판 비용을 합쳐서 총 12달러를 지불하라는 판결을 내렸다. 파크스 부인은 항소를 제기했다. 이 사건은 흑백 분리 법률을 위반한 죄로 흑인에게 처음 유죄판결이 내려진 사건이다. 그날 밤, 교회에서 집회가 열렸다.

"그리고 우리는 반드시 이곳 몽고메리에서 일하고 싸울 것입니다. 정의가 강물처럼 흐르고 서로 위하는 마음 개울같이 넘쳐흐르는 날까지!" 킹 목사의 연설이었다.

시민의 결의문 두 번째 항목은 이랬다. "승객은 버스에 승차한 순서대로 앉되, 흑인 승객은 버스 뒤쪽에서부터 앞쪽으로 차례대로 앉고, 백인 승객은 버스 앞쪽에서부터 뒤쪽으로 차례대로 앉는다." (마틴 루터 킹 자서전)

1955년 12월 5일은 그렇게 저물었다. 1956년 1월 26일 시 당국은 강경책으로 선회하면서 킹 목사를 교통법규 위반으로 구금한다. 2월 21일에는 몽고메리 대배심이 킹 목사 등 민권운동 지도자들을 승차 거부 금지에 관한 법률을 위반한 죄로 기소한다. 보이콧 운동에 대한 보복이었다.

"우리는 마침내 굴욕적인 태도로 버스를 타느니 존엄을 지키며 걸어 다니는 것이 훨씬 훌륭한 일이라는 것을 알게 됐습니다. 영혼을 혹사하느니, 다리를 혹사하는 것이 옳다는 생각에 우리는 몽고메리 시내를 걸어 다니기로 결정했습니다. 쇠약해진 불의의 벽은 밀려드는 정의의 망치에 두들겨 맞아 허물어지고 있습니다."(마틴 루터 킹 자서전)

3월 22일, 법원은 킹 목사에게 유죄를 선고한다.

나는 웃으면서 법정을 나섰다. 나는 유죄판결을 받았지만, 내 죄를 자랑스럽게 여기고 있었다. 나의 죄는 사람들을 불의에 항거하는 비폭력적인 운동에 참여시킨 죄이며, 사람들에게 자기 존중과 존엄성에 대한 인식을 주입시킨 죄이며, 사람들이 아무에게도 빼앗길 수 없는 생명권, 자유권 그리고 행복 추구권을 누리길 갈망한 죄였다.(마틴 루터 킹 자서전)

승차 거부 운동이 천신만고 끝에 놀랍게도 1년을 채울 즈음이었다. 몽고메리 시 당국은 마지막 숨통을 짓누르는 통렬한 일격을 날렸다. 카풀 사업이 시 운송 사업 법규상 무인가 행위에 해당한다는 이유로 주 법원에 카풀 금지 명령을 요청하고 나선 것이다.

1956년 12월 13일은 몽고메리 버스 보이콧 운동 역사에서 가장 중요하고 아이로니컬한 날이었다. 이날 몽고메리 법원은 카풀 금지를 결정했다. 하지만 미 연방 대법원은 버스 내 흑백 분리를 결정한 앨라배마 주 조례가 위헌이라고 판결했다.

1956년 12월 20일, 마침내 버스 내 인종 분리를 금지하는 명령이 몽고메리에 내려졌다. 다음 날 아침, 사람들이 킹 목사 집에 몰려들었다.

우리가 버스 정류장으로 걸음을 옮기자 카메라 촬영이 시작됐고, 기자들이 질문 공세를 퍼부었다. 이윽고 버스가 오고 문이 열렸다. 내가 버스에 올라서자 버스 운전사가 상냥한 미소를 띠며 인사했다. 내가 요금함에 요금을 넣자 운전사가 말했다.

"킹 목사시죠?"

"네, 그렇습니다."

"오늘 아침에 당신을 태우다니 무척 기쁩니다."

나는 운전사에게 고맙다고 말하면서 웃음 띤 얼굴로 좌석에 앉았다.(마틴 루터 킹 자서전)

정규직과 비정규직 분단국이 된 우리나라　　　2008년 12월 18일, 부산의 한 중견 조선업체는 "정규직 직원의 좌석 위치는 1~23번, 협력 업체 직원은 24~45번"이라는 내용의 통근 버스 좌석 지정제 시행 안내문을 공지했다. 직원들의 통근 버스를 정규직과 비정규직 좌석으로 분리해 운행하겠다는 것이다. 당초 이 회사의 통근 버스는 정규직과 비정규직 구분 없이 먼저 탄 사람이 순서대로 앉았다. 그러나 정규직 직원들이 불만을 제기하면서 사측과 정규직 노조가 노사 협의를 통해 정규직 직원에게 앞자리를 배정하는 좌석 분리를 결정했다는 것이다.

오늘 아침 이 소식이 실린 경향신문 1면 기사를 보고 한동안 멍했다.

초등학교 2학년 딸아이가 읽고 있던 로자 파크스의 위인전이 생각났다.

"로자 파크스 위인전 좀 찾아줄래?"

"아빠, 왜?"

그래서 어쩔 수 없이 설명해주었다.

"어떻게 그런 일이 있을 수 있어?"

서로 한동안 말문을 닫고 있었다.

좌석 구분이 합헌이던 시절이 있었다. 지금은 수치스런 미 연방 대법원 판결로 기록되는 '플레시 대 퍼거슨 사건'에서 존 마셜 할랜^{John Marshall Harlan} 판사가 8대 1로 소수 의견을 냈다.

"우리 헌법은 색맹^{color-blind}이며, 시민 사이에 계급을 알지 못할 뿐만 아니라 인정하지도 않는다." (로렌스 M. 프리드먼, 《미국법의 역사》)

우리는 분단국이다. 남북 분단뿐만 아니라 영호남 분단국이고, 빈부 분단국이다. 여기에 이제 정규직과 비정규직의 분단과 차별마저 인정하는 시대에 들어섰다.

최동원, **마빈 밀러** 그리고 **프로야구선수협**의 권리

최동원과 프로야구선수협의회　　　　최동원 선수가 세상을 떠났다. 1982년 출범한 이래 한국 프로야구는 수많은 스타를 배출했지만, 최동원만큼 주목할 만한 자취를 남긴 선수를 찾아보기는 어렵다. 언론 매체들이 고인을 추도하는 찬사에서 앞다퉈 말하듯, 고교 시절 전무후무한 17이닝 연속 노히트노런 기록이나 프로 입단 후 1984년 한국시리즈 일곱 경기 중 다섯 경기에 출장해 4승을 거두며 롯데를 우승으로 이끌었기 때문만은 아니다. 내가 주목하는 그의 자취는 오히려 그에게 '그늘의 시기'로 불리던 1988년 프로야구선수협의회 결성 시도다.

　1988년은 뜨겁게 달아오른 민주화의 열기가 사회 각 부문으로 퍼져나가던 때다. 시민사회에서는 민주화를 통해 획득한 자유를 바탕으로 수많은 자발적 결사체가 결성되었다. 대학생들은 총학생회를 중심으로 정치적 민주화, 대학 운영의 민주화, 학생 복지 향상을 위해 뭉쳤다. 교사들은 권위주의 시대 관제 교육에 맞서 '민족, 민주, 인간화'를 내걸고 전국교직원노동조합을 창설했다. 노동 현장에서도 조직화의 물결이 거세게 일었다. 재벌 대기업 사업장에서 어용 노조를 대체하려는 민주 노조 운동이 시작되었고, 이런 움직임은 이내 중소기업 작업장으로 들불처럼 번졌다. 환경, 여성, 평화, 통일, 복지 문제 등에 대응하는 시민운동 단체가 속출한 것도 이때다. 스포츠 분야라고 해서 예외일 수 없었다. 최동원은 프로야구 선수들의 권리와 복지를 위한 선수협의회 결성을 주도했다.

물론 최동원이 당시 운동권 대학생처럼 민주화에 대한 신념이나 사회변혁 이론의 영향을 받아 선수협을 결성하려고 한 것은 아니다. 그가 선수협을 결성하려고 마음먹은 것은 해태타이거즈 김대현 투수가 불의의 사고로 세상을 떠난 뒤 선수 복지 문제의 심각성을 깨달았기 때문이다. 그 배경에 대해 최동원은 다음과 같이 말했다.

"같이 운동하던 선수가 사고로 세상을 떠났지만 도울 수 있는 길이 없었다. 연습생의 최저생계비나 선수들의 경조사비, 연금 같은 최소한의 복지 제도를 만들기 위해서는 선수협이 필요하다고 생각했다."

지금도 그렇지만 당시 그의 활동을 명예욕이라고 폄하하는 사람들이 있었다. 그러나 최동원은 "나는 연봉 1억 원을 받는 선수였다. 그 돈이면 당시 강남에 아파트를 마련할 수 있었다. 내 욕심을 위해서라면 선수협을 결성할 필요가 없었다. 어려운 동료들을 돕고 싶었을 뿐"이라고 반박했다.

그는 선수협 결성 시도로 혹독한 대가를 치러야 했다. 구단들의 강력한 반발에 부딪히면서 선수협 결성은 실패로 돌아갔고, 최동원은 삼성 투수 김시진과 트레이드 되는 수모를 겪었다. 경남고 출신으로 롯데를 한국시리즈 우승으로 이끈 최고 선수에게 다른 팀 유니폼을 입는다는 것은 자존심에 큰 손상을 당하는 치욕이었다. 그 후 최동원은 프로야구에 심각한 회의에 빠졌고, 그 정도만큼 대중의 관심에서 멀어지고 말았다.

우여곡절을 거친 끝에 지난 2000년, 마침내 프로야구선수협의회가 결성되었다. 그러나 선수협은 여전히 구단의 회유와 협박 속에 선수 결사체로서 자신의 권익과 복지를 실천할 만한 지위를 확보하지 못한 채 오늘날까지 명맥만 유지하고 있다.

마빈 밀러와 미국 프로야구선수노조

그렇다면 프로야구 원조인 미국에서는 선수들이 어떻게 권익과 복지를 실현할 수 있었을까? 한국 야구팬들에게 미국에 프로야구 선수 '노동조합'이 존재한다는 것도 흥미로운 사실이겠지만, 미국에서도 1950년대 이전에는 선수노조가 불온과 경원의 대상이었다. 구단이 연봉을 형편없는 금액으로 낮춰도 선수들은 '야구는 스포츠지 사업이 아니다'라는 통념에 밀려 자기 조직화를 통해 지위 향상을 시도할 수 없었다. 선수들의 불만은 커졌지만, 노조를 결성하고 파업을 일으킬 수도 없었다. 당시만 해도 노조는 사회적으로 떳떳하지 못한 극렬분자들이나 만드는 악질적 조직이라는 인식이 컸기 때문이다.

그러나 2차 세계대전이 끝난 1946년부터 사정이 달라지기 시작했다. 처음 피츠버그에서 노조를 결성하려던 움직임은 쉽게 분쇄됐다. 그러나 구단 경영진이 새로운 시대의 흐름을 막을 수는 없었다. 산업 노조들은 위용을 키워가며 집단행동이 조합원에게 얼마나 많은 이득이 되는지 보여주었다. 흑인 선수 재키 로빈슨이 인종차별의 벽을 깨고 메이저리그에 진출하자, 인권에 대한 사회적 관심이 최고조에 달했다. 이제 프로야구 선수들도 복지 향상을 위한 조직을 만들 여건을 갖추었고, 실제로 그렇게 행동하기에 이르렀다. 이런 형국에도 구단주들은 '너희끼리 할 테면 해봐라'는 식으로 대하며 별다른 위협을 느끼지 않았다.

마침내 미국에서 '프로야구선수협의회Players Association'가 창설됐다. 이 조직은 처음에 연금 문제를 해결하는 데 전력을 기울였다. 초기 선수협의회는 '노조'라는 냄새를 전혀 풍기지 않으려 했으며, 몇몇 유명 선수들이 협회 운영을 주도했다. 당시 미국 선수협 활동은 오늘날 한국 선수협과 비슷한 수준이라 해도 무방할 것이다. 미국의 야구사가들은 이 시기까지를 '프로야구 노동관계의 중세'라고 일컬었다.

이런 노동관계는 노동경제학자 출신으로 자동차 부문 산업 노조에서 단체 협상 실무를 쌓아온 마빈 밀러Marvin Miller가 1966년 선수협 수석 고문을 맡으면서 크게 변했다. 경영진의 생리를 꿰뚫으며 산업 노조 활동에서 큰 성과를 거둔 밀러는 구단과 화력이 대등한 무기를 갖추지 않고는 협상에서 이길 수 없다는 것, 그 무기는 노동법에서 구할 수 있다는 것을 알았다. 그는 선수협의회를 법적으로 인정받는 노동조합으로 전환해야 구단에 애걸복걸하지 않고 당당히 싸울 수 있다고 역설했다. 미국 사회의 어느 업종을 둘러봐도 보수와 노동조건을 협상하면서 야구 선수들처럼 저자세를 취하지 않는다는 사실도 강조했다.

마빈 밀러의 설득과 선수들의 결의가 합쳐진 뒤 미국 야구계가 일찍이 경험해보지 못한 사태가 전개되었다. 1967년 사상 처음으로 단체 협상을 벌였다. 그 결과 '선수 협약players agreement'이 마련됐고, 메이저리그 최저 연봉을 7000달러에서 1만 달러로 올렸다. 구단이 협약을 어겼을 경우 적법한 고충 처리 절차도 마련했고, 2년 협약 유효기간 중에는 연봉 조정 원칙을 변경하지 않도록 했다. 미국 프로야구 선수들은 노동 협상 전문가 마빈 밀러의 도움으로 직접 참여하고 운영하는 결사체를 통해 자신의 권리와 복지를 온전히 확보하기에 이르렀다.

민주적 결사체로서 선수협의회

한국의 최동원과 미국의 마빈 밀러가 선수협의회, 선수노조 활동을 통해 보여준 실천의 의미는 프로야구에 국한된 것이 아니다. 19세기 초반 미국을 방문한 프랑스의 사상가 알렉시스 토크빌은 새로운 대륙에서 무르익어가는 민주주의의 현장을 지켜보며 그 원동력이 어디에 있는지 찾고자 했다. 두 차례에 걸친 미국 여행에서 그가 찾은 답은 미국인이 '결사의 예술'을 통해 정치체제를 운영하며, 그것이 미국 민주주의를 유지하는 힘이라는 점이다. 시민 개개인의 권리와 이익은 같은 분야에서 활동하는 사람들이 결사체를 구성하고, 그 결사체를 통한 적극적 실천으로 실현된다는 것이다. 미국에서 프로야구선수협의회, 선수노조가 보여준 활동은 구단주의 강력한 저항에도 여전히 미국적 전통 속에서 살아 있음을 보여준다.

민주화 이후 20여 년이 지난 오늘날에도 한국 프로야구 선수들이 자신들의 조직을 운영하고 그 조직의 힘으로 권리와 복지를 확보하는 데 어려움을 겪는다는 사실은 우리 민주주의가 시민사회 수준에서는 아직 허약한 상태에 있음을 알려준다. 많은 사람들이 혈연, 지연, 학연이 우리 사회를 압도하고 그 꼭대기에서 소수 엘리트가 기득권을 지키는 것을 알고 있다. 그리고 전근대적 연고 의식이 사라지지 않는 한 한국

민주주의에 희망은 없다고 말한다. 21세기에도 전근대적 연고 의식이 과도한 영향력을 발휘하는 원인은 근대적 결사체, 사회가 발전하고 경제가 성장하면서 나타나는 다양한 부문의 기능 이익을 대표하는 단체들이 활성화되지 못하기 때문이다.

최동원은 이런 말을 남기고 세상을 떠났다. "나는 최고이며, 마운드에 오를 때마다 최고답게 던지기 위해 최선을 다했다." 늦었지만 우리 사회도 미국처럼 다양한 부문과 영역에서 최선을 다하며, 자기 영역에 속한 사람들이 권리와 복지를 정당하게 요구할 수 있는 결사의 예술을 보여줘야 한다. 이것이 바로 당신의 권리your rights다.

'인권' 위에 '행정'을 두는 MB 정부

인권이 하늘이다　　　인권은 하늘 아래 말고는 어느 아래로도 깃들어서
　　　　　　　　　　　는 안 된다. 행정이라는 이름으로, 조직이라는 이
름으로, 직제라는 이름으로 국가인권위원회를 제멋대로 재단하겠다
고? 이런 발상이야말로 행정 아래 인권을 복속시키는 근대 이전의 발
상이다.

　행정안전부가 국가인권위원회의 정원을 30퍼센트 줄이고, 부산·대
구·광주 등 3개 지역 사무소를 폐지하라고 최종 통보했다. 행정안전부
는 인권위가 받아들이지 않으면 강제로 시행하겠다고 했다. 놀랍다.
행정안전부는 국회 예산과 법원 직제도 간섭·통제하는가.

　프랑스혁명이 일어난 1789년 8월, 프랑스 국민의회가 채택한 '인간
과 시민의 권리 선언'은 "인간의 여러 권리에 대한 무지나 망각 혹은
멸시가 공공의 불행과 정부 부패의 유일한 원인이라고 간주"한다는 문
장으로 시작한다. 나아가 16조는 "인권 보장과 권력분립이 확립되지
않은 모든 사회는 헌법이 없는 것"이라고 단언한다.

그렇다. 이 문제는 전 지구적 가치로서 인권의 본질을 묻는다. 권력 분립의 실질에 대한 중대한 도전이다. 결국 헌법의 문제요, 기본권의 문제요, 인간 존엄의 문제다. 놀랍다. 행정안전부는 국회의 예산과 조직에도, 법원의 직제에도, 지방법원에도 간섭하고 통제하는가. 헌법재판소에도, 선거관리위원회에도 '감 놔라, 대추 놔라' 개입하는가. 넓은 의미의 정부에 속하겠지만, 사실상 독립성을 보장받는 국가정보원과 감사원의 직제와 조직에도 개입하는가.

국가인권위원회는 '국가인권위원회법'을 통해 설립과 업무의 독립성이 보장된다. 국가적으로 핵심 업무를 수행하지만, 선거제도를 통하지 않는 기구의 구성에 헌법상 통용되는 원칙이 있다. 대법원이나 헌법재판소 등의 구성 방식이 그것이다. 대통령, 국회, 법원 등 각 권력기관이 동등한 비율로 추천하는 방식이다.

국가인권위원회는 바로 이런 절차를 거쳐 구성되어 독립성과 헌법적 정당성을 부여받는다. 국가인권위원회법 제5조는 국회가 상임위원 2인을 포함해 4인을 선출하고, 대통령이 4인을 지명하고, 대법원장이 3인을 지명하도록 규정한다. 행정안전부는 자문해야 한다. 왜 직제령이 아닌 법에 이토록 엄격한 구성 절차를 마련했을까?

국가인권위는 정부조직법에 없다, 왜 그럴까?　　행정안전부는 국가인권위원회법 제18조를 문제 삼을 것이다. '조직에 관하여 필요한 사항'을 대통령령에 위임하기로 한 조항이다.

대법원은 예산안 제출권이 없다. 정부만 예산안을 제출하도록 하기 때문이다. 정부는 이 권한을 핑계로 대법원의 독립성을 맘껏 흔들어대고, 직제를 제멋대로 바꾸고, 대법관 등 법관 숫자를 맘껏 늘렸다 줄였다 해도 상관없을까? 합법적일까?

독립적 국가기구면서도 '규칙 제정권'이 없는 한계를 실정법상 어떻게든 보완해보려는 입법 기술 중의 하나였음을 왜 구태여 외면하는가. 행정안전부 주장대로라면 이런 중요한 근거 조항을 지난 8년 동안 왜 방치했는지 되묻고 싶다. 대통령 직제령은 어쩔 수 없는 입법 기술 중 하나였다. 근본적 해결은 앞으로 헌법을 개정할 때 국가인권위원회를 아예 헌법상 독립 기구로 못 박는 일이다. 그때까지는 뻐꾸기처럼 남의 둥지를 이용할 수밖에 없다.

정부는 그걸 뻔히 알면서도 국회의 국가인권위원회에 대한 입법 이유와 입법 정책을 무시한다. 대통령령에 불과한 직제령으로 국회의 입법 재량을 침해한다. 어떻게 대통령령이 헌법상 국회의 입법 권한을 제멋대로 재단하고 침해할 수 있다는 말인가. 권력분립에 대한 중대한 도전이다.

'정부조직법'은 좁은 의미에서 국가 행정기관의 설치와 조직에 대한 대강을 정한 법이다. 대통령 소속 기관은 제2장에서 정했고, 행정 각부는 제4장에서 정했다. 행정 각부 아래 일곱 번째로 행정안전부가 있다. 제29조는 행정안전부의 핵심 업무 중 하나로 '정부 조직과 정원'을 규정한다. 행정안전부는 자신들이 어느 법, 어느 장, 어느 조문에 자리하고 있는지 돌아봐야 한다. 그 자리에서 자신들의 권한과 업무를 돌아보기 바란다. 국가인권위는 정부조직법에 없다. 이 말은 김대중 정부 당시 국회가 인권위원회를 처음 설립할 때 인권위원회에 대한 조직과 정원의 임무는 당신들의 관할이 아님을 분명히 한 것이다.

행정안전부의 직제령은 행정 편의주의이자 위헌 명령　　권력분립에 대한 중대한 침해라는 또 다른 이유가 있다. 2009년 국가인권위원회 예산이 바로 그 증거다. 국가인권위원회의 예산은 도리어 전년 대비 0.1퍼센트 늘었다. 인건비는 1.7퍼센트 늘었다.

예산은 법이다. 정부가 제출하고, 국회가 심의하고 통과시킨다. 예산을 이렇게 통과시켰다는 말은 국가인권위원회의 조직과 운영과 활동에 대해, 국회가 최소한 이번 해만큼은 동의했다는 말이다. 그대로 가도 좋다는 말이고, 국가인권위원회의 자율성과 독립성을 인정했다는 말이다.

그런데도 행정안전부가 직제령이라는 가위를 들고 인권위의 법과 예산과 조직과 활동을 재단하겠다는 것이다. 헌법상 권력분립 원칙에 대한 중대한 결핍이다. 나아가 우리 헌법이 정한 기본권 보장 방법의 하나인 '위헌명령규칙심사권'도 제시되어야 한다. 대통령령이 헌법을 거슬러서는 안 된다. 이런 방식으로 행정안전부의 직제령이 법률을 거스르고, 실질적으로 헌법을 거스른다면 그 직제령이야말로 행정 편의주의요, 좀더 근본적으로는 위헌 명령이다.

독일은 국가인권위원회를 따로 두지 않고도 일종의 '인권 위원' 제도를 두고 기본권 침해를 감시하고 집행한다. 독일 헌법은 '병사 수임 위원' 제도를 규정한다. 국회의 국방 업무에 대한 통제권을 행사하는 한 수단이다. 국회의 명령을 받기도 하지만, 독자적인 결정으로도 활동한다. 임기는 5년이고, 국회가 선출한다. 수임 위원 제도는 언제, 어디서, 누구든지 직접적으로 기본권 침해 사례를 진정하고 보호를 요청할 수 있는 제도다.

이렇듯 기본권 침해에 대한 접근성 보장은 기본권 보호의 본질적 기능이다. 그리고 이 기능은 인권위원회라는 기관의 존립 여부를 넘어선다. 기본권 침해와 보장에 대한 접근 권한은 철저히 보장되어야 한다. 문턱이 없어야 한다. 거리도 없어야 한다. 어떤 제한도 없어야 한다.

새로운 정부이기 때문에 인권위원회의 독립성은 더욱 강화될 필요가 있다. 행정안전부는 지방 사무소를 폐지하라고 했다. 하지만 이제 '주민 근거리 행정'은 의미가 없다. 오로지 '주민 접촉 행정'이다. 지방 사무소는 지방분권이 미약한 대한민국 헌법 질서에서 어쩔 수 없이 요구되는 기본권에 대한 실질적 보장이며, 현대사회가 요구하는 정치적 다원주의의 실현이다.

행정안전부는 여전히 모든 행정기관 위에 군림하려는 것 같다. 중앙 집권적 사고방식의 발현이다. 일극주의다. 지방분권은 헌법적 명령이다. 하지만 그 실천은 가깝지 않기에 지방 사무소 제도가 있다. 인권위에 진정하기 위해 사회적 소수자가 서울로, 서울로 찾아오라고?

조선 시대 신문고 제도가 있었다. 신문고 한 번 치기 위해 한 달이나 걸리는 길을, 짚신 수십 켤레를 등에 지고 한양까지 올라오던 시절이다. 인권위 진정도 그래야 한다는 게 행정안전부의 발상이다. 참으로 왕조시대다운 발상이다. 지방민의 권리를 제대로 보장하는 것이야말로 헌법이 정한 기본권 보장의 기초다.

인권은 늘 사회적 약자를 기준으로 판단해야 한다. 평균으로 해결할 일이 아니다. 오로지 가장 낮은 자를 기준으로 판단해야 한다. 남북 분단도 힘에 부친데, 인권 보장에 대한 기능마저 서울과 지방으로 나누고, 서울에만 인권 보장 기능이 주어지면 된다는 사고방식에 전율한다. 이런 사고방식이야말로 몰인권적 발상이다.

마지막으로, 새로운 정부이기 때문에 인권위원회의 독립성은 더욱 강화될 필요가 있다. 제17대 대통령직인수위원회는 처음에 인권위원회를 대통령 직속 기구로 전환키로 했다. 토론과 재검토가 있었다. 이 방안은 포기됐다. 이 말은 무슨 말인가. 이 정부에서는 인권위를 독립 기구로 존속시키기로 했다는 분명한 증거다. 연혁이 잘 말해주는데도 행정안전부는 직제령을 통해 인권위를 재단하겠다고 한다.

다시 강조하지만 행정안전부 위에 국가인권위원회가 있고, 직제령 위에 국가인권위원회법이 있다. 행정 안전 위에 인권이 있다. 인권위원회를 포함한 모든 정부 기관과 권력기관, 독립 기관의 목적은 오로지 시민의 기본권을 보장하는 데 있다. 그 목적에 충실하다면 행정안전부는 인권위원회에 통보한 것을 스스로 철회해야 한다.

살색이 살구색으로 바뀐 특별한 비밀

국가인권위의 '인권적' 결정　　　내 살은 여전히 '살색'이다. 하지만 한국에선 살색이 없어진 지 오래다. 살색은 '살구색'으로 바뀌었다. 이제는 살구색이다. 2002년 8월 1일, 국가인권위가 그렇게 권고하기로 결정했다. 2005년 5월 17일, 기술표준원은 드디어 살색을 살구색으로 바꿨다. 살색이라는 단어에 내재한 차별, 인종주의를 비로소 내던진 것이다.

내 아이는 초등학생이다. 이제 선생님께 일기장 검사를 받지 않아도 된다. 비록 어린아이지만 자기만의 비밀이 있다. 선생님과 부모님께도 차마 말하기 싫은 비밀이 있고, 비밀 글이 있다. 선생님께 보여드리는 일기 따로, 내 마음속 일기 따로 '이중 일기'를 작성할 필요가 없다. 인권위의 결정 덕분이다. 2005년 4월 7일 인권위는 교육부 총리에게 개선해달라는 의견을 보냈다.

인권위의 관심은 촛불집회에도 미친다. 이라크 파병 결정에도 관심이 있다. 국가보안법도 그렇다. 장애인이나 동성애자, 교도소 수용자,

미등록 이주 노동자도 그렇다. 북한 인권도 관심 대상이다. 또 인권위는 아무도 들여다보지 않는 '살색'의 인종적 차별성, 일기장 검사가 양심의 자유를 침해하는 것, 검열제도의 위험성에 대해 염려한다.

국가의 존재 이유 낙인 이론이 있다. 범죄학 이론이다. 엉뚱하게도 낙인 이론이 정치권에서 남용된다. 나와 생각이 다르다는 이유만으로, 나와 다른 결정을 내렸다는 이유만으로 존재 가치가 사실상 부정되는 일이 벌어진다. 여기에 색깔이 더해진다. 그 순간 독립적이고 정치적으로 중립적인 국가기관마저 정당만도 못한 정치 기관으로, 때로는 이념적 시민 단체 중 하나 정도로 낙인찍힌다. 한번 낙인찍히면 그는 영원히 전과자다. 퇴행적 역사관 앞에서, 왜곡된 헌법관 앞에서 살아남기조차 어렵다.

올해 들어 나의 헌법적 사유 체계가 과연 옳은지 의심이 들 때가 많다. 나는 이렇게 배웠다. 자유주의의 기초는 나와 다른 생각을 인정하는 것이다. 내 자유가 소중한 만큼 다른 사람의 자유, 양심, 철학과 종교가 소중하다. 이것이 절대주의와 다른 점이다. 민주주의는 여러 가지 측면이 있겠지만, 1인 1표제를 통해 시장 만능주의의 불평등을 교정해준다. 각자 독자적인 주권을 가지고 행정부와 입법부 구성이나 정책을 결정한다. 선거를 통해 위임했다 해도 절차적 정의는 끊임없이 지켜져야 한다. 그렇지 않다면 이는 사이비 민주주의요, 자칫 위임독재로 흘러갈 수 있다. 우리 사회를 지배하는 보수주의만 해도 그렇다. 특히 보수주의는 스스로 정보를 획득하고 결정하는 대신, 자기가 책임지는 이념성을 보유한다. 국가주의와는 사실상 정반대 개념이다.

지극히 단편적인 측면에서 정리한 자유주의와 민주주의와 보수주의의 공통점이 있다. 두 가지다. 하나는 '국가의 존재 이유'다. 국가는 오로지 시민을 위해, 시민의 기본권 보장을 위해, 시민의 인권 보장을 위해 존재하는 것이다. 둘은 '인간의 존엄성', 인권의 가치야말로 양도와 훼손이 불가능하다는 명제에 대한 절대적 동의다.

국가인권위원회의 존재 이유　　　인권은 아무도 침해할 수 없고, 침해당해서도 안 되며, 국가기구는 모든 노력을 경주해서 오로지 인권을 보호하는 한도에서 존재의 의미가 있다. 그래서 자유주의 헌법 이론가의 대표 격이자 신자유주의의 초기 이론가인 노벨상 수상자 하이에크도 권력분립을 통해 입법·사법·행정부가 서로 견제함으로써 자유를 보호해야 한다고 했다. 자유는 곧 자유권이요, 자유권은 곧 기본권이요, 기본권이 곧 기본적 인권이다. 결국 인권이다.

우리 헌법을 해석하는 최종적 기관인 헌법재판소도 마찬가지다.

"통치행위를 포함하여 모든 국가 작용은 국민의 기본권적 가치를 실현하기 위한 수단이라는 한계를 반드시 지켜야 한다."(헌재결 1996.2.29 93헌마186)

국민의 기본권적 가치가 무엇인가? 기본권이다. 기본권이 무엇인가? 다시 말하지만 기본적 인권이다. 곧 인권이다. 모든 국가 작용은 인권을 보호하라는 준엄한 해석이다.

보수주의 헌법 이론가 허영 교수도 《한국헌법론》에서 다음과 같이 주장했다.

"통치 질서 내의 모든 권능은 어디까지나 기본권 실현의 수단이고 기본권에 봉사하는 기능에 지나지 않기 때문에 통치 권능은 절대로 '자기 목적적'인 것일 수 없다."

그래서 인권 보호 작용은 철저히 가치중립적이어야 한다. 인간의 존엄이라는 가장 기본적 가치에서 출발해야 하고, 인간의 존엄이라는 최후의 가치에서 끝나야 한다. 인권은 특정 정파나 정권이 보호하는 것이 아니다. 인권은 대의민주주의를 실현하는 모든 기관, 모든 통치 작용이 나서야 한다. 인권은 양지보다 음지에 있다. 다수파보다 소수자에게 필요하다. 다수 의견보다 소수 의견을 존중하는 데 있다. 기득권자보다 소외된 곳에 깃든다. 그래서 인종과 계급 차별을 풍자한 문학의 대가 마크 트웨인Mark Twain은 이렇게 말했다.

"여러분 자신이 다수의 편에 서 있음을 발견할 때는 언제나 잠시 멈춰서 성찰할 시간입니다."

검찰도 있고, 법원도 있고, 경찰도 있고, 국정원도 있고, 국민권익위원회도 있고, 법무부도 있고, 감사원도 있다. 헌법도 있고, 민법도 있고, 형법도 있다. 모든 기관과 법이 인권 보장을 이야기한다. 그런데도 아직 인권에 낯선 곳이 있고, 인권적 감수성에서 버림받은 곳이 있다. 그곳에 바로 국가인권위원회가 존재해왔다.

법치주의는 곧 인권 보호다　　올 들어 특별히 기초 질서 확립이나 법치가 강조된다. 법의 지배를 거부할 만한 명분은 어느 곳에도 없다. 하지만 단 한 가지, 법의 존재 가치는 인권 보장을 위해서다. 좀더 솔직하게 표현하면 개인의 이익을 보호하기 위해, 공적 이익을 보호하기 위해 존재한다. 법의 이익, 법익이 곧 권리의 이익이고, 권리의 이익이 인권이다. 그래서 법에 인권 보장이 종속되는 사태가 벌어져서는 안 된다.

다시 하이에크다. 굳이 하이에크를 강조하는 이유는 하이에크 이론이 현 정부에게 여러 측면에서 이론적 기반을 제공한다고 믿기 때문이다. 하이에크는 《법·입법 그리고 자유》에서 "자유는 법의 목적이며, 법은 자유를 가능케 하는 수단"이라고 했다. 그리하여 법은 가장 중요한 수단이며, 자유의 필수조건이라고 했다. 현 정부가 강조하는 자유민주주의와 인권은, 인권과 법의 지배는 어느 한 구석도 충돌하지 않는다. 충분한 규범 조화적 해석과 운용이 가능하다.

현 정부의 또 다른 이론적 기반인 '선진화'는 글로벌스탠더드global standard다. 우리가 꿈꾸는 선진 질서가 단순히 경제적 성공을 의미할까? 그렇지 않을 것이다. 나는 이렇게 해석한다. 자유의 선진화, 민주의 선진화, 인권의 선진화, 삶의 선진화가 곧 선진화의 최종 목표일 것이다. 그렇다면 현 정부의 이념적 기반이 되는 선진화와 인권의 무한정 존중 또한 결코 모순되지 않는다. 인권을 존중하기 위한 국가기구는 당연히 확장되어야 하고, 이전 정부들보다 존중되어야 한다.

그래서일 것이다. 이명박 행정부도 《이명박 정부 100대 국정 과제》(2008년 10월)에서 '인권' 외교를 강조했다. 인권의 가치, 민주주의의 가치를 존중하고 세계와 함께하겠다는 것이다. 그래서 구체적 과제로 '유엔 인권이사국으로서 활동을 강화'하고, '인권과 민주주의 증진을 위한 국제사회의 노력에 적극 동참'하겠다고 했다. 필자가 지금까지 말한 이론적 근거와 하나도 다르지 않은 실행 방침을 내놓은 것이다.

인권위에 가던 사람들, 어디로 가야 할까　　인권위의 한 해 예산은 얼마나 될까? 2009년 예산이 234억여 원이다. 이에 비해 법무부의 예산 중 교정 활동 예산만 1708억여 원이다. 인권위 예산의 7배가 넘는다.

2008년 11월 15일 현재 인권위에 접수된 진정·상담 사건은 21만 4621건이다. 진정 사건 중에서는 인권침해 구제 요구가 2만 7443건이고, 차별 시정 요구가 5205건이다. 1년에 평균 3만 660명, 하루 평균 84명이 국가인권위를 찾아온 셈이다.

이들은 왜 인권위를 찾았을까? 어떤 인권을 침해당했을까? 누구에게 침해당했을까? 어떤 인권을 회복하길 갈망하고 있을까? 인권위가 없다면 이들을 어디로 보내야 할까? 이들은 어디로 가야 할까? 누구에게 자신의 인권침해를 호소할까? 검찰청으로 가야 할까? 당연히 형사 사건이 아니라며 다른 곳으로 보낼 것이다. 경찰청으로 가야 할까? 마찬가지다. 고소·고발장을 작성해야 도움을 줄 수 있다고 할 것이다. 그러면 법원으로? 소송할 가치가 있는지 판단할 것이다.

다시 '살색'으로 가보자. 살색의 인종차별적 편견을 해소하기 위해 어디로 가야 하나. 경찰? 검찰? 법원? 아무도 여기에 귀 기울이지 않을 것이다. 일기장 검사의 위험성, 어디로 가야 하나. 법무부? 국회? 청와대? 아마 이렇게 말할 것이다. "이런 걸 가지고 뭘 여기까지 오십니까?" 누가 들어주었나? 누가 대답해주었나? 누가 해결해주었나? 국가인권위원회다.

헌법적 가치 질서를 실현하기 위한 독립적 인권 보호 기구로서 인권위의 권한과 조직을 축소하려는 움직임이 있다. 그것도 법이 아닌 행정안전부의 직제령으로 말이다. 이건 아니다.

4부

상식과 몰상식

보수 언론, 전여옥 덫에 걸리다

전여옥을 공격한 할머니   처음에는 '신원 미상의 괴한'이었다. 다음에는 '20~30대 여성들'이었다. 또 다른 곳에선 '여성 5~6명'이었다. 그러다 68세 할머니로 정리됐다. 물론 기사 어디에도 할머니란 표현은 없다. 언론은 괴한의 피습 혹은 명백한 테러라고 했다. 알고 보니 백주에, 그것도 국회 경비가 버젓이 지켜보는 가운데 벌어진 일이었다. 피해자는 '죽을지도 모른다는 생각'이 들었을 정도라고 언론에 진술했다. 주먹으로 얼굴과 머리를 마구 때린 뒤, "눈을 뽑아버려야 해"라며 왼쪽 눈을 찔렀다는 것이다. 피해자에게는 철저히 계산된 테러였다.

폭행 시간, 폭행 경위, 가담 정도 등 모든 게 뒤죽박죽이다. 그곳에 함께 있었던 네 명에 대한 체포 영장은 기각되었다. 물론 모든 폭력에 반대한다. 철저히 반대한다. 왜 이런 빌미를 주었는지 안타깝기도 하다. 하지만 이번 사건이 결코 '마녀사냥'이 되어서는 안 된다. 지금 분위기는 과거 '빨갱이 색출하기' 식의 마녀사냥이 되고 있다. 역사의 전복(?)을 꾀하는 사람들 입장에선 절호의 기회이기 때문이다.

이 사건은 '정치 테러'가 아니다. 테러도 아니다. 현재까지 언론에 보도된 내용을 종합하면 그렇다. 그래서 사건 수사는 좀더 냉정해져야 하고, 언론 보도는 지극히 차분하고 겸손해져야 한다. 처음부터 극단으로 몰고 가던 보도 태도에서 벗어나야 한다. 도리어 반성이 필요하다. 실체적 진실을 정확히 밝히면 된다.

가장 중요한 부위가 눈이다. 각막이다. 각막은 외부의 힘에 손상될 수도 있지만, 조금 심하게 표현하면 눈을 세게 비비기만 해도 손상될 수 있다. 그래서 제안한다. 각막 사진을 언론에 공개하면 된다. 어느 정도 손상되었는지, 외부에서 어느 정도 힘이 가해졌는지 충분히 분석할 수 있다.

언론 보도에 낀 의도를 제거하라

피해자에게는 가혹한 일이겠지만, 또 다른 피해자가 될 수도 있는 우리 헌법이 정한 무죄의 추정을 받는 가해자 입장에서도 당연한 권리다. 가해자 입장에서는 자신의 무죄를 변론하는 데 중요한 증거다. 그 증거를 놓고 서로 분석하면 되는 일이고, 수많은 목격자들의 진술을 종합하면 실체적 진실을 밝히는 것쯤은 결코 어려운 일이 아닐 것이다. 쉽게 생각하면 된다.

언론 보도에 낀 이념을 제거하고, 목적을 제거하고, 의도를 제거하고, 사건을 있는 그대로 정리하면 된다. 피해자가 호소하는 여러 상해 부위가 있다. 마찬가지다. 영상 촬영 의학 사진이 있다면, 그 사진을 제한된 전문가들에게 제공하면 된다. 어차피 무죄를 다투려면 각종 의료 기록은 상대방 변호사의 손에 들어가야 한다. 변호사는 진료 기록 감정 신청 등을 통해 진료 기록을 입수하여, 제3의 의사에게 감정을 의뢰할 것이기 때문이다. 분석을 맡기는 절차다. 이는 우리 형사소송 사건에서 일반적으로 보장하는 절차다.

물론 폭행 사건에서 피해자라고 주장하는 사람의 진술은 지극히 중요하다. 그것마저 부정하자는 얘기가 아니다. 그런데 현재 언론의 보도는 그 수위를 훨씬 넘어섰다. 정치적으로 재단하고 정치적으로 평론한다. 의도를 가지고 과장하며, 사건의 실체적 진실과 무관한 보도가 판을 친다.

극단적으로 표현하면 일부 보수 언론인의 입장에선 뉴스 가치가 충분한 소재일 수도 있다. 김대영 교수의 표현을 빌리면 "오직 현상 유지를 위해 질서를 유지하려는 행정부의 단호한 법 집행과 이에 대한 국민의 일사불란한 추종만"을 꿈꾸는 일부 보수 언론인의 입장에서 그렇다는 말이다. 이번 테러 사건이야말로 이 땅에 법과 질서를 다시 세워야 하는 당위성을 웅변하는 중요한 증거다. 얼마 전만 해도 이들은 '깽판' 국회라는 말을 노골적으로 사용했다.

시민 단체를 테러 집단으로 규정하고 싶은 무리   그래서 다시 김 교수의 표현을 빌리면 '공화주의를 혐오하는 한국의 속류 자유주의자들'과 어깨를 나란히 하는 일부 보수 언론인의 입장에서는 시민 단체를 테러 집단으로 규정할 수 있는 적절한 사건이었을 것이다. 역사 바로 세우기를 꿈꾸는 역사 왜곡주의자들 입장에서도 '이때다' 싶었을 것이다.

일각에서는 미디어법 반대 투쟁에 대한 연대를 깨뜨리고, 국민의 관심을 잠시 흩뜨릴 수 있는 소재라고 생각했을 수도 있을 것 같다. 국민주권이란 '4년에 한 번씩 투표장에 가서 막대 도장 한 번 찍는 것으로 충분하다'고 생각하는 일부 보수 언론인의 입장이라면 그러고도 남았을 것이다. 이들 중 극히 일부는 '기득권주의'와 '엘리트주의'로 무장한 채, "우리가 다 알아서 나라와 시민을 위해, 선진화를 위해 결정한 일이니 미디어법은 좋은 법이다. 국민 여러분은 그저 따라오면 된다"고 외치고 싶었을 것이다. 그렇게 해서라도 미디어법에 쏠리는 관심을 돌리고 싶었을 것이다. 물론 무리한 예측이고, 무리한 예단이길 희망한다.

우발적 사건은 아닌가

화면이 있었으면 KBS 사장님이라도 나서서 열심히 틀었을 텐데, 하필 CCTV 화면은 없는 것으로 정리됐다. 게다가 예상치 못하게(?) 부산민가협 동료 회원 네 명에 대한 체포 영장은 기각됐다. 처음 예상(?)과 달리 계획된 테러가 되지 못했다. 피해자는 그날따라 국회사무처가 국회 본관 정문을 봉쇄하는 바람에 일반인과 같은 출입구를 이용할 수밖에 없었다. 그렇다고 국회사무처가 부산민가협 회원들과 공모했을 리도 없고, 그 정보를 흘렸을 리도 없으며, 피해자가 그쪽 출입문을 통해 본관으로 들어가려 한다는 정보를 민가협 회원들이 미리 빼냈을 가능성도 없어 보인다.

처음 보도에 비해, 피해자가 당했다는 고통에 비해 현재까지 의학적으로 표현되는 상해의 부위와 정도 역시 조금은(?) 덜한 것 같다. (가장 중요한) 범죄의 핵심인 고의성과 관련된, 더구나 여러 사람이 공범으로 거론되는 범죄라고 공모한 시점과 가담 범위와 정도도 처음 보도와 많이 다른 것 같다. 철저하게 기획된 사건이라기보다는 우발성이 강한 것 같고, 나아가 폭행의 경위에 대한 진술이 워낙 엇갈리기 때문에 딱히 이렇다고 단정 짓기 곤란한 사건이 되고 있다. 박근혜 전 대표의 피습 당시와는 사건의 경위나 도구, 사건 직후 피해자의 태도가 너무나 다르다는 점도 사건을 이해하는 또 다른 요소가 되는 모양이다.

그런데도 언론의 1신은 긴급 보도라는 형식을 빌려 엄청난 사건처럼 보도했다. 이렇게 본다면 아무래도 보수 언론이 사건의 초기 판단을 잘못했거나, 기사의 경중을 잘못 짚지 않았을까. 좀더 노골적으로 표현하면 형사정책학에 피해자학이라는 분야가 있다. 사건을 이해하는 데는 피해자성도 고려해야 한다는 학문적 표현이다. 오해가 없길 바라는 마음에서 중언부언할 수밖에 없다. 피해자의 말을 믿는 것도 중요하지만, 때로는 피해자성이라는 관점에서 가해자와 피해자의 진실이나 신뢰 혹은 책임 정도 등을 정밀하게 따져볼 필요가 있다는 학문의 한 분야다. 실체적 진실을 정확히 밝히고, 피해자성을 정확히 추려내는 것이 가해자에게 적정하고 꼭 필요한, 때로는 엄격한 처벌을 내릴 수 있는 근거가 되기 때문이다. 피해자를 통해 가해자를 이해한다면 또 다른 설명이 될 수도 있을 것이다.

일부 보수 언론이 어쩌면 이 사건의 덫에 걸린 게 아닌가 싶기도 하다. 그래서 이 사건이 빨리 잊히기를 바랄지도 모르겠다. 그렇게 된다면 처음 보도 태도와 180도 달라질 수도 있겠다는 희망 아닌 희망이 생겨나기도 한다. 봄날이기 때문이다.

노무현의 유훈 정치라고?

노무현의 '유훈 정치' 받드는 민주당? 조선일보 2009년 6월 5일자 정
치면 기사 제목은 〈'노무현 유
훈 정치' 받드는 민주당〉이다. 기사의 한 부분을 인용한다. "'노 전 대
통령 유지遺志 계승'이란 이름으로 국회 전략과 당의 향후 진로를 논의
하는 등 '유훈遺訓 정치'라고 해도 지나치지 않을 정도였다." 다음 날인
6월 6일자 첫 번째 사설 제목은 〈남쪽에서도 '유훈 정치' 펴겠다는 민
주당〉이다. 북한의 '유훈 통치'에 비견하여 '유훈 정치'라는 새로운 프
레임을 만들어냈다는 것을 간접적으로 시인한다. 북한식 용어와 프레
임을 잘도 찾아냈고, 잘도 갖다 붙였다. 일종의 낙인이다.

유훈 통치와 유훈 정치는 비교 대상이 될 수 없다. 존립이 불가능하
다. 북한의 유훈 통치와 민주당의 유훈 정치는 어떻게 다른가. 조선일
보의 이런 프레임은 왜 성립 자체가 불가능한 악의적 차용이 될 수밖
에 없는가. 조선일보는 도대체 무슨 의도로 노무현 대통령의 정치적
유지를 계승하고 그 과제를 새롭게 다져나가겠다는 민주당의 움직임

을 사회주의적 왕조의 속성을 띠는 북한 통치 특성의 한 프레임으로 매도하는가.

음험하고 비열한 공격 첫째, 색깔론이다. 정중하게 표현하면 불순한 의도다. 지난 시절 조선일보는 참여정부의 개혁적 움직임과 공론의 광장을 통한 참여 정치를 '광기와 야만의 포퓰리즘'이라고 매도했다. 그리고 자주와 동맹, 친미와 반미, 친북과 반북이라는 이분법적 프레임으로 끊임없이 색깔론을 덧씌웠다. 유훈 정치 프레임은 이런 색깔론에서 1센티미터도 벗어나지 않는다.

둘째, 역사 왜곡이다. 고의다. 망각이다. 조선일보가 북한의 역사와 통치 구조를 이해하지 못할 리 없다. 김정일 국방위원장은 김일성 주석이 갑작스럽게 사망하자 1994년 7월 19일, '유훈 통치'를 천명한다. 김정일 위원장은 김일성 사후 권력 승계를 곧바로 진행하지 않았다. 사회주의 왕조의 특성답게 유훈 통치라는 전략으로 리더십을 확립하고, 권력 승계의 정당성을 구축했다. 김정일 위원장은 권력이 어느 정도 안정적으로 승계된 이후 '선군 정치'라는 새로운 이념과 '은둔과 현지 지도'라는 방식을 통해 북한 체제를 수습하고 통치해나간다.

민주주의와 공화주의를 통해, 4년마다 치러지는 총선과 5년마다 치러지는 대통령 선거를 통해 끊임없이 통치 구조를 혁신하고, 세력 교체를 단행하는 대한민국의 정치 체제와, 김일성 주석에서 김정일 위원장으로, 다시 김정일의 아들로 이어질 듯한 북한식 사회주의 통치 시스템을 혼동할 이유는 눈곱만큼도 없다. 북한의 건국이념과 통치 이념이 사실상 김일성주의고 주체사상임을 잘 알 테고, 대한민국 헌법 이

넘과 통치 이념이 헌법이 정해놓은 민주공화제임을 너무나 잘 알 것이다. 대한민국은 민주정치고, 의회정치고, 정당정치다. 모든 주권은 국민에게 있다. 유언이나 유훈으로 정당이 바뀌고, 의회가 바뀌고, 나라가 바뀌는 구도가 아니다. 그런데도 조선일보는 북한이나 우리 사회나, 북한 로동당이나 남한 민주당이나 똑같다는 것이다. 나라의 통치시스템을 김일성의 유훈처럼 노무현 대통령의 유언으로 대체하려는 의도는 아니겠지만 말이다.

셋째, 차라리 두렵다고 솔직히 말했으면 좋겠다. 조선일보는 보수 세력이 몰락하는 것을 두려워하고 있다. 한나라당과 이명박 행정부가 국민에게 이토록 실망을 선사받을 줄은 몰랐을 것이다. 참여정부 시절만 해도 집권 3년 차 들어 야당 지지율이 여당 지지율을 따라잡았다. 그런데 이 정부는 집권 2년 차에 그동안 죽을 쑤던 야당 지지율이 여당 지지율을 뛰어넘는 특별한 정치적 상황이 연출되고 말았다. 물론 국민의 생각이요, 민심의 바다다.

조선일보는 죽은 노무현이 산 보수 세력을 이겨낼까 두렵고, 죽은 노무현이 산 한나라당을 물리칠까 두려운 것이다. 무엇보다 진보·개혁 진영의 결집이 두려운 것이다. 진보의 재인식과 재구성, 진보의 리메이크를 통해 진보·개혁 진영이 결속과 쇄신의 기회로 삼아 새롭게 태어나는 정치 현실이 두려운 것이다. 그렇다면 유훈 정치라는 프레임은 보수 세력의 위기감과 두려움을 잘 표현하는 용어인 셈이다.

이런 프레임은 당장 철회되어야 한다. 이 프레임에 담긴 음험하고 공작적인 생각은 철저히 발가벗겨야 한다. 다시는 이런 용어를 사용하지 않기 바란다. 이런 프레임으로 대한민국 제1야당의 정치 행위를 매도하는 전술이 더 이상 펼쳐져서는 안 된다. 위험한 발상이고, 잘못됐다.

손석희의 마지막 수업

마지막 수업　　　손석희가 끝내 MBC 〈100분 토론〉을 떠났다. 그의 마지막 〈100분 토론〉을 나는 '손석희의 마지막 수업'이라고 부르겠다. 어린 시절 교과서에서 배운 알퐁스 도데의 〈마지막 수업〉이 생각난다. 그때는 2차 세계대전 이후 프랑스 땅으로 정리된 알자스로렌Alsace-Lorraine (독일어로는 엘자스로트링겐Elsass-Lothringen) 지방의 역사적 의미를 몰랐다. 그래도 그저 슬펐다. 모국어를 잃어야 한다는 슬픔이 아팠다.

　　프란츠는 그날도 아침 늦게까지 학교에 가지 않고 있었다. 아멜 선생님께서 프랑스 문법을 질문하신다고 했는데 준비를 하지 못해 혼날 일이 걱정이 되었기 때문이다. '수업을 빼먹고 들판으로 놀러 나갈까' 하는 생각도 잠시 했지만 이내 학교로 발길을 돌렸다. ……두렵고 부끄러운 마음으로 조용한 교실 속으로 문을 열고 들어갔다. 하지만 아멜 선생님은 화를 내지 않고 부드럽게 말씀하시는 것이었다. "어서 네 자리로 가거라, 프란

174

츠. 하마터면 너를 빼놓고 시작할 뻔했구나." ……

"여러분, 이 시간이 내가 여러분을 가르칠 수 있는 마지막 수업입니다. 알자스와 로렌 지방의 학교에서는 이제 독일어만 가르치라는 명령이 베를린에서 왔습니다." ……

엄숙한 분위기 가운데 문법 시간과 쓰기 시간, 역사 시간이 지나갔다. 성당의 큰 시계가 12시를 알리고 그와 동시에 훈련에서 돌아오는 독일 병사들의 나팔 소리가 요란하게 울렸다. 그러자 아멜 선생님은 갑자기 얼굴이 하얗게 질려 탁자를 붙잡으며, "여러분, 여러분 나는…… 나는……" 하고 말을 잇지 못했다. 그리고는 칠판으로 돌아서서 분필로 아주 커다랗게 '프랑스 만세!'라고 썼다.

말을 빼앗기는 사회　　생각이 말이 된다. 말이 민주주의다. 말 많으면 공산당이 아니다. 말이 많아야 한다. 그래야 폭력이 사라진다. 말보다 주먹이 먼저가 되어서는 안 된다. 말이 모여서 토론이 된다. 너와 내가 다르듯, 서로 다른 생각이 모여 토론이라는 여과 장치를 거쳐 공론을 형성한다. 주어진 질문에 객관식으로 답하는 단순화된 여론과 천양지차다.

공론이 모여 공동체를 만들어간다. 공동체는 공동의 문제를 풀어가는 공화정을 구축한다. 공화정체가 곧 공화국이다. 그래서 대한민국은 민주공화국이다. 1948년 처음 헌법을 만든 이래 우리나라 헌법 제1조는 '대한민국은 민주공화국이다'라고 선언해왔다. 이것이 우리 헌법이고, 이것이 우리가 꿈꾸는 대한민국이며, 이것이야말로 시민의 역사적 이상이다.

생각을 말로 표현하지 못하던 시절이 있었다. 말과 글이 중국과 달랐기 때문이다. 세종대왕은 이를 '어여삐' 여겼다. 한글을 만들었다. 그 순간에도 기득권의 저항은 어마어마했다. 그래서 세종대왕은 '개혁' 군주다.

구어체와 문어체가 따로 놀던 시절이 있었다. 생각과 글과 말이 엇갈리던 시대다. 선각자들은 언문일치운동을 폈다. 저항은 여전했다. '정치는 쿠데타 세력이 알아서 할 테니 시민 여러분은 잠자코 생업에나 종사하라'는 혁명 구호와 유사한 맥락이었을 것이다. 지금까지 역사가 그래 왔듯 공화주의의 대척점에 서 있는 이들은 말과 펜을 가장 두려워한다.

시민은 주권자다. 주권자인 국민은 4년마다 한 번씩 투표장에 가는 것 말고, 끊임없이 나라의 문제를 내 문제로 여기고 토론하고 비판하고 공론의 장을 형성하는 데 참여해야 한다. 주인이기 때문이다. 가마꾼이 아니기 때문이다. 그래서 시민이야말로 이 시대의 가장 명예로운 지위가 되는 것이다.

시민의 생각은 살아 있어야 한다. 생각이 살면 말이 살아난다. 그래서 죽은 문자가 아닌 살아 있는 말로, 당신들의 문제가 아닌 우리의 문제를 토론하고, 공동체를 위한 공론의 장을 펼쳐나가야 한다. 이것이 공화주의의 핵심이다. 공화정의 중심에 늘 살아 있는 언어로 삶의 문제를 얘기하던 MBC 〈100분 토론〉이 있다. 그 중심에는 우리 시대의 탁월한 '조정자'이자, '커뮤니케이터'이자, '모국어의 스승'인 손석희가 있었다.

1등 언론인, 손석희　　　2009년 여름 시사 주간지 《시사IN》이 창간 100호를 맞아 여론조사를 실시했다. 가장 신뢰도 있는 언론인 1등을 뽑았다. 《시사저널》도 전문가 1000명을 대상으로 '누가 한국을 움직이는가'라는 설문 조사를 실시했다. 수많은 언론인 가운데 19.7퍼센트의 지지를 얻어 영향력 있는 언론계 인사 1위에 오른 사람이 있다. 2009년 9월 1~15일 캠퍼스라이프와 〈한국대학신문〉이 전국 대학생 1707명을 대상으로 '2009 전국 대학생 의식 조사'를 해보았다. 대학생들이 가장 선호하는 언론인 1위가 나왔다. 언론인의 신뢰성, 언론인으로서 영향력, 미래를 꿈꾸는 이 시대 젊은이들의 이상이자 롤모델 손석희다. 어느 언론인이 이 많은 것을 한꺼번에 갖출 수 있을까.

'대구·경북 지역'에 거주하는 대학(원)생 50명과 방송 종사자 50명, 회사원 50명, 공무원 50명씩 모두 200명을 설문 대상으로 삼아, 결과를 정리한 〈텔레비전 토론 프로그램 진행자 속성에 대한 평가와 수용자 만족도의 관계에 관한 연구〉(최현정, 계명대학교 대학원 신문방송학과 석사학위 논문, 2004년)가 있다.

'토론 진행자의 속성에 대한 평가' '토론 프로그램에 대한 수용자들의 만족도'에서, MBC 〈100분 토론〉이나 손석희에 대한 평가는 남달랐다. 토론 프로그램 진행자 속성에 대한 평가와 프로그램에 대한 수용자의 만족도의 관계도 분석해보았다. 손석희는 다른 토론 프로그램보다 훨씬 높은 정(+)의 상관관계가 있는 것으로 나타났다. 〈100분 토론〉이 곧 손석희고, 손석희가 곧 〈100분 토론〉이라는 증거다. 손석희가 대한민국의 TV 토론 문화를 이끌어왔다는 학문적 논증이다. 그런 손석희가 이제 〈100분 토론〉을 떠난 것이다.

손석희 스타일　　　2008년 여름, 미국 NBC의 대표적 시사 대담 프로그램 〈미트 더 프레스Meet the Press〉를 맡고 있던 팀 루서트 앵커가 세상을 떠났다. 경쟁 언론사는 물론 정파를 초월한 모든 정치인, 당시 오바마와 매케인 대통령 후보도 장례미사에 참석했다. 루서트는 '루서트 스타일'을 남겼다. 미국의 수많은 앵커와 블로거들이 루서트 스타일을 분석했다. 하나의 모델이 됐다. 루서트는 워싱턴에서 '힘' 그 자체가 됐다. "그러나 그가 인정받는 여러 이유 중 하나는 그가 스튜디오에서는 사냥개 같지만, 나머지 시간에는 곰돌이 인형(테디 베어) 같다는 점"이었다.

　한국에는 '손석희 스타일'이 있다. 어느 진행자도 손석희 스타일에서 자유롭지 못하다. 손석희 스타일은 분명 모델이다. 때로는 넘어야 할 산이다. 2008년 12월 브론즈마우스 수상식장에서 손석희가 말했다.

　"지금도 솔직히 제일 괴로운 것이 매일 새벽에 일어나 쭈그리고 앉아 양말을 신을 때다. 또 영하 10도로 내려가는 요즘 같은 겨울날 시동 걸고 차 안에 앉아 있는 것이다."

'임금님 귀는 당나귀 귀'로 역행하는 정권　　　민주공화국의 말은 살아 있다. 죽은 언어가 아니다. 역사 속으로 사라진, 비석에나 새겨진 사어死語가 아니다. 말이야말로 민주주의의 기초요, 공화정의 기초다. 하고 싶은 말을 제대로 하지 못하는 세상이 있다면 고대국가나 유신 독재 시대일 것이다. 한반도의 역사 속에서 '임금님 귀는 당나귀 귀' 시절로 돌아간다면 이 얼마나 슬픈 일인가. 미셸 푸코는 "언어의 독점이 권력의 독점으로 이어진다"고 했

178

다. 살아 숨 쉬는 모국어가 아닌, 죽어 잠드는 문어체의 시대로 돌아간다면 이 얼마나 슬픈 일인가.

말과 표현의 자유에는 어떤 규제도 자리해서는 안 된다. 오로지 시민의 양식에 맡겨두어야 한다. 말이 곧 생각이고, 말로 표현하고 공적으로 토론하는 일이야말로 공동체의 기초요, 민주공화정의 전부이기 때문이다.

손석희의 〈100분 토론〉은 공화주의의 한마당이었다. 민주주의의 굳건한 토대였다. 공적 시민의 운동장이었다. 흔히 '백토'라고 부르던 〈100분 토론〉은 민주공화국의 훈련소였다. 이런 〈100분 토론〉이 '주어'를 잃었다. 손석희가 주어고, 〈100분 토론〉은 수식어다.

'회피 연아' 수사 의뢰는 폭력이다

권력자의 폭력 문화체육관광부가 이른바 '회피 연아' 동영상을 유
포한 누리꾼에 대한 경찰 수사를 의뢰했다는 사실
이 알려지면서, '인터넷 통제'를 둘러싼 여론이 비등하다. 부끄러운 일
이다. 아니 슬픈 일이다. 물론 법은 모든 사람에게 평등하다. 법은 색
맹이다. 누리꾼에게도 법은 법이고, 유인촌 장관에게도 법은 법이다.
하지만 법의 이름을 빌려 쓰는 모든 행위가 정당화되는 건 아니다. 특
히 나라, 권력자, 공직자의 경우는 더욱 그렇다.

이쯤 되면 법은 폭력이다. 억압이다. 공포다. 불안이다. 그래서 슬프
다. 거창하게도 시민에게는 '언론의 자유'가 있다. 언론의 자유는 별것
이 아니다. 내 맘대로 생각하고 내 맘대로 말하는 자유다. 논평의 자유
다. 비평의 자유다. 비틀기의 자유다. 때로는 화내는 자유고, 때로는 욕
설을 퍼붓는 자유다. 실명의 자유이기도 하고, 가명의 자유이기도 하
고, 익명의 자유이기도 하다. 물론 부작용이 있을 수 있다. 법이라는 칼
날에 의지하고 싶어지는 게 인지상정일지 모른다. 유명할수록, 권력자

일수록, 명예 감정에 사로잡힌 사람일수록 이런 욕망은 강할 것이다.

그래도 수사나 법적 통제는 신중하고 또 신중해야 한다. 철저히 제한적이어야 한다. 언론의 자유를 침해하는 사전·사후 규제, 이를 제한하는 법, 이를 현실적으로 가로막는 각종 억압적 기제나 행정 조치에 세계 모든 나라는 비판적이다. 언론의 자유는 어느 나라에서나 사실상 무제한이고 무규제다. 규제의 말뚝을 말과 글과 생각과 사상과 양심과 학문에 못 박아서는 절대로 안 된다.

말과 글은 민주주의의 꽃　　　말과 글은 민주주의의 기초다. 말과 글이 표현의 자유고 언론의 자유다. 말과 글은 생각에서 비롯된다. 말과 글을 통제하는 것은 생각을 통제하는 것이고, 시민을 노예로 되돌리는 일이다. 언론의 자유는 철저히 시민의 자유다. 언론의 자유는 언론기관의 자유가 아니다.

언론의 자유라는 기본권적 측면에서 우리보다 훨씬 앞선 나라가 미국이다. 미국에서는 이제 언론의 자유가 논란이 되는 일이 없다. 고작 논란이 된다면 음란물과 포르노그래피 정도다. 정치적 언론과 상업적 언론, 크게 두 가지 언론의 자유가 있다면 정치적 언론의 자유는 완벽하게 무제한이다.

'회피 연아' 동영상은 정치적 언론의 한 형태다. 정치적 언론은 시민의 기본 권리다. 원하는 대로 생각할 자유와 생각하는 대로 말할 수 있는 자유가 정치적 진실을 발견하고 전파하는 데 기초가 되기 때문이다. 굳이 언급하고 싶지 않지만 민주주의의 근본이요, 기초다. 이런 근본조차 무시되는 현실이 슬프다.

다음에 소개하는 글은 루이스 브랜다이스 미 연방 대법관의 1927년 판결문 중 일부다.

"그들(미국의 독립을 쟁취한 사람들)은 인간이 만든 모든 제도가 위험성이 있다는 것을 인정했다. 그러나 그들은 질서란 단순히 그것을 위반하면 벌을 받는다는 두려움으로 유지될 수 있는 것이 아님을 알았고, 사상이나 희망 혹은 상상을 억제하는 것이 해로운 일임을 알았다. 두려움은 억압을 낳고 억압은 미움을 낳고 미움은 안정된 정부를 위협하며, 안정으로 가는 길은 있을 수 있는 불만과 제안된 구제 수단을 자유롭게 논의하는 기회 속에 놓여 있고, 나쁜 논의에 대한 적합한 구제 수단은 좋은 논의라는 것을 알았다."

정치는 시민의 것　　시민은 시끄러워야 한다. 말 많으면 공산당이 아니다. 도리어 말 없으면 공산당이다. 지금 남한이 말이 많을까, 북한이 말이 많을까? 그래서 남한이 더 민주적이고 민주 정부다. 정치는 정치인의 것이 아니다. 정치를 정치인에게 맡겨서는 안 된다. 정치인을 신뢰하지 않으면서 왜 자꾸 맡기려 드는가. 도리어 맡긴 권리를 되찾아야 한다. 가능하면 직접 행사하는 쪽으로 헌정 질서를 바꿔나가야 한다.

또 한 가지. 생활 정치라는 담론에 속아서는 안 된다. 다시 강조하지만 '정치는 시민의 것'이다. 정치가 오로지 소시민의 의식주를 담보해서는 안 된다. 시민 생활 자체가 곧 정치여야 한다. 4년마다 한 번씩 투표장에 가는 것만으로 결코 민주주의가 완성되지 않는다. 생활 정치, 민생 정치는 너무나 뻔한 소리다. 그 말에 속아서는 안 된다. 그리고 현실에서 주먹으로 싸울 게 아니라 말과 글로 싸워야 한다. 더 시끄러워져야 한다. 이것이 민주주의다.

그런데도 우리 사회 일부에서는 공론화 과정을 자유주의적 질서를 위협하는 반자유주의적 포퓰리즘으로 몰아가는 경우가 있다. 이들은 획일주의를 꿈꾼다. 일사불란을 꿈꾼다. 일본 제국주의에서 비롯된 군사 문화의 잔재다. 정치판이나 정치판에 있는 사람들에 대한, 고위 공직자들에 대한 비판과 토론은 더 시끄러워져야 한다.(김대영,《공론화와 정치평론－닫힌 사회에서 광장으로》)

시민에게 있는 언론의 자유는 여러 형태로 표출될 수 있다. 만화가는 만화로, 노래하는 사람은 노래로, 글 쓰는 사람은 글로, 욕설을 좋아하는 사람은 욕설로. 이런 것들이야말로 진정한 의미에서 언론의 자유다. 어떤 사람은 동영상으로 비판할 수 있는 것이 언론의 자유다. 이것이 정치적 언론의 자유다. 시민의 자유다.

유 장관은 무엇이 그렇게 불안할까. 이 정부야말로 시장의 원리를 맹신한다. 그렇다면 '나쁜 주장에 적합한 구제 수단은 좋은 주장'이라는 시장 원리를 왜 채택하지 않을까. 한 누리꾼의 시장 지배력과 유 장관의 시장 지배력의 차이를 생각하면 더더욱 그렇다.

언론의 자유는 무조건 보장돼야 언론의 자유가 무조건 보장되어야 하는 이유는 또 있다. 관용의 정신이다. 내 맘에 들지 않는 발언조차 보호하는 것 자체가 관용이다. 언론의 자유의 또 다른 근거는 용서와 관용에 있다는 말이다.

언론의 자유를 거창하게 생각할 필요는 없다. 공론과 민주주의와 정치적 언론의 가치만 강조할 필요도 없다. 언론은 민주주의의 근본이다. 하지만 언론에는 또 다른 측면이 존재한다. 시민의 상상력이요, 시민의 자기표현이다. 시민은 표현을 통해 자기를 완성하고 자아를 실현해나간다. 그런 시민에게 언론은 자기표현의 수단이다. 자기를 표현하는 일은 인간의 본성이고, 인간의 존엄 그 자체다.

　시민에게 있는 언론의 자유, 언론 기본권이 이토록 귀하고 존엄한 것인데 수사 의뢰라는 형식으로 법의 잣대를 들이대겠다고? 이것은 민주주의 논쟁이 아니다. 이것은 언론의 자유 논쟁이 아니다. 바로 인간의 존엄성에 대한 논쟁일 수밖에 없다. 그래서 반대편의 또 다른 생각을 폭력이라고 규정할 수 있다.

'쪼인트'는 '쪼인트'를 낳는다

폭력의 사용   공진성의 《폭력》에 따르면 군대는 폭력을 전문적으로 '관리'하는 곳이다. 국가는 인간에게 있는 야생의 폭력성을 길들였다가 이 사람들을 다시 군대로 불러 모아 폭력에 익숙해지도록 훈련한다. 그런 다음 국가의 필요에 따라 폭력을 사용하도록 훈련한다.

20세기 초 독일의 사회학자 막스 베버도 현대 국가의 특징을 '특정한 영토 내에서 정당한 물리적 폭력의 독점'에서 찾았다. 학문적 입장에서 마찬가지 맥락이다(우리 사회에서는 '학문적'이라 해도 이 정도의 표현을 하기조차 곤혹스러울 때가 있다. 자기 검열 의식이 작동한다. 그래서 굳이 인용을 찾아 나선다. 근본은 우리 사회의 폭력성 때문인 듯싶다).

대한민국 남자들은 대부분 군대에 다녀온다. 폭력을 경험한다. 이들은 군대에서 겪은 폭력과 자발적이거나 비자발적으로 회복한 폭력성 때문에 고민한다. 교육과 양심과 사회적 훈련을 통해 길들였던 폭력성이 군대에서는 자의적 혹은 비자의적으로 드러날 수밖에 없다.

공진성은 대한민국 남자들은 군대에서 이런 폭력성 발현에 대한 보상 심리로, "그 폭력성을 남성성과 동일시하고, 제대 후에도 그 폭력성을 버리지 못해 주로 자신보다 약한 타자에게 분출하곤 한다"고 말했다. 군부독재 시절 한국 사회 전체는 병영 사회였다. 공진성은 "시민은 이때 이미 학교부터 재폭력화했고, 제대 후라고 해서 특별히 탈폭력화하지도 않았다"고 했다.

가정에서는 가부장제에 기초한 폭력이 난무했고, 학교에서는 사랑의 매라는 이름으로 폭력이 난무했으며, 사회에서는 질서라는 이름으로 수많은 폭력이 유지됐고, 심지어 국가마저 국가 폭력의 가해자가 되는 경우가 많았다. 국가 폭력의 시대였다.

'쪼인트' 까인 김재철 사장　　　김우룡 방문진 이사장이 "MBC 김재철 사장이 '큰집'에 불려가 쪼인트 맞고 깨진 뒤 좌파를 정리했다"고 했다. '쪼인트 까다'가 유행어가 됐다. 교련 시간이나 군대에서 쪼인트 까이지 않은 대한민국 남자가 몇이나 될까.

쪼인트 까기는 군대 폭력의 산물이다. 그 군대는 일본제국 황군에게서 배웠다. 군대 폭력은 미군에게서 배운 게 아니다. 미군 사회에 우리 군과 같은 폭력은 없다. 군이라고 인권이 무시될 리 없다. 아무리 합법적인 폭력을 행사하는 집단이라도 자기 내부에 폭력을 행사할 권리는 없다. 쪼인트 까기와 같은 군대 폭력은 대부분 일본제국 군대에게서 배운 것이다. 일본 육사에 다녔거나, 일본 헌병에서 일했거나, 독립군을 토벌하러 다니던 친일파가 나중에 독립된 대한민국 군대에 퍼뜨린 추악한 친일의 잔재다.

일본군에게서 배운 한국군의 폭력 문화　　　일본제국 군대에 대해 연구한 이창위 교수가 있다. 그는《일본제국 흥망사》에서 오에 시노부의 〈천황의 군대〉를 인용, 일본군의 혹독한 훈련에 대해 적었다.

"신참들을 세워놓고 서로 때리게 하는 대항 뺨 때리기라는 방법도 있었다. 또 엎드려 뻗친 자세에서 팔을 굽힌 채로 버티게 하기, 그 자세에서 발끝을 침대 위에 놓게 하여 고통을 가중하기, 총기와 같이 무거운 물건을 들고 손을 뻗게 하기 등의 방법도 있었다. 그 외에 누운 병사 위에 침구를 깔고 여러 명이 올라타기, 선반 밑에 쪼그린 채 부동자세로 세워놓기, 기둥에 오르게 하여 한 손으로 코를 잡고 매미 울음소리를 내게 하기, 군화 두 짝을 끈으로 연결하여 목에 걸고 바닥을 기게 하기 등과 같은 기상천외하고도 비인간적인 기합도 심심찮게 행해졌다."

군대에 다녀온 분들은 전혀 낯설지 않을 것이다. 놀랍지 않은가? 1930~1940년대 일본군의 전통이 얼마 전만 해도 우리 군에 그대로 계승되었다는 사실 말이다. 다음은 아사히신문 1979년 11월 12일자에 실린 당시 일본 해군에 복무한 미야우치 간야라는 사람의 회고로, 이창위 교수가《일본제국 흥망사》에 인용했다.

"저녁에 갑판 청소가 끝나면, 하사관이나 병장 계급의 고참들에게서 '순검巡檢 후 병사兵舍 앞에 전원 집합'이라는 명령이 떨어진다. 상등병 이상의 신병들이 지정 시각, 지정 장소에 정렬하면 '어제, 오늘 해군에 들어온 놈들'이라든지 '가만히 놔두니까 기어오르려고 하고' 등등의 상투적인 설교를 한 뒤, '전열 일 보 앞으로, 후열 일 보 뒤로' '양팔 간격으로 벌려' '발 벌리고 손은 위로'라는 호령이 떨어진다. 이어서 고

참들이 온 힘을 다하여 신병의 둔부를 군인정신주입봉으로 구타하는 음참한 소리가 밤하늘에 울려 퍼진다. 다음 날, 목욕을 하려고 보면 각 부대원의 둔부가 보라색으로 부어올라 있었다. 꽁무니뼈가 부서져 사망한 동료도 있었다.”

저녁점호 끝나면 고참이 불러내 장교들 묵인 하에 군기 잡던 그때 그 시절 얘기 아닌가.

부끄러운 폭력의 일상화　　　　폭력의 일상화다. 이런 전통은 부끄럽게 도 상당 부분 우리 군대로 이어졌다. 얻어 맞고 동물 취급당하던 일본군은 이런 폭력성을 피압박민족인 우리나라나 중국 사람, 미군 포로들에게 퍼부어댔다. 극단적인 만행으로 이어진 것이다. 이에 대해 이창위 교수는 ‘억압의 전위’라고 설명한다. 동의한다.

다시 정리한다. 일본군의 극단적인 폭력성이 일본 군대에 강제징집 되었거나, 자의로 만주 군관학교 혹은 일본 육사에 다녔거나, 일본군에 자원입대한 친일파를 통해 한국군에 전파된다. 한국군에서도 폭력은 일상화된다. 사회의 폭력성과 군대의 폭력성이 결합된다. 군대의 폭력성은 자연스럽게 사회로 이전되고, 탈폭력화되기는커녕 재폭력화된다. 가정과 학교와 사회와 직장과 국가가 폭력화된다. 힘 있는 사람은 가해자가 되고, 힘없는 사람은 피해자가 된다. 이런 폭력성은 쉽게 버려지지 않는다. 폭력의 기억은 언제라도 인간을 나약한 초식동물로 만든다.

김우룡은 폭력을 찬양했고, 어떤 사람은 폭력을 행사했으며, MBC

사장은 그 폭력의 일시적 피해자가 되었다가 폭력성을 MBC 직원들에게 이전한다. 피해자적 지위에서 가해자적 지위로 올라선다.

인간이 인간일 수 있는 이유는 먹이사슬에서 해방된 데 있다. 힘과 폭력에 기초한 생존 법칙에서 자유로워진 데 있다. 그런데 다시 폭력의 메커니즘이 우리 사회를 지배한다. 그것도 보통 직장도 아닌, 잘나고 똑똑하고 건강한 기자와 PD들이 모인 직장에서. 그렇다면 나머지 사회야 어떻겠는가. 두렵다.

육군, 해군, 공군 그리고 골프군

북한이 남침할 수 없는 이유　　이런 농담이 있었다.

　　　　"북한이 남침할 수 없는 이유가 있다. 수도권에는 총알택시가 집중적으로 배치되어 있다, 골목마다 대폿집이 있다, 남자들은 폭탄주를 마신다, 집집마다 핵가족이 있다……."

뭐 이런 식이다. 또 다른 농담이 있었다.

"북한이 남침할 수 없는 이유가 있다. 단기 사병 이른바 '방위병' 때문이다. 1980년대 방위병은 도시락을 싸들고 다니기 때문에 도무지 보급선을 차단할 수 없었고, 지금 방위병은 도대체 어디에 근무하는지 알 수가 없다는 거다. 밤에는 나이트클럽에도 있고, 당구장에도 있고…… 이런 식으로 퇴근 후 행적이 묘연해 어떤 첩보 체계에도 걸리지 않기 때문에 전쟁을 할 수가 없다."

골프군이 있다　　　또 다른 이유가 생겼다. 골프대군이 있다. 분대도
아니고, 소대도 아니고, 중대도 아니고, 대대도 아
니고, 연대도 아니고, 여단도 아니고, 사단도 아니고, 군단도 아니다.
사령부를 몇 개 합한 수준이다. 2008년 59만 2371명에 이르는 현역이 군
골프장을 이용했다. 평일에 골프를 친 것으로 기록된 현역 간부만 1만
명 수준이다. 군이 말하는 '야전성'은 필드라고 생각했는데, 그 필드가
골프장이라는 걸 이제야 알았다.

잘못했다. 하지만 문제의 본질은 다른 데 있다. 일과 중 골프, 잘못
됐다. 당연히 문제가 있고 고쳐야 한다. 그런데 죄명이 '무단이탈'이
다. 전투 체육의 일환이라고 생각했을 때 과연 이들을 무단이탈로 처
벌할 수 있을까. 가장 큰 문제는 사법 처리의 예측 가능성 여부다. 지
금까지 가만히 놔두다가 어느 날 갑자기 처벌하겠다고 나섰고, 그것도
구속이라는 무조건적인 강제수사다. 즉흥적인 대응이다. 구속을 수사
의 형식으로 활용한 것이 아니라, 처벌의 수단과 징벌로 활용했다. 무
죄 추정의 원칙에도 어긋나고, 불구속 수사의 원칙에도 어긋난다.

군의 이런 버릇은 어제오늘 일이 아니다. 불온서적이라며 금서 목록
을 정했다. 이에 대해 헌법 소원을 제기하자, 해당 법무관들을 극형에
가까운 징계처분 하는 것으로 맞섰다. 이번에도 미리 경고하지 않은
지휘관이나 법무관들의 책임은 잠시 제쳐두고 군의관들을 구속하는
것으로 대응했다. 20명에 가까운 군의관이 구속되었다. 사실 군에서
군의관들은 군기 빠진 군인의 상징으로 비춰지는 측면이 있다. 하지만
10~20년 동안 그냥 두다가 어느 날 갑자기 구속으로 맞서면 어느 누가
이런 사법 관행에 동의할 수 있을까.

군의관들이 도주나 증거인멸 가능성이 있다고?

증거인멸 할 우려도 없다. 군인이라는 복무 자체가 사실상 주거의 제한을 전제하기 때문에 도주 가능성은 더욱 없다. 그리고 36개월을 근무하고 4월 말 전역을 앞둔 장교들을 무단이탈로 구속했다. 무단이탈은 군형법 중에도 가장 경미한 죄에 속한다. 범죄에 합당한 처벌이라는 비례의 원칙은 이 사건에 제대로 적용되었을까. 무죄 추정의 원칙, 불구속 수사의 원칙은 어디로 갔을까.

필자가 군 생활할 때도 그랬지만, 얼마 전만 해도 군대에는 전투 체육의 날 행사가 있었다. 수요일 오후에는 축구나 족구, 테니스 등을 통해 전투력도 증강하고, 체력도 증진하는 쪽으로 운영되었다. 사병들은 세상의 흐름에 맞게 축구나 족구를 하고, 장교들은 점차 군 골프장에서 골프를 치기 시작했다. 이런 현실이 이번 사건 수사에 충분히 반영되었을까. 더구나 군은 무슨 목적으로 골프장을 32개나 사고 있을까. 공군이 14개, 육군과 해군이 5개씩이다. 골프가 사회에서 스포츠로 자리 잡더니 군에서는 장교들의 전투 체육이 된 것인가.

가장 힘없는 병과라는 의무병과

또 다른 염려가 있다. 처벌의 형평성 여부다. 자칫 가장 힘없는 병과라는 의무병과만 혼쭐이 나고, 기무나 헌병, 법무 등 힘 있는 병과는 빠져나갈 가능성은 없을까. 힘 있는 장성급은 쉽게 빠져나가는 게 아닐까. 일관성 있고 형평에 맞는 수사 원칙이 흔들릴 기미도 보인다. 워낙 많은 간부들이 관련되다 보니 뒷수습이 염려되기 시작한 것이다. 군이 처벌하겠다면 법정 구속해도 늦지 않다.

다시 강조하거니와, 잘못했다. 그리고 잘못된 일이다. 당연히 고쳐야 한다. 하지만 모든 것을 구속이라는 강제수사의 형식을 빌려 폭력적으로 해결하려는 방식은 맞지 않다. 2008년 이래 우리 사회가 모든 문제를 폭력과 강제력, 이른바 공권력을 통해 법과 질서를 유지하겠다는 쪽으로 변질되고 있는데, 이번 사건도 그 맥락에서 한 치도 벗어나지 못한다. 굳이 재판을 받아야 한다면 불구속으로 재판 받게 하라. 징역형을 선고해야 한다면 그때 가서 법정 구속해도 늦지 않다.

제빵에 동원된 **사병들,** 국방부가 아니라 **'국빵부'**다

빵 만드는 군인들　　　강원 중동부 전선의 경계를 맡고 있는 전방 보
　　　　　　　　　　　병사단이 지난해 말부터 사병을 동원, 하루
2000~3000개씩 단팥빵과 곰보빵 등을 만들어 장병들을 대상으로 판매
해온 사실이 드러났다. 2009년 3월 23일자 뉴시스 보도다.

　　1800년대 초 프랑스, 황제 나폴레옹의 러시아 원정 시절 일이다. 프랑스
인들은 전쟁터에서도 최고의 제빵사였다. 군인들은 누구보다 좋은 빵을
먹을 수 있었다. 밀과 호밀을 2:1로 섞고 밀기울이 20퍼센트 제거된 빵이
었다. 병사들의 빵은 급히 굽느라 수분 함량이 조금 높다는 점을 제외하고
는 식도락가를 위한 빵으로도 손색이 없을 정도였다.

　　"프로이센군의 빵처럼 시큼한 냄새가 나지도 않았고, 오스트리아군의
빵처럼 오래된 밀가루 특유의 퀴퀴한 냄새를 감추기 위해 수상쩍은 조미
료를 잔뜩 섞은 것도 아니었다. 프랑스 병사들의 빵은 빛깔이 현저하게 희
고 단단했으며, 탄력 있고 얇은 껍질 속에 작은 구멍이 촘촘히 나 있었다."

문제는 보급이었다. 지나치게 빠른 기병대의 진군 속도에 한없이 늘어진 병참선이 그 속도를 맞추지 못한 것이다.

"프랑스가 패하기 5년 전인 1807년, 나폴레옹 황제는 탄식했다. '빵만 충분하다면 러시아를 쳐부수는 것은 아이들 장난인데…….' 그는 문제를 분명히 직시하고 있었다. 그러나 막상 때가 오자 그는 뜻밖의 실수를 저지르고 말았다. 너무 빨리 진격한 나머지 빵을 실은 마차들이 미처 기병대를 따라오지 못한 것이다."

나폴레옹의 군대를 무너뜨리는 데는 강추위보다 빵의 부족이 큰 역할을 했던 것이다. 한때 프랑스 병사들은 멀쩡한 밀 다발을 야영장의 모닥불에 던져놓고, 좋은 빵의 속만 파먹고 나머지는 땅바닥에 굴리곤 했다.

하인리히 E. 야콥, 《빵의 역사》

국방부가 나폴레옹의 예를 통해 장병들에 대한 빵 보급의 '중요성'과 '필요성'을 절감했다는 말일까. 그래서 직접 제조와 보급에 나섰을까. 경제 살리기에 군도 동참해야 했을까. 자급자족 경제를 실현하려 했을까. 그래서 개당 300원씩 하루에 100만 원 가까운 매출을 올려야 했을까.

아찔한 국방 의식, 인권 의식   법과 질서라는 국방부 장관의 지침은 어디로 탈영했을까. 불법인 줄 뻔히 알았을 텐데, 불법으로 빵을 만들고 팔았다는 것인가. 더구나 국방부는 금서 목록에 대한 군법무관들의 헌법 소원마저 명백한 불법이라며 징계했는데, 어떻게 전방 사단은 이런 법질서를 외면할 수 있었을까. 나아가 왜 아직까지 장교들은 사병土兵을 사병私兵으로 생각하는 악습이 남아 있을까. 사병들은 뭐든지 시키면 해야 하는 존재인가. 신성한 국방의무를 수행하는 젊은이가 아니라 제멋대로 부려도 되는 일꾼인가.

한 가지 더. 왜 여전히 미셸 푸코의 지적처럼 자율과 질서가 아닌, 사병들에 대한 감시의 개념에서 벗어나지 못하고 있을까. 무엇보다 국방과 인권과 정당한 명령이라는 군의 기본적 가치는 어디로 사라졌을까. 빵을 만들고 팔기 위해 국가는 젊은이들을 소집했고, 부모들은 아들을 군대에 보냈고, 그 아들은 군대에 가야 했을까. 소소한 일이라고 치부할 수도 있겠지만, 그 안에 깃든 국방과 인권에 대한 몰가치를 묵상하지 않을 수 없다.

대통령의 밥값은 **누가 낼까**

백악관은 임대주택   얼마 전《내셔널지오그래픽》한국판을 읽다가 재미있는 기사를 보았다. 대통령의 밥값은 누가 낼까? 세금일까, 아니면 자기가 낼까? 미국 대통령의 일상에 대한 흥미로운 기사가 있어 소개한다.

백악관은 대통령 전용 임대주택이란다. 전직 백악관 수위장 게리 월터스의 말이다. "백악관은 대통령 전용 임대주택인 셈이죠. 4년 아니면 8년짜리." 우리도 이런 인식이 중요하다고 생각한다. 대통령이 청와대의 주인이 아니다. 임차인일 뿐이다. 임대인은 국민이다.

대통령이 바뀌면 백악관이나 청와대 직원들이 다 바뀌어야 하나? 미국은 그렇지 않다. 게리 월터스는 백악관에서 31년 동안 근무했다. 그리고 월터스 밑에는 집사, 플로리스트, 배관공까지 90명이나 있었다. 어느 때가 가장 힘들까? 역시 이임식과 취임식이 동시에 치러지는 날이다. "전임 대통령 가족이 오전 10시에 떠나고, 같은 날 오후 4시에 신임 대통령 가족이 들어오는 1월 20일이다."

구체적으로 빌 클린턴 전 대통령 이야기를 들어볼까?

"빌 클린턴은 이·취임식이 있던 2001년 1월 20일 새벽 4시까지 집무실에 머물렀다. '본인이 정리할 책상 속 물건들이 있었던 거죠.' 그는 대통령이 잠자리에 들고 나서야 직원들과 함께 집무실로 들어가 조지 W. 부시 대통령을 맞기 위해 정리를 시작할 수 있었다."

백악관은 2층에 가족용 부엌이 있다. 하지만 직접 요리한 가족은 드물었던 모양이다.

"클린턴 가족은 연회가 끝나면 남은 샴페인을 2층 주방으로 옮겨놓고, 남은 음식을 냉장고에 보관했다가 먹었다. 그러나 대다수 대통령 가족은 백악관 요리사들이 짜둔 주간 식단표에서 메뉴를 골랐다."

가족 식사, 세탁은 개인 비용 다시 처음 질문으로 가볼까? 공식 파티는 세금으로, 대통령 가족의 세끼 식사와 친구를 불러서 하는 식사는 개인이 부담하는 것이 미국의 관례다.

"국빈을 위한 정찬이나 의원들을 위한 바비큐 파티, 휴일에 열리는 외교사절단 환영회 등은 국민 세금으로 충당하지만, 대통령 자신과 가족이나 개인적인 손님을 위한 식사는 모두 대통령 개인이 부담한다."

세끼 밥은 백악관 직원들이 해주고, 식자재 비용을 대통령에게 청구하는 거다.

"대통령들이 백악관으로 들어와서 처음 몇 달 동안 식사비 청구서를 받고 놀라는 일이 많다. '하나같이 불평을 하더군요.' 월터스는 지미 카터 대통령의 영부인 로잘린 여사가 식사비에 놀라던 장면이 특히 생각난다고 말했다. '그녀는 조지아 주 출신인데 당시 그곳의 물가가 워싱턴 D.C.보다 쌌거든요. 생각해보세요. 하루아침에 메뉴가 일류 요리로 바뀌는데, 요리에 올리는 장식만 해도 어떻겠어요. 레스토랑에서 먹는 것만큼 돈이 많이 들죠.'"

대통령이 입는 옷의 세탁 비용은 어떻게 할까? 공식 업무에 속한다고 보아 세금으로 처리해야 할까?

"드라이클리닝 비용도 대통령 가족 개인 부담이다. 다만 옷을 근처에 있는 일류 세탁소로 보내는 일은 직원들의 몫이다. 대통령 가족의 셔츠나 시트, 수건은 백악관에서 세탁한다. 정장은 대통령이 매일 옷장에서 직접 골라 입는다."

미국인의 철저한 공사公私 구분과 합리성이 느껴지는가?

청와대는 어떻게 할까　　그러면 우리나라는 어떠할까? 나도 자세히 알지 못한다. 청와대에 대한 국정감사는 국회운영위원회가 담당하는데, 나는 원내 부대표를 해보지 못해 운영위원회 역시 들어가지 못했다. 청와대 감사를 해본 적이 없어서 잘 모르지만 대통령의 식비, 친구를 불러서 소주잔을 기울인 비용, 세탁 비용……아마 청와대가 지불할 거다. 다시 말해 세금으로 지불되는 것이다.

대통령이 임차인이라고 생각하는 미국, 물론 백악관 건물이 미국 저택 가액에서 가장 비싼 집이다. 미국 돈으로 약 3억 8000만 달러, 우리 돈으로 4940억 원이라고 한다.(매일경제 2009년 1월 10일자) 이 비싼 집의 임대인이 아니라 임차인이다. 우리는 소유자 행세를 한다. 거기서부터 차이가 시작되어 1년쯤 지나면 시민에게서 차츰 멀어지는 게 대한민국의 현실이다.

박지성 세금 50퍼센트, 영국은 공산국가?

박지성의 세금 40퍼센트에서 50퍼센트로 박지성(맨체스터 유나이티드)
의 세금이 올랐다. 4월부터
수입의 반을 세금으로 내야 한다. 맨유에 입단했을 당시만 해도 40퍼센
트였던 세금이 43퍼센트로 오르더니, 2010년 4월부터 50퍼센트로 오른
것이다.

이렇게 설명할 수 있다. 자본주의 종주국이라는 영국은 이제 시장경
제가 아니다. 공산주의다. '한국적 보수 언론'의 '빨간' 색안경으로, '한
국적 자본주의'라는 '이념'의 잣대로 영국의 세금 제도를 평가하면 영
국은 분명 공산주의다.

이것이야말로 세금 폭탄이다. 영국은 부자를 적대시한다. 창의력을
말살한다. 이런 나라에서 축구 하고 싶겠는가. 이것은 반시장주의요,
계급투쟁이다.

'빈민에 의한, 빈민의 스포츠' 축구

1990년대까지 영국의 지식인들은 축구를 속물적인 경기로 생각해 경멸했다. '중산층의 지도자'라 자처한 신자유주의 지도자, 마거릿 대처 전 수상도 축구에 오만한 태도를 보였다.

지금 우리나라에서 '방송 시장', 아니 '시장 방송'의 모델로 생각하는 사람이 있다. 방송 재벌 루퍼트 머독이다. 프랭클린 포어의 《축구는 어떻게 세계를 지배했는가》에 따르면 머독이 맨체스터 유나이티드를 사들이려고 하기 전에, 그가 소유한 신문 선데이타임스는 축구를 '빈민에 의한, 빈민의 스포츠'라고 낙인찍었던 것으로 유명하다.

'빈민'에 의한, '빈민'의 스포츠에 어떻게 세금을 50퍼센트나 매길 수 있단 말인가. 이제 영국 프리미어리그는 죽었다. 왜냐하면 공산주의라서. (맨유를 떠나 스페인 프리메라리가 레알 마드리드에서 뛰는 골잡이 크리스티아누 호날두는 스페인 법에 따라 고작 24퍼센트를 세금으로 낸다. 그렇다면 그는 공산주의국가를 떠나 시장경제 국가로 이적한 셈이다. 최소한 '한국적 보수 언론'의 시각으로는 그래야 맞다.)

미국은 최고 세율이 91퍼센트인 시절도 있었다

미국이 '부자들의 천국'이던 1920년대, 소득세 상한선이 24퍼센트였고, 상속세는 20퍼센트 정도였다. 부자들은 자신의 왕국을 유지하는 데 아무런 문제가 없었다.

그러나 대공황이 상황을 바꿔놓았다. 뉴딜 정책이 시작됐다. 소득세 상한은 루스벨트 대통령의 첫 번째 임기 때 63퍼센트, 두 번째 임기 때 79퍼센트까지 올랐다(오늘날에는 35퍼센트). 1950년대 중반 미국은 냉전 비용을 충당하기 위해 세금을 91퍼센트까지 올렸다. 상속세도 마찬가지다. 상속세 상한은 20퍼센트에서 출발해 45퍼센트, 60퍼센트, 70퍼센트, 결국 77퍼센트까지 올랐다. 부는 이런 정책을 통해 적절히 분산됐다. 물론 지금의 미국이 아니다. 과거의 미국이다. 그렇다고 이런 과거 때문에 미국을 공산국가라고 손가락질한 사람은 아무도 없다.

노벨 경제학상을 받은 폴 크루그먼은 《미래를 말하다》에 다음과 같이 썼다.

"1936년 대통령 선거 하루 전 매디슨스퀘어가든에서 프랭클린 루스벨트가 연설한 내용을 접한다면 요즘의 진보주의가 얼마나 조심스럽고 소심하며 예의바른지 새삼 느낄 수 있다. 요새 최저임금 인상이나 부유층의 세금 인상에 동의하는 사람들은, 자신이 부에 대해 나쁜 감정은 없으며 계급투쟁을 선포하려는 것이 아님을 국민에게 확실히 이해시켜야 한다. 그러나 프랭클린 루스벨트는 막대한 부를 죄인 취급하며 전면적으로 비판했다."

"우리는 오랫동안 평화를 위협하는 적, 즉 산업과 금융 분야의 독점, 투기, 분별없는 은행의 관행, 계급 간의 대립, 파벌주의, 전쟁으로 부당이득을 챙기는 이들과 투쟁해야 했습니다. 그들은 미국 정부를 자기 사업의 조력자 정도로 생각했습니다. 조직적으로 조성된 자금 위에 세워진 정부는 조직범죄단이 만든 정부만큼 위험한 법입니다. 미국 역사상 그들이 지금처럼 한 후보에 대항해 이렇게 힘을 모은 적이 없습니다. 그들은 저를 증오합니다. 그러나 저도 그들과 싸울 준비가 되었습니다."

루스벨트는 참 용감했다. 지금 대한민국 일부 보수 언론의 시각으로 보면 계급투쟁을 선동하는 내란죄의 수괴다. 국가보안법 위반이다. 미국은 이런 과정을 통해 힘겹지만 중산층의 기초를 닦아나갔다. 어려운 때일수록 힘들게 나누었다. 영국도 마찬가지다. 지난번 금융 위기는 증세의 여건이 됐다. 박지성도 피할 수 없는 영국의 납세자가 된 것이다. 그렇다면 박지성은 한국식 표현으로 '세금 폭탄의 피해자'다. 박지성은 피폭자다.

우리 소득세의 진실   우리나라 소득세율은 OECD 국가에서 중간 정도라고 평가된다. 현재 최고 세율은 35퍼센트로, 2007년 근로소득이 8000만 원 이상인 경우에 적용된다. 그렇다면 소득세 35퍼센트는 8000만 원 전액에 일률적으로 35퍼센트인가. 예를 들어 8001만 원을 받는 월급쟁이는 무조건 2800만 3500원을 세금으로 납부해야 하는가. 아니다. 두 가지 이유가 있다.

첫째, 각종 소득공제 제도가 있다. 의료비 공제, 교육비 공제 등 여러 공제를 제하면 당연히 기본 금액 자체가 달라진다.

둘째, 35퍼센트는 8000만 원 자체가 아니라 8000만 원을 넘는 액수에 대한 세율이다. 그래서 8000만 원까지는 세율이 더 낮고, 8000만 원을 넘는 액수에는 세금이 35퍼센트로 늘어난다. 바로 이 부분에 오해가 집중되고 있다. 전문가들의 계산에 따르면, 소득공제를 감안하지 않고도 연봉 9000만 원이 넘는 사람에게 적용되는 세법상의 소득세율이 22.5퍼센트에 불과하다.

좋은예산센터 소장을 맡고 있는 고려대 김태일 교수는 〈소득공제의 허와 실〉에서 이런 차이가 생기는 원인을 다음과 같이 설명했다.

"최고 세율 35퍼센트는 총소득 중에서 8000만 원을 초과한 액수에만 적용되기 때문이다. 가령 연봉이 9000만 원이라면 1000만 원에만 35퍼센트가 적용된다. 나머지 8000만 원에는 1000만 원 8퍼센트, 3000만 원 17퍼센트, 4000만 원 26퍼센트가 적용된다. 아는 사람은 알지만, 많은 사람들이 모르는 사실이다."

사정이 이런데도 세금이 많다고 난리다. 보수의 색안경을 끼는 순간, 세금은 의무가 아니라 폭탄이다. 부자에 대한 선전포고다. 계급투쟁이다. 반시장주의자다. 성장보다 분배만 노리는 자들이다. 결국 시장경제의 적이다. 보수 언론은 늘 그렇게 프레임을 짜고 유도한다.

일부 보수 언론은 지난 10년의 정권을 공산주의 이념에 바탕을 둔 좌파 정권이라고 비난한다. 한국지방재정학회 회장을 맡고 있는 서경대 유경문 교수는 노무현 행정부의 한복판인 2005년 기준 대한민국은 GDP 대비 국민 부담률(조세 부담+사회보장 부담금)이 약 25퍼센트 수준인 데 반해, 미국은 약 27퍼센트, 영국은 약 37퍼센트, 이탈리아는 약 41퍼센트, 프랑스는 약 44퍼센트였다.

그런데도 일부 보수 언론과 재벌의 싱크 탱크는 우리 모두 세금 폭탄의 희생자인 것처럼 유도한다. 이것이야말로 악의와 광기에 가득 찬 포퓰리즘이다.

요즘같이 어려운 때, 박지성은 우리에게 희망이다. 박지성의 표현을 빌리면 박지성 '때문에' 견디고 사는 것 같다.

세계는 지금 '조세 피난처와 전쟁'

조세 회피와 전쟁　　　세계는 지금 탈세의 주요한 수단인 '조세 피난처 tax haven'와 전쟁을 시작했다. 부시 행정부가 '테러와 전쟁'했다면, 오바마 행정부는 어쩌면 '조세 회피와 전쟁'하는 것일수 있다. 이 전쟁에 나선 국가는 미국뿐만 아니다. EU가 그렇고, 그중영국과 독일이 대표적이다. 영국의 고든 브라운 총리는 2009년 4월 2일런던에서 열리는 G20 정상회의에서 이 문제에 대해 각국 정상에게 협조를 당부했다. 이 문제는 결국 우리의 문제도 될 수 있다. 테러와 전쟁과 달리 국제적 연대성이 강화될 수 있는 부분이다.

　영국 일간 가디언은 2009년 2월 19일, "조세 피난처를 활용한 탈세규모가 영국 한 곳에서 37억~130억 파운드(약 7조 900억~27조 8000억 원)에 달한다"고 보도했다. G20 국가의 사례를 모두 합치면 조세 피난처에 따른 세입 손실이 1000억 파운드에 달한다고 추정했다. 지난 2007년발표된 자료에 따르면, 미국의 해외 세금 포탈 tax evasion 손실 규모는 연간 1000억 달러다. 개인 400억~700억 달러, 기업 300억 달러 등을 포함한 금액이다.

　수단은 크게 두 가지가 동원된다. 하나는 스위스 비밀 계좌에 대한 정보 공개, 다른 하나는 조세 피난처에 대한 직접적인 압박이다.

금융 위기가 왔다　　그렇다면 왜 하필 이 시점에서 '탈세와 전쟁'인가. 첫째, 금융 위기로 인해 세금 한 푼이 아쉬운 형편이기 때문이다. 감세에 따른 재정 적자 규모가 갈수록 확대되는 것도 주요한 이유다.

　둘째, 가디언의 분석을 그대로 인용한다. 신문은 먼저 "(조세 피난처를 이용한) 세금 회피 뒤에는 정부가 세금을 많이 거둬 공공복지에 쓰는 것을 옳지 않다고 보는 미국 신보수주의 이데올로기가 깔려 있다"고 본다. 그렇다면 신보수주의가 몰락해가는 지금이야말로 조세 피난처 문제를 해결할 수 있는 절호의 기회다. 그래서 가디언은 진보 성향의 언론답게 "지금 세금 회피를 끝장내지 못하면 영원히 못 한다"고 주장하는 것이다.

　이 중심에 오바마 미국 대통령이 있다. 오바마 대통령은 상원의원 시절이던 2007년 2월 칼 레빈, 노먼 콜맨 의원과 함께 '조세피난처악용방지법안Stop Tax Haven Abuse Act'을 제출했다. 2007년 2월 17일 칼 레빈의 홈페이지에 실린 글에 따르면 당시 오바마는 "이것은 공평과 통합에서 기본적인 이슈다. 우리는 조세법을 악용하는 개인과 기업을 단속할 필요가 있고, 이를 통해 열심히 일하고 법을 준수하는 사람들이 피해 당하지 않도록 해야 한다"고 말했다. 조세피난처악용방지법안은 "레빈과 콜맨, 오바마가 지난 의회에서 제출한 조세 개혁안의 업그레이드 판"이라고 평가됐다. 이런 일관성은 후보 시절에도 유지되었다. 2008년 1월 뉴햄프셔 주 맨체스터에서 열린 민주당 대통령 후보 토론회에서 오바마는 "케이맨제도에 가면 미국 기업 1만 2000개가 입주한 건물이 있다. 그 건물은 세계 최대거나 세계 최대의 세금 사기^{tax scam} 중 하나다. 우리는 사실을 알고 있다"고 말했다.

조세원칙은 공평성　　다음은 오바마 전 상원의원이 공동 제출한 법안의 주요 부분이다.

• 미국 조세 포탈을 위한 가능한 지역이라고 미국 국세청^{IRS} 재판소에 올려진 34개 지역을 목록화해서, 해외 비밀 관할 지역^{Offshore Secrecy Jurisdictions}을 이용하는 미국 납세자들에게 강경한 요건을 부과한다.

• 재무부에 조세 집행을 방해하는 해외 조세 피난처와 금융기관을 특별 제재할 수 있는 권한을 부여한다.

• 조세 피난처 선동자(기획자)들에 대한 처벌을 강화한다. 최대 벌금을 부당이득의 150퍼센트 정도로 올리고, 해외에 보유한 주식을 숨기는 기업 내부자들은 미국 보안법 위반 시 최대 100만 달러까지 벌금을 높인다.

• 조세 피난처 특허를 금한다. 미국 특허청이 "연방·주·지방·해외 조세에 대한 책임성을 최소화하고, 회피하며, 지연하는 등의 목적으로 설계된 발명"에 특허를 내주지 않도록 해야 한다.

• 헤지펀드 등이 다른 여타 미국 금융기관처럼 미 재무부가 발행한 규칙들에 의거해, 반^{anti} 돈세탁 프로그램을 만들도록 한다.

미 상원은 2003년부터 특별위원회를 설치하고 전문가를 동원해 조세 피난처, 조세 회피, 탈세 등에 대해 심도 있는 조사를 진행했다. 법안으로 정리된 결론은 "정직한 미국 납세자들이 부적절한 무거운 짐을 지기 때문"에 공평fairness이라는 관점에서 규제할 필요가 있다는 것이다. 결국 조세의 대원칙인 공평이라는 관점에서 접근하는 것이다. 사실상 국제간 자금 거래나 조세 피난처를 통한 조세 회피는 '조세의 사각지대'에 놓인 것이 현실이다. 그런데 금융 위기와 신보수주의의 퇴보 앞에서 이런 흐름이 분명하게 반전되고 있다. 우리도 이런 흐름을 놓치지 않는 가운데 국제 공조에 나서야 한다.

하버드대학과 홍익대학의 두 정의 이야기

대학의 정의   2011년 새해 첫날 해고된 홍익대 청소·경비·시설 관리 노동자들이 고용 보장을 요구하며 점거 농성을 벌이고 있다. 이런 가운데 학교 측이 계약 연장을 포기한 청소·경비·시설 관리 업체 두 곳을 대신할 새로운 용역 업체 선정에 나섰다고 한다. 동국대학교는 고용 승계를 하기로 결정했는데, 홍익대는 해고된 노동자들에 대한 고용 승계 조건 없이 입찰 조건을 제시하고 있다.

홍대 청소 노동자들은 법정 최저임금 이하에 하루 11시간씩 중노동을 하면서도 제대로 대우 받지 못했고, 이를 개선하고자 학생들의 도움을 받아 노조를 결성했다. 이들이 바라는 것은 최저임금, 폭언 금지, 식비 지급, 식사 공간 마련, 휴가 등 일하는 사람이 최소한 누려야 할 것들이다. 그러나 돌아온 것은 새해 첫날 170명 집단 해고다. 해고자들은 "학교 측이 용역 업체에 최저임금에도 못 미치는 인건비로 계약 연장을 요구해 무더기 해고 사태를 불러왔다"며 고용 승계와 노동조건 개선을 요구하지만, 홍익대 측은 "직접 고용자가 아니어서 이들과 협상할 수 없다"고 맞서고 있다.

　대학의 청소 노동자 사태는 어제오늘의 일이 아니다. 대학은 비용 절감을 이유로 용역 업체를 통해 청소 노동자를 고용하고, 영세 용역 업체들은 업체 선정을 받기 위해 더 낮은 노동조건을 제시하는 악순환이 반복되고 있다. 이런 조건에서 청소 노동자들은 최소한의 권리를 지키기 위해 노조를 결성했고, 그것이 계약 해지 사유가 되었다.

　한양대 역시 청소 노동자들이 노조를 결성하자마자 용역 업체가 바뀌었다. 연세대와 고려대는 2010년 12월, 청소 노동자들 모르게 용역 업체를 바꾸기 위해 입찰 설명회를 진행하려다가 노조의 항의로 무산되었다. 동국대 청소 노동자들도 2010년 10월 29일, 학교가 느닷없이 용역 업체를 바꾸는 바람에 90여 명이 해고 통보를 받았다. 다행히 이들은 추운 날씨에 삭발, 학교 점거 농성 등을 벌여 학교 측에서 고용 보장 약속을 받아냈다. 2010년 한양대, 연세대, 성신여대 능 청소 노동자들은 학교 측의 용역 업체 변경으로 해고 위기에 놓였다가 점거 농성을 벌인 끝에 고용 보장을 약속받았다.

도대체 정의란 무엇인가　　　2010년 출판계의 가장 큰 뉴스는 하버드대 마이클 샌델 교수의 《정의란 무엇인가》 판매 열풍이다. 투명사회를위한정보공개센터 하승수 소장은 2010년 11월 11일자 프레시안에 기고한 〈'정의란 무엇인가'를 생각한다〉에서 샌델 교수의 책은 현실에서 첨예한 논쟁이 벌어졌던 안락사, 장기臟器 거래, 징병제, 대리모 등에 관한 사례를 통해 학생들에게 사고력 훈련, 지적 훈련을 시키기 위한 '정의에 관한 고난도의 지적 유희'라고 말한다. 그런데도 하버드대에서는 정의를 지적 유희가 아닌 현실 속에서 찾으려는 치열한 노력이 계속되었다고 덧붙였다.

2001년 하버드대에서는 학생들이 참여한 가운데 '내가 지금 있는 곳에서 정의'를 찾는 캠페인이 벌어졌다고 한다. '생활임금 캠페인'으로 불린 이 캠페인은 학생 50여 명이 비폭력 직접행동의 하나인 연좌시위를 하면서 시작되었고, 학생들의 요구 사항은 '정의'였다. 그들은 하버드대학 캠퍼스에서 일하는 비정규·저임금 노동자들에게 생활임금을 지급하라고 요구했다. 생활임금이란 물가와 상황을 고려하여 노동자의 최저생활비를 보장해주는 개념으로, 대체로 최저임금보다 높다.

당시 세계에서 가장 부유한 대학이라는 하버드의 비정규 노동자는 1000여 명에 달했으며, 이들은 최저 생계를 유지하는 데도 못 미치는 시간당 6.5달러를 받고 있었다. 연좌시위에 대한 하버드대학 당국의 반응은 긍정적이지 않았다. 학생들의 연좌 농성은 3주 동안 이어졌고, 결국 하버드대는 비정규 노동자들의 임금을 시간당 10.25달러로 올리기로 약속한다.

《정의란 무엇인가》는 발간 6개월 만에 59만 부가 팔렸나갔다. 2010년 8월, 이명박 대통령은 '공정한 사회'를 국정 지표로 발표했다. 하승수 소장은 '정의란 무엇인가?'라는 질문은 철학자의 독점물이나 하버드대 학생들의 지적 유희 대상이 아니며, 상식 있는 사람들이 자신이 발 딛고 있는 현실에서 던져야 하는 질문이라고 말했다. 50~60대 노동자들이 월급 75만 원과 1일 점심 값 300원을 받으며 주 50시간씩 근무하는 한국 사회, 그렇게 일하고도 새해 첫날부터 아무런 설명 없이 해고되는 한국 사회, 과연 공정한가. 정의란 무엇인가?

석해균 선장이 아주대병원으로 간 진짜 이유

총상 외상 전문가 아니다   삼호주얼리호 석해균 선장이 오만에 입원
했을 때 아주대병원 의료팀이 현지에 급
파되었다. 국내로 이송되었을 때도 아주대병원에 입원해 치료받자 말
이 많았다. 서울대병원을 비롯한 메이저 병원을 제치고 왜 아주대병원
으로 갔느냐는 것이다. 당시 언론은 석해균 선장을 담당한 아주대 중
증외상특성화센터 이국종 교수가 총상 외상 분야 전문가이기 때문이
라는 설명을 달았다. 석 선장이 잘못되면 '왜 아주대로 갔느냐'는 논란
이 일 수 있는 만큼 민감한 문제이기도 했다.

이번에 조선일보의 이국종 교수 인터뷰를 보고 석 선장이 왜 아주대
병원으로 갔는지 정확하게 알았다. 이국종 교수는 인터뷰에서 자신은
총상 전문가가 아니라고 분명히 밝혔다. "노동층은 외상으로 죽을 확
률이 화이트칼라보다 20배 이상 높다. 내 환자 중엔 건설 노동자, 공장
노동자, 불법체류 외국인 노동자 등이 많다. 내가 총상 전문가라고 언
론에 나와 웃었다. '내가 언제 총상 전문가였지?' 하고." 이국종 교수

는 분당의 병원에서 받아주지 않아서 에어백 있는 외제차 타는 환자가 딱 한 번 왔다는 말로 자신이 치료하는 환자들이 어떤 사람들인지 설명해줬다.

이국종 교수에 따르면 당시 석 선장의 상태는 중증도로 봤을 때 그가 평소에 치료하는 환자 중 상위 30퍼센트 정도였다고 한다. "내 인생이나 아주대 입장에서 이렇게 유명세가 큰 환자는 처음이고 앞으로도 없겠지만, 사실 선장님은 중증도로 봤을 때 내 환자 중 상위 30퍼센트 정도였다. 후배들은 중간 정도라 하더라. 석 선장님의 차트엔 증상이 두 줄이다(그럼에도 10가지가 훨씬 넘는다). 그런데 네 줄짜리 환자도 수두룩하다."

"공장에서 분당 5000~6000회로 돌아가던 볼트가 빠져 배에 박히면 간장, 담도, 췌장이 다 파열된다. 그거에 비하면 총상은 간단하다. 프레스에 눌리면 내장이 터지고 장기가 밑으로 다 빠진다." 그런 환자들을 봐왔으니 이 교수에게 석 선장이 그다지 중증 환자로 보이지 않았다는 것이다.

한국의 부실한 중증 외상 치료 체계　　그런데 유수한 병원들은 비용에 비해 수가가 형편없는 건설 노동자, 공장 노동자, 불법체류 외국인 노동자 같은 환자를 받으려고 하지 않는다는 것이다. 환자를 받지 않으니 중증 외상 전문 의사가 나오기 어려운 것은 당연하다. 유명 병원에서 중증 외상 환자 치료를 외면해왔기 때문에 서울대병원, 삼성서울병원, 서울아산병원, 세브란스병원 등 자칭 '빅4'라고 자랑하던 병원에서는 석해균 선장을 치료하고 싶어도 할 수 없었던 것이다.

"정책 결정하고 사인하는 분들이 사고를 당하면 유수한 병원 의사들이 밤에도 뛰어나온다. 그분들 사인死因은 외상이 아니라 당뇨나 암, 심혈관계 질환 등이다. 그런 분야에는 약도, 기기도 첨단이 들어오고, 어느 병원이나 밤에 대응을 잘한다. 하지만 사회 취약 계층이나 보통 사람이 크게 화를 당하면 이 병원 저 병원 전전하게 된다."

오만보다 못한 한국 한국의 의학 수준은 세계 최고지만, 세계 최고 수준의 이런 병원들이 부자 환자들 중심으로 운영되고, 유수한 병원들은 작업장에서 산재를 당한 외상 환자를 받으려 하지 않는다는 말이다. 인터뷰를 보면 오만의 중증 외상 의료 체계가 한국보다 한 수 위라는 얘기가 나온다.

"중증 외상 환자에 대한 응급 의료 체계에 관한 한 오만은 우리보다 훨씬 선진국이다. 오만은 영국식 중증 외상 시스템을 갖춰놓고, 매뉴얼대로 정확하게 움직인다. 정말 영화처럼 스태프의 호흡이 척척 맞더라. 인구 30만인 우리 지방 도시에서 외국인 노동자 환자가 복부 관통상을 포함해 온몸에 총 여섯 발을 맞았다면 과연 살아날 수 있었을까. 서울 시내 한복판에서 이런 일이 발생했어도 쉽지 않았을 것이다. 첫 수술은 오만에서 아주 잘했다. 그곳이 인구가 적은 이슬람 국가라 피가 모자라고, 첨단 의료 기기나 첨단 의약품이 우리나라에 더 많기 때문에 여기로 온 거다. 오만이 우습다고? 웃기지 말라고 해라."

〈식코〉가 남의 나라 얘기가 아니다　　　한국에선 야간에 난 대형 교통사
　　　　　　　　　　　　　　　　　고 환자나 공장 사고 환자들이 여
전히 이 병원 저 병원 떠돌다가 죽기 쉽다. 심한 외상이 여러 곳인 중
증 외상 환자는 제때, 제대로 치료를 받지 못해 죽는 비율이 30퍼센트
선에 이른다고 한다. 전보다 나아졌다지만 아직도 이 수치는 일본이나
미국의 2~3배다.

　마이클 무어 감독이 만든 다큐멘터리 영화 〈식코〉를 보면 미국의 의
료보험 체계가 얼마나 심각한지 알 수 있다. 의료보험이 없는 환자들
은 병원에서 받아주지 않아 이리저리 돌다가 죽기도 한다. 영화에는
작업 도중 손가락 두 개가 절단된 사람의 얘기가 나온다. 보험이 없는
경우 손가락을 붙이는 데 드는 병원비가 하나는 6만 달러, 다른 하나는
1만 2000달러나 되어 결국 6만 달러짜리 손가락은 포기한다는 얘기다.
손가락 두 개를 모두 살리려면 1억 가까운 돈이 필요한 것이다.

　의료보험 체계에 관한 한 우리나라가 미국보다 한 수 위라는 점에서
보험이 없어 치료를 받지 못하고 죽는다는 소리가 남의 얘기처럼 들리
지만, 우리나라와 큰 차이가 없음을 알 수 있다. 우리나라에서 중증 외
상 환자는 의료보험 유무와 상관없이 좋은 시설과 기술을 갖춘 유수한
병원들의 외면을 받는다는 점이 그렇다.

세계 최대 용병 회사에 취직할까 고민　　　"외래에서 만난 환자가 이상하
　　　　　　　　　　　　　　　　　면 '저 자신 없는데, 큰 병원 가
세요' 하면 그만이라고 하더라. 외상 환자는 그게 안 된다. 내가 만난
환자 중엔 조폭 양아치도 있고, 상당수가 저소득층이다. 복받치는 게

많은 사람들이다." 중증 외상 환자는 대부분 사회 취약 계층이면서 자기가 어떻게 다쳐 왜 병원에 왔는지 모르기 때문에 좀 좋아지면 의사와 간호사에게 욕하는 사람도 많다고 한다. 죽어가는 사람을 살려줘도 욕먹을 수밖에 없다.

2010년 이국종 교수의 적자는 7개월간 8억 원이 넘었다고 한다. 행려병자를 치료하다 사망하면 그 비용도 이국종 교수의 '적자'로 기록된다. 피를 폭포처럼 쏟는 환자를 수술할 때는 혈액이 50봉지가 들어가는 경우도 있다니, 투입하는 비용에 비해 받는 치료비가 훨씬 적은 것은 불 보듯 뻔하다. 이 교수는 너무 힘들어 한때 해외 취업란만 찾아보았다고 한다. 최소한 외상외과에 대한 수요와 존중이 있는 곳에서 일하고 싶어 블랙워터(세계 최대 용병 회사, 현재 XE)에 취직할까 생각한 적도 있다고 한다. 언제까지 몇몇 개인의 희생으로 유지될 수 없는 일이다.

사회 취약 계층을 위한 의료 공공성 확대해야　　지금도 사회 취약 계층은 최고의 의료진에게 제대로 치료를 받기 어려운데, 영리 병원이 허용된다면 어떻게 될까? 한미 FTA가 발효되면 민간 의료보험 시장은 더 확대되고, 영리 병원이 허용되면서 주로 사회 취약 계층인 중증 외상 환자를 위한 의료 체계 구축은 더 멀어질 수밖에 없다.

그동안 중증외상센터와 권역별 응급센터에 대한 정부나 사회의 관심이 없었던 것은 아니지만, 현실화되지 못했다. 사회 취약 계층인 중증 외상 환자를 위한 의료 체계 구축을 넘어 의료 공공성 확대, 더 이상 미룰 수 없는 일이다.

5부

법은 도덕이 아니다

사적인 명예, 공적인 명예

공적 영역에 대한 명예　　　국회의원이 지역 방송사를 상대로 소송을 제기했다. 허위 보도로 명예가 훼손되었으니 1억 원을 배상하라고 했다. 법원은 "긍정적 보도의 혜택은 누리다가 부정적 보도가 나올 때마다 소송하는 것은 바람직하지 않다"며 패소 판결을 내렸다. 공공의 이익을 위한 보도라면 위법성이 없다고 했다. 이는 새로운 판결이 아니다. 공적 영역에 대한 명예는 최소한 좁혀서 해석하자는 것이 우리 판례의 경향이다. 그리고 공직자의 도덕성, 업무 처리의 정당성 여부에 대한 감시와 비판은 그것이 '악의적이거나 현저하게 상식에 반하지 않는 한' 명예훼손으로 보지 말자는 것이 법원의 입장이다.

한때 '부음 기사 말고는 다 좋다'는 말이 정치권의 유행어였다. '잊히는 것보다 미움 받는 것이 낫다'는 말도 있다. 정치인은 관심을 먹고 산다. 언론의 관심이 관심의 징표다. 그래서 어떤 식으로든 언론에 보도되는 것만으로도 충분하다는 식이었다. 그러던 것이 바뀌었다. 긍정적

보도에는 Yes지만, 부정적 보도에는 명예훼손이라며 손해배상 청구를
하거나 형사 고소하기 시작한 것이다.

정치의 사법화 경향　　　몇 가지 문제를 지적해보자.

　　　　　　첫째, 우리 사회의 위험한 경향 중 하나인 '정
치의 사법화'다. 정치적 영역의 문제를 정치적 자기 조절 기능에 맡기
지 못하고, 툭하면 법원이나 헌법재판소로 가져간다. 정치의 자기부정
이다. 정치적 공방을 경찰이나 검찰에 맡긴다. 당연히 공안 권력이 정
치를 간접적으로 통제한다. 대단히 위험한 경향인데, 그 위험성을 깨
닫지 못하고 여전히 헌재와 법원과 검찰의 문을 두드린다.

　둘째, 자유는 있되 책임은 없는 언론의 문제다. 언론의 자유에 대한
멋진 말이 있다. "자유의 권리에는 실수할 권리도 포함된다." 여기에는
부연이 따른다. "단 고의적이거나 실수를 책임지지 않는 도덕적 권리
까지 포함되지는 않는다." 언론도 실수할 수 있다. 하지만 실수에 책임
져야 한다. 그것이 정정 보도와 반론 보도다. 우리 언론은 이 부분에
철저히 인색하다. 이런 인색함이 고소와 소송의 남발로 이어진다. 자
기 조절 기능이 전무한 세상이다. 정정 보도와 반론 보도를 자존심의
문제로 받아들인다. 책임지려 하지 않는다. 이런 감정적 대응이 소송
의 남발로 이어진다.

　셋째, 검찰의 내사나 수사 내용을 지나치게 신뢰한다. 검찰과 경찰
의 수사 발표나 내사를 무작정 믿은 나머지 오보를 내는 경우가 있다.
물론 법원은 별도의 조사나 취재 노력이 있었는지 여부를 살펴본다.
이 부분은 근본 문제다.

무죄 추정의 원칙　　　　우리 사회는 무죄 추정의 원칙이 생활화되지 않았다. 검찰이나 경찰이 관심을 드러내고 내사를 시작하는 순간 유죄 추정이다. 무죄 추정과 유죄 추정은 천당과 지옥이라고 표현하는 게 적합할 것이다. 한 인간의 전인격을 좌우한다. 인간의 존엄에 대한 예의이자 신뢰가 필요하다. 어떻게 검찰과 경찰의 수사만 믿고 한 인간을 낙인찍고 유죄로 추정할 수 있는가.

그런데 언론을 포함한 우리 사회에는 이런 경향이 팽배하다. 겉으로는 무죄를 추정한 듯하면서도 '찌라시' 입담으로 뭔가 있다는 듯 유죄를 추정하는 수준을 넘어 유죄를 강요하고 확증한다. 다시 강조하지만 우리 사회의 근본적 위험성 가운데 하나다. 서울남부지법이 판결문에 멋진 이유를 썼다.

"공무원의 명예는 공무원이 일한 결과에 따라 국민이 인정해줄 때만 일시적으로 주어지는 것이지 본인이 나서서 보호하고 지켜야 할 가치가 아니다." 명문이다.

정치인의 권력이나 명예, 지위는 일시적으로 위임받은 것이다. 사적인 것이 아니다. 사유화해서는 안 된다.

반대로 언론의 권리나 명예, 지위도 언론기관이나 사주, 기자의 것이 아니다. 사적인 것이 아니다. 사유화해서는 안 된다.

"언론사의 목표가 비누 재벌의 목표와 다르지 않다면, 왜 언론사가 표현의 자유를 주장해야 하는가"라는 또 다른 명문을 소개한다.

청개구리 **유언, 꼭** 지켜야 **할까**

엄마가 죽거든 산에 묻지 말고 냇가에 묻어다오   뭐든지 반대로 하는 아기 청개구리 때문에 엄마 청개구리는 걱정이 많았다. '나를 산에 묻어달라고 하면 냇가에 묻겠지?' 엄마 청개구리는 가쁜 숨을 몰아쉬며 말했다.

"아가야, 엄마가 죽거든 산에 묻지 말고 냇가에 묻어다오."

힘겹게 말을 마친 엄마 청개구리는 눈을 감았다.

"엄마, 엄마 말대로 할게요. 개굴개굴."

그날부터 아기 청개구리는 냇가를 떠나지 못했다.

"비가 오면 안 되는데, 개굴개굴. 우리 엄마 무덤 떠내려가는데, 개굴개굴."

지금도 비가 올 때면 아기 청개구리의 울음소리가 들린다고 한다.

전래 동화 청개구리 이야기다. 나도 간혹 아이들이 말썽 부릴 때면 이 이야기를 해주곤 한다. 이 전래 동화는 중국과도 연결되는 것 같다.

춘추전국시대를 다룬 소설《열국지》로 유명한 명나라 말기의 문인 풍
몽룡馬夢龍, 1574~1646년이《고금담개古今談慨》에 옮긴 노인과 불효자에 대한
구전설화가 있다. 산에 묻히길 바라는 마음으로 "내가 죽거든 반드시
물속에 장사 지내다오"라고 유언했는데, 우리나라 전래 동화처럼 정말
로 수장한다는 얘기다. 주로 민간 구비문학을 체계화한 분이기 때문에
효와 관련한 사상이 지배 질서를 구축하던 동북아에서 충분히 있을 법
한 이야기였을 것이다.

현실에서 이런 상황이 벌어지면 어떻게 될까. 돌아가신 부모님이 장
례 방법을 정해놓았는데 자식들끼리 의견이 엇갈리거나, 도리어 효도
하겠다는 생각으로 장례 방법을 달리할 경우 어떻게 될까. 돌아가신
분의 유언이나 의견이 절대적일까, 유체나 유골을 상속받은 자식이나
손자의 뜻이 먼저일까? 엄마 청개구리처럼 만일의 경우를 염려해 해석
의 여지까지 남겨두었다면 어떻게 될까.

인간의 몸을 소유의 대상으로 할 수 있을까　　인간을 사고파는 일, 인간
　　　　　　　　　　　　　　　　　　　몸의 일부를 사고파는 일은
당연히 금지된다. 인간의 존엄성에 비추어볼 때 도저히 상상할 수 없
는 일이다. 나 아닌 상대방을, 하층계급을, 노예를, 부인을, 자녀를 소
유의 대상으로 생각하던 시절이 있었다.

다 끝난 일이다. 혹여 그런 사고방식이 남아 있다면 당장 끝내야 할
것이다. 현대판 노예제라는 노동 착취의 문제도 마찬가지 차원에서 접
근해야 한다. 그래서 장기 등 이식에 관한 법률은 인체의 일부를 사고
파는 일을 엄격하게 금지하고 처벌한다. 과거에는 피를 사고팔던 시절

도 있었다. 매혈을 소재로 한 위화余華의 소설 《허삼관 매혈기》도 있었을 정도니까.

암세포 덩어리는 환자의 것일까, 병원의 것일까? 《철학과 현실》 통권 제14호에 실린 박은정 교수의 〈뇌사와 장기이식의 법 윤리〉에는 1988년 미국 캘리포니아 의과대학병원과 모어Moore라는 환자 사이에 벌어진 사건이 소개되었다.

자기 암세포 덩어리에 관심 있는 사람이 있을까. 떼어내고 나면 속 시원하고, 암세포 덩어리가 죽었다면 도리어 기쁜 일 아닐까. 문제는 암세포 덩어리가 단순한 암세포 덩어리가 아니었다는 데서 출발한다. 의사가 환자의 동의 없이 환자에게서 떼어낸 암세포를 DNA 합성 방법을 통해 엄청난 상업적 가치가 있는 의약품을 만드는 데 사용했다. 모어의 암세포가 고도로 농축된 희귀한 프로테인을 만들어내는 것을 안 의사는, 이를 바탕으로 새로운 의약품을 만들고 특허까지 받았다. 그 순간 환자는 억울한 생각이 들었다.

미국은 주 대법원이 있다. 캘리포니아 주 대법원은 이 사건에 "개인은 수술로 떼어낸 생체 조직에 대한 소유권이 없으나, 의사는 상업화에 대해 환자에게 충분히 설명한 뒤 동의를 받아야 한다"는 절충형 판결을 내렸다.

우리나라에서도 얼마 전 황우석 박사의 사건을 두고 인체의 일부라 할 수 있는 수정란 채취 문제에 대한 재판이 벌어졌다. 예전 같으면 상상도 못 할 권리의 문제로 비화되었다. 다 마찬가지 흐름이다.

시체가 바뀌었을 때는 어떻게 해야 할까　　　이따금 장례식장에서 시체가 바뀌는 경우가 있다. 사건으로 비화되기도 한다. 어떻게 해야 할까. 재산적 침해는 없다고 봐야겠지만 정신적 침해는 막대하다. 자녀 1인당 얼마씩 해서 계산한 유사 사례가 있다.

또 다른 사례도 있다. 치매를 앓는 할머니가 요양 병원에서 실종되었다. 시신을 확인할 수도, 생사를 확인할 수도 없었다. 이때도 위자료 정도를 인정한 판례는 있다. 법이라는 것이 참 복잡하기도 하고, 때론 단순하기도 하다.

그렇다면 시신은 누구의 것일까　　　재미있는 대법원 판례(대법원 2008년 11월 20일 선고 2007다27670 유체 인도 등)가 있다. 법원이 사람의 유체나 유골은 매장이나 관리나 제사나 공양의 대상이 될 수 있는 유체물이라고 판결한 것이다. 분묘에 안치된 선조의 유체나 유골은 민법 제1008조의 3에 의거해 소정의 제사용 재산인 분묘와 함께 그 제사 주재자에게 승계된다고 했다. 상속해주는 부모님의 유체나 유골 역시 제사용 재산에 준하므로 제사를 지내는 사람에게 승계된다고 판시한 것이다. 군이 따지자면 부모님의 유골이나 유체는 굳이 재산이라고 말할 수 없지만 일종의 유체물로 봐야 하고, 유족 사이에 협의되지 않을 때는 제사 지내는 사람에게 넘겨야 한다는 것이 우리 대법원 판결이다. 부모님 시신이나 유골은 제사 지내는 사람의 것이라고 단정 지어도 크게 틀리지 않을 것 같다.

우리도 미국과 마찬가지로 시체의 물권적 성격은 인정한다. 하지만 소유권의 대상이 될 수 있느냐 하는 점에는 학설이 갈린다. 다수 학설은 일반 소유권과 다른 매장과 제사를 지낼 수 있는 권리와 의무가 따르는 소유권에 준하는 객체 혹은 특수 소유권이라는 입장이다.

박은정 교수에 따르면 미국 법원도 사체에 대한 권리문제와 관련한 소송에서 사체의 소유권을 부인하고 '소유권과 유사한 것^{Quasi Property}'이라는 개념을 적용한 적이 있다고 한다.

워낙 중요한 만큼 대법원 전원 합의체 판결이 내려져야 했다. 다수 의견과 제1 소수 의견, 제2 소수 의견이 맞서 치열한 논쟁이 벌어졌다.

다수 의견은 '도덕적 의무에 그친다'(이용훈 대법원장을 비롯한 대법관 10인)는 것이었다. 정리하면 다음과 같다.

첫째, 생전 행위나 유언으로 자신의 유체·유골을 처분하거나 매장 장소를 지정한 경우, 선량한 풍속과 기타 사회질서에 반하지 않는 이상 그 의사는 존중되어야 한다.

둘째, (하지만) 의사를 존중해야 하는 의무는 도의적인 것에 그치고, 무조건 이에 구속되어야 하는 법률적 의무까지 부담한다고 볼 수는 없다.

다시 설명하면 의사는 존중될 필요가 있지만 도덕적 의무에 그칠 뿐, 강제성 있는 법률적 의무는 아니라는 것이다. 아기 청개구리에게 자유가 있다는 얘기다. 산으로 가도 되고, 강가로 되도 된다는 것이 다수 의견이다.

반대 의견 1은 '반드시 지켜져야 한다'(대법관 박시환, 전수안)는 것이다.

다수 의견에 반대한다. "정당한 사유 없이 피상속인의 의사에 반하여 유체·유골을 처분하거나 매장 장소를 변경하는 것까지 허용된다고 볼 수는 없다"는 것이다. 한마디로 돌아가신 분의 의견이 절대적이라는 얘기다. 다만 정당한 사유가 있을 때는 변경할 여지를 남겨두었다. 그런데도 생전의 의사 표시는 사후까지 유지해 법적 구속력을 인정하자는 것이 두 분 대법관의 의견이다. 도덕적 의무가 아니라 법적 의무라는 것이다. 상속인에게 유체·유골·장례 방법 등에 대한 권리를 귀속한 취지는 돌아가신 분에 대한 경애나 추모에 있기 때문에 이 권리를 남용해서는 안 된다는 의미다. 그렇다면 아기 청개구리는 엄마의 유언을 꼭 지켜야 한다.

다만 전래 동화에서는 엄마의 내심과 바깥으로 표현된 생각이 달랐다. 이때 법은 어느 쪽 의사를 존중해야 할까. 아기 청개구리는 엄마의 속내까지 짐작해서 장례 행위를 해야 할까. 법은 외부적 의사 표시를 기준으로 따진다. 그렇다면 전래 동화에서 청개구리는 엄밀히 불효자라고 할 수도 없을 것 같다. 엄마의 착오인 셈이다.

반대 의견 2도 '법적 의무다'(대법관 안대희, 양창수)라는 것이다.

역시 다수 의견에 반대하지만, 논리는 약간 다르다. "망인이 자신의 장례와 기타 유체를 그 본래적 성질에 좇아 처리하는 것에 관하여 생전에 종국적인 의사를 명확하게 표명한 경우, 그 의사는 법적으로도 존중되어야 하며 일정한 법적 효력이 있다고 함이 타당하다." 도덕적 의무가 아니라 법적 의무니 반드시 지키라는 것이다. "나아가 망인의 의사대로 장례나 분묘 개설, 기타 유체의 처리가 행하여진 경우, 다른 특별한 사정이 없는 한 유체의 소유자라고 하더라도 그 소유권에 기하여 그 분묘를 파헤쳐 유체를 자신에게 인도할 것을 청구할 수 없다"고 판시한다.

두 분 대법관은 자기 신체에 대한 권리는 인격권적인 성질이라고 규정한다. 그리고 인격권은 사후에도 법적 효력이 있다고 보는 것이다. 나아가 "장례와 기타 유체의 사후 처리에 관하여는 많은 외국의 예를 들 것도 없이 망인의 의사가 1차적 기준이 된다"고 선언한다. 외국의 예는 대부분 당사자의 의사를 존중하는 쪽이다. 사람의 신체는 그의 본질적 속성이고, 인간의 존엄은 사후에도 존중되어야 하기 때문에 당사자의 의사는 존중되어야 한다는 것이 두 분의 논리다.

법이라고 어렵지만은 않다. 늘 강조하듯이 법은 '상식'이다. 쉽지 않으면 법이 아니다. 법을 어렵게 만들고 어렵게 해석하고 전문가의 영역으로 남겨놓는 순간, 시민은 법적 질서에서 철저히 소외되고 시민의 권리는 정치 권력자나 법조 권력자의 손으로 넘어가고 만다.

지퍼 내려 신뢰받은 **존슨** 대통령

바지를 벗고 '그것'을 보여준 미국의 존슨 대통령　　린든 존슨 미국 대통령
이 재임하던 시절의 일
이다. 기자가 존슨 대통령과 미국이 왜 베트남전쟁을 계속해야 하는지
설명을 요구했다.

"자신의 정치적 논리가 상대방을 설득하지 못하는 데 실망한 대통령
은 그 자리에서 바지를 벗고 음경을 꺼낸 다음 '이것이 그 이유다'라고
말했습니다."

이 사실은 보도되지 않았다. 하지만 잊을 수 없는 충돌이었다. 로버
트 댈릭의 《손상된 거인 : 린든 존슨과 그의 시대, 1961~1973 Flawed Giant :
Lyndon Johnson and His Times 1961~1973》에 나오는 이야기다. (데이비드 프리드먼,
《막대에서 풍선까지 : 남성 성기의 역사》, 2003, 14~15쪽)

바지를 벗다 만 나훈아 선생   2008년 1월, 대한민국 사회는 '나훈아 괴소문'에 대한 당사자의 해명 인터뷰로 떠들썩했다. 당시 그는 "언론은 펜으로 사람을 죽이고 있다는 사실을 알아야 한다"고 일갈하며 존슨 대통령과 같은 행동 직전까지 연출해 인구에 회자되었다.

나훈아는 괴소문에 즉각적인 대응을 피한 이유로 "40년 동안 노래를 해왔기 때문에 매스컴의 속성을 잘 안다"며 "(어떤 해명을 해도) 또 시끄럽게 떠들 것이기 때문"이라고 밝혔다.(관련 기사 〈나훈아 "선정적 언론, 펜으로 사람 죽여"〉, 한겨레 2008년 1월 25일자)

어떻게 해야 믿을 수 있을까 : 법률에서 입증책임의 문제   어떻게 해야 믿을 수 있을까. 의심하는 사람이 증거를 들이대야 하나, 의심 받는 사람이 증거를 제출해야 하나? 증거가 공평하게 나누어졌다면 상관없지만, 어느 한 사람에게 편중되었고 그 사람만 그 증거를 갖고 있다면 어떻게 해야 하나? 싸움이 벌어졌을 때 누구에게 증거를 제시하고 입증할 책임이 있을까? 증거를 제시하지 못했을 때 그 불이익은 누가 당해야 하나? 이것이 법학에서 가장 중요한 '입증책임의 문제'다. 쉬운 예를 들겠다.

• 돈을 빌려주고도 받지 못하는 사례

철수가 영희에게 1억 원을 빌렸다. 분명히 빌린 것이 사실이다. 갚아야 할 때가 지났는데 갚지 않자, 영희가 법원에 소송을 제기했다. 돈을 갚으라고 주장했다. 철수는 빌린 적이 없다고 했다. 그런데 영희는 철수와 친한 사이라 영수증을 받아놓지 않았다. 송금한 영수증도 없고, 채권·채무 증서도 없고, 증인도 없다. 철수가 돈을 인출한 흔적도 없고, 영희가 빚을 갚으라고 독촉한 서류도 없다. 수표를 주지도 않았다. 철수는 그저 빌린 적이 없다고 떼를 쓴다. 이 재판은 누가 이길까.

사실은 철수가 1억 원을 빌렸으나 증거가 없다. 영희는 증거를 제시하지 못했다. 법원은 철수가 이긴 것으로 결정할 수밖에 없다. 영희가 재판에서 패소하는 것이다. 영희가 패소함으로써 철수가 자연히 이기는 게임이 된다. 이때 영희는 자신의 권리를 주장하기 위해 각종 증거를 제출할 책임이 있다. 권리의 근거 사실에 대한 증거다. 이를 물증이나 사람 증거로 제출하지 못하면 영희에게 불이익이 돌아간다. 이때 영희가 당하는 불이익을 '입증책임'이라는 말로 풀이한다.

법학에서 입증책임은 소극적이다. 이런 위험에서 벗어나기 위해, 이런 불이익을 당하지 않기 위해 적극적으로 증거를 제출할 의무가 있다.

• 돈을 갚고도 또 갚아야 하는 사례

철수가 1억 원을 빌린 것이 맞다. 때가 되어 영희에게 갚았다. 그런데 영희는 받지 않았다고 떼를 쓰며 또다시 1억 원을 달라고 소송을 제기했다. 철수는 돈을 갚은 것으로 끝났다며 갚았다는 영수증을 받지 않았다. 갚을 때 직접 만나 현금으로 주었다. 녹음을 해놓지도 않았고, 사진을 찍어놓지도 않았다. 갚았으니 됐다며 영수증을 요구하지도 않았다. 함께 간 사람도 없다. 갚은 것을 본 사람도, 아는 사람도 없지만 갚았다.

그런데 영희는 다시 1억 원을 달라며 소송을 걸었다. 철수는 법원에서 갚았다고 주장했지만, 영희는 1억 원을 빌려갈 때 철수가 건네준 차용증을 증거로 제시하며 분명히 갚지 않았다고 1억 원을 요구했다. 이 재판은 누가 이길까.

당연히 영희가 이긴다. 영희는 또 1억 원을 받을 수 있다. 법원은 증거 때문에 그렇게 재판할 수밖에 없다. 사실관계와 재판 결과는 이렇게 달라질 수 있다.

재판은 진실 게임이 아니라 입증 게임이다　　　　그래서 변호사의 역할이 중요하다. 재판은 진실 게임이 아니라는 결정적 증거다. 진실에 근접하려는 노력일 뿐이다. 철수는 어떻게 해야 할까. 영희의 권리가 사라졌다는 사실, 영희의 채권자적 지위가 없어졌다는 사실을 입증해야 한다. 그래서 갚았다는 증거를 대거나, 갚은 사실을 아는 사람을 증인으로 세워야 한다. 권리의 소멸과 연기 등에 대한 증거는 저항하는 쪽에 제출 책임이 있다. 영희는 채권의 존재를 주장하면 된다. 철수는 채권의 소멸을 주장해야 한다.

입증책임은 각기 분배되어 있다. 입증책임을 다하지 못하면 불이익을 당한다. 불이익이 입증책임의 본질이며, 불이익에서 벗어나기 위해 노력해야 한다는 점이 입증책임의 반사적 측면이라는 것도 얘기했다.

입증책임 분배의 기준은 '공평성'　　　　그렇다면 입증책임의 분배 기준은 무엇일까? 아직까지 우리나라 통설과 판례는 '공평성'이다. 공평을 기준으로 분배한다. 권리를 주장할 때는 '누가 입증하는 것이 공평의 원칙에 타당한가' 하는 점이 입증책임 분배의 기준이다.

그래서 입증책임 분배는 간혹 수정되기도 한다. 미국에서 의료사고의 입증책임은 의사가 자신에게 책임이 없음을 입증해야 한다. 우리나라는 여전히 환자 쪽에서 일반인의 상식을 바탕으로 의사의 잘못을 입증하도록 입증책임을 환자에게 부여하되, 약간 수정하는 쪽으로 바꿨다. 법원의 판례다. 원인 불명이라거나 불가항력적이었다는 사실 정도를 의사가 나서서 입증해주라는 것이다.

컵라면을 먹는데 쥐 꼬리가 나왔다고 하자. 일반 시민이 컵라면에서 쥐 꼬리가 나왔다고 주장하고 나섰다. 어떻게 해서 컵라면에 쥐 꼬리가 들어갔는지 자신이 손해배상 청구를 하는 근거가 되는 사실을 입증해야 한다. 어려울 것이다. 도저히 불가능한 일이다. 그래서 이 경우 입증책임을 아예 전환한 것이 '제조물책임법'이다. 원래 손해배상 청구권을 주장하는 권리자인 피해자 쪽에서 권리의 근거가 되는 사실인 피해 사실과 원인 사실, 그 인과 관계를 밝혀야 한다.

그런데 제조물의 생산과 유통은 워낙 전문적인 분야라, 공평성 차원에서 입증책임을 제조업자나 유통업자에게 돌렸다. 시민은 컵라면에서 쥐 꼬리가 나왔다는 사실만 입증하면 된다. 제조 회사나 유통 회사는 쥐 꼬리가 컵라면에서 나오지 않았다고 입증해야 한다. 그것을 입증하지 못하면 재판은 무조건 시민이 이긴다. 이것이 '입증책임'의 논리다.

시민은 재판이 완전무결할 것이라고 기대하는 경우가 종종 있다. 하지만 재판은 이런 입증책임에서 결정적 한계가 있고, 사람이 하는 일이며, 변호사의 소송 기술에 따라 얼마든지 달라질 수 있는 일이다. 판례의 경향 또한 중요하다.

형사소송은 검사에게 입증책임이 있다　　지금까지 설명한 것은 민사소송에 대한 이야기다. 형사소송은 검사가 입증해야 한다. 자백만 가지고는 안 된다. 자백이 유일한 증거일 때는 무죄다. 이것이 헌법의 원리다. 그래서 자백과 함께 각종 증거가 있어야 한다. 그 증거를 모으는 것이 검사의 일이다. 입증하는 것도 검사의 일이다. 이걸 제대로 못 해내면 검사가 입증책임을 뒤집어쓴다. 불이익을 당하는 것이다. 피고인은 당연히 무죄가 된다. '의심스러울 때는 피고인의 이익으로'라는 법리도 이때 적용되는 말이다.

벤츠와 픽업트럭의 벌금

픽업트럭과 벤츠 사이　"생계형 픽업 차량들이 교통법규 위반해서 내는 벌금과 벤츠 승용차가 위반해서 내는 벌금이 똑같은데, 그게 공정 사회 기준에 맞겠느냐."

이명박 대통령이 취임 3주년을 앞두고 한나라당 최고위원 아홉 명을 부부 동반으로 초청한 만찬 자리에서 한 말이다. 이에 대해 심재철 정책위의장은 당에서 정책적 차원으로 검토해볼 사안이라고 말했다.

이 무렵 서울 삼청동 총리 공관에서 김황식 국무총리가 주재한 공정 사회 과제 수행 간담회에서 김 총리가 핀란드를 비롯한 일부 유럽 국가에서 시행하는 '일수 벌금제' 도입을 제안했고, 이귀남 법무부 장관은 "적극 검토하겠다"고 답한 것으로 알려졌다. 일수 벌금제가 범여권에서 논의의 물살을 타는 느낌이다. 먼저 개념부터 정리하자.

어느 사람이 범죄를 저질러 벌금형을 선고받을 상황이 되었다고 하자. 지금까지는 무조건 '벌금 5000만 원' 식으로 양형하고 선고하는 것이 관례였다. 그런데 일수 벌금제는 양형과 선고 체제가 정반대다. 판사는 액수부터 정하는 것이 아니라 '당신의 잘못은 어느 정도 날짜가 되겠다'며 책임량에 대응한 벌금 일수를 정한다. 그런 다음 1일의 벌금 액을 본인의 경제력에 대응해서 결정하고, 그것을 합산해 벌금 총액을 결정한다. 그리고 납부하지 못할 경우 벌금 액수에 상응하는 날짜만큼 교도소에 들어가 살아야 하는 제도다. 일명 '스칸디나비아 식 제도'라고 한다. 왜 스칸디나비아 식이라고 부르는지 연원이나 배경이 충분히 이해될 것이다.

형법과 행정법 사이　　논의를 위해 대통령 발언의 진의를 살펴야겠다. 언론 보도에 따르면 국무총리와 법무부 장관이 논의했다는 제도는 '일수 벌금형' 제도가 맞다. 하지만 대통령이 말한 제도는 형법상 벌금형인지, 행정법상 과태료에 해당하는 행정벌인지 불분명하다. 교통법규 위반 범칙금은 과태료인 행정질서 벌이 대부분이기 때문이다. 그래서 우선 행정벌에 이 제도를 도입하겠다는 것인지(참고로 행정벌은 전과로 취급되지 않고 대부분 소액이다. 교통 범칙금이 대표적이다), 국무총리의 제안대로 본래 일수 벌금형의 취지인 형법상 벌금형에 도입하겠다는 취지인지 불분명하다. 이 부분에 대해 청와대의 설명이 필요할 것이다.

다음으로 학계에서 논의되는 의미에 대해 살펴볼 필요가 있다. 먼저 찬성하는 입장에서는 네 가지를 든다.

첫째, 벌금형의 탄력성과 배분적 정의가 실현된다고 생각한다. 벌금이 지나치게 경직적이면 범죄 예방 효과가 없다. 빈자 일등과 부자 일등의 가치 때문이다. 그리고 형벌을 통해 배분적 정의까지 실현하자는 입장이다. 우리나라 보수주의자들은 당장 문제를 제기할 테지만 말이다.

둘째, 형벌의 개별화 취지와 부합된다. 모든 형벌은 개별적이고 구체적이어야 한다. 한마디로 도매금이어서는 안 된다. 부자에게 수십만 원 매겨봐야 그 사람이 무슨 반성을 하고 책임을 느끼겠느냐는 것이다.

셋째, 책임주의와 희생 동등의 원칙과 조화를 이룬다. 범죄한 만큼 책임을 저야 하고, 그 책임은 당사자의 모든 능력과 조화를 이뤄야 범죄 예방 효과를 제대로 얻을 수 있다는 입장이다. 가난한 사람이 전 재산을 벌금으로 내야 한다면, 부자는 지극히 일부를 벌금으로 내도 충분하다. 그렇다면 이는 부조화다.

넷째, 벌금형을 자유형에 한층 일치시킨 제도라는 평가다. 주로 형법학자들이 주장하는 이론이다. 자유형과 벌금형의 가치가 지나치게 분리되고, 별개의 형벌처럼 평가되는 데 따른 비판이 있었기 때문이다. 돈만 내면 그만이라는 식의 책임주의가 우리나라뿐만 아니었다.

정반대 입장에서 드는 문제점은 무엇이 있을까. 역시 학자들의 입장을 소개해보겠다.

첫째, 법관 편의주의의 위험성이다. 피고인의 경제력을 살펴 1일 벌금액을 정하기보다는 법관이 편의상 벌금형의 총액을 정하고 일수 정액으로 분할하여 선고할 위험성을 든다. 그러면 예전과 똑같다. 날짜부터 정하고 액수를 정하라고 했는데, 액수를 정해놓고 날짜를 나누면 피고인의 입장에서 어떻게 알 수 있느냐는 얘기다. 경제력을 평가하는 작업이 귀찮기 때문에 충분히 그럴 수 있다.

둘째, 개인의 경제력에 대한 정확한 조사와 확정의 곤란성을 든다. 지하경제는 어느 사회에나 엄존한다. 과표는 현실화되었는가? 탈세는 전혀 없는가? 재산 신고 상태는 엄정한가? 판사는 피고인의 경제력에 대한 정보를 행정부에서 충분히 협조 받을 수 있을까? 세금도 아닌데 어떻게 형벌에 형식적 불평등을 가할 수 있단 말인가? 이런 논쟁을 이끌어내는 사람들이 이 문제를 집중적으로 제기하기도 한다. 특히 우리 나라는 과표의 현실화가 미흡하고, 탈세가 엄존한다고 생각하는 이상 간단한 문제가 아니다.

셋째, 행위자의 경제력에 대해 다른 양형 사유보다 우월한 지위를 인정하는 것으로 양형에서 경제력의 의미를 지나치게 강조한다는 비판이다. 왜 경제적 능력이 형벌을 정하는 데 가장 중요한 요소로 작동해야 하는가? 아무리 벌금형이 경제적 범죄에 유효한 억제 수단이라고 해도 이건 지나치게 동해보복적同害報復的 사상이 아닌가? 이런 비판도 있다. 인격적 요소, 정신적 요소 등 수많은 요소가 있는데 왜 하필 경제적 요소만 강조하는지 비판하는 것이다.

결국 조세 정의 문제　　　먼저 조세의 공정성조차 확보되지 않은 나라에서 벌금 혹은 과태료의 경제적 공정성이 확보될 수 있을까. 민주당이나 다른 진보 정당들이 이 문제를 즉각 환영하고 나설 수 있지만, 과연 한나라당이 이 문제에 총대를 멜 수 있을까. 왜 형벌에서도 일종의 벌금 폭탄을 매기느냐고 포퓰리즘적인 선동을 하고 나섰을 때 방어에 나설 수 있을까. 왜 가진 자에게 벌금을 통해서라도 못 빼앗아 안달이냐며 트집 잡고 나섰을 때 막아설 수 있을까.

개인의 재산 상태에 대한 정보가 법원으로 가는 데 동의할 수 있을까. 행정부는 여기에 대해 자신들이 가진, 각 부처에 산재한 각종 재산

정보를 충실히 제공할 태세가 되었을까. 국토해양부와 행정안전부, 국세청은 충분히 협조할 준비가 되었을까.

역시 근본적으로 벌금에서조차 가진 자들에게 가혹하게 착취한다고 문제를 제기하고 나섰을 때, 법 앞에 평등하다더니 이게 웬 말이냐며 실질적 평등이 아닌 형식적 평등론을 들고 나올 때 과연 우리 사회는 이를 극복할 수 있을까.

왜 이 제도가 스칸디나비아에서 시작되어 유럽으로 번져나갔을까. 경제적 인권과 평등이라는 사민주의 정신에 바탕을 둔 국가 모델이 중요한 바탕이었을진대, 사소한 복지 논쟁조차 퍼주기 논쟁으로 포퓰리즘적인 언동을 일삼는 일부 언론과 보수주의자들이 이 논쟁을 정상적으로 소화할 수 있을까. 엄밀히 따져보면 가진 사람이 많이 내고 못 가진 사람이 적게 내는 세금 구조와 똑같은 논쟁인데, 가진 사람이 조금 내고 가진 사람의 세금을 더 깎아주고, 없는 사람은 유리 지갑이고 더 없는 사람은 아무런 도움도 받지 못하는 우리 복지국가의 극단적 현실에서 과연 이 논쟁이 어느 정도 파급력이 있을까.

'일수 벌금제'를 도입하면 결과적으로 조세의 형평성, 조세의 정의 논쟁으로 자연스럽게 옮겨갈 수 있다. 그렇다면 진보 진영은 이 논쟁을 적극 환영해야 한다. 과태료나 벌금형이나 마찬가지다. 책임 구조는 약간 다르겠지만 조세에 대한 책임 논쟁과 상당히 유사한 측면이 있고, 실질적 평등의 원리를 관철할 수 있는 흥미로운 논쟁거리다. 진보 진영에서 이 논쟁을 좀더 강력하게 이끌어갈 수 있기를 소망한다.

100미터 **접근금지**

왜 하필 100미터 이내 접근 금지일까?　　　　결혼 20년 차 부부가 별거를
　　　　　　　　　　　　　　　　　　시작했다. 부인은 아이들을
데리고 친정으로 갔다. 남편이 수시로 찾아와 부인을 만나게 해달라며
집 앞 계단에서 소란을 피우기도 하고, 밤을 꼬박 새우기도 했다. 초인
종을 누르는 것은 흔한 일이었다. '만나주지 않으면 여기서 죽겠다'고
문자메시지를 보낸 적도 많다. 부인은 이혼소송을 제기했고, 법원에 남
편이 자신에게 접근하지 못하게 해달라는 가처분 신청을 냈다. 2009년
4월 28일, 법원은 '100미터 이내 접근 금지' 명령을 내렸다. 더 이상 사
생활을 방해하지 말라는 것이다.

　왜 하필 100미터일까. 10미터도 있고, 50미터도 있고, 200미터도 있
는데, 왜 하필 법원은 100미터 접근 금지 명령을 내렸을까. 정답은? 법
이 그렇게 정했기 때문이다. 그러면 왜 입법자는 10미터도 아니고, 50미
터도 아니고, 100미터라고 정했을까. 수많은 사례가 있다.

• 2004년 8월 6일, 서울가정법원은 조성민 씨가 2개월 동안 아내 최씨의 집과 사무실 100미터 이내에 접근하지 못하도록 하는 결정을 내렸다.

• 2006년 6월 14일, 서울중앙지법은 14일 서울대 정운찬 총장과 노정혜 연구처장이 "황우석 전 서울대 교수 지지자 9명의 서울대 캠퍼스 출입 및 100미터 이내 접근을 금지해달라"며 낸 출입 및 접근 금지 가처분 신청을 받아들였다.

• 2008년 6월 11일, 서울중앙지법은 오세훈 서울시장이 "상습 시위자들이 시장 공관 주변 반경 100미터 이내에서 곡을 하거나 욕설을 하는 방법으로 시위를 하거나 도로를 점거하는 행위를 하지 못하게 해달라"며 낸 소송을 받아들였다.

100미터는 사법 기능의 효과적 보호 거리　　먼저 집회 및 시위에 관한 법률 제11조가 있다. 이 법은 "청사 또는 저택의 경계 시점으로부터 100미터 이내의 장소에서는 옥외 집회 또는 시위를 하여서는 안 된다"고 규정한다. 집회 금지 장소의 반경을 100미터 이내로 정한 것이다. 여기에는 국회의사당이나 헌법재판소, 대통령 관저 등이 규정되었다. 어느 사람이 더 가까이 가서 시위하고 싶다며, 왜 하필 100미터냐고 헌법재판소에 위헌 제청 신청을 냈다. 2005년 11월 24일 헌법재판소는 "100미터의 이격離隔 거리는 법익 충돌의 위험성에 비추어볼 때, 사법 기능을 효과적으로 보호하기 위하여 필요한 최소한의 거리로 평가된다"고 했다.

외국 대사관도 100미터 이내 규정이 적용된다. 집회와 시위에 대한 최소한의 보호 거리를 정해둔 것이다. 미 대사관 근처에서 시위하기 위해 집회 허가를 신청한 사람이 있다. 그러자 종로경찰서장은 "이 집회 장소가 미국 대사관의 경계로부터는 97미터, 일본 대사관 영사부의 경계로부터는 35미터밖에 떨어져 있지 않으므로, 집회와 시위 금지 장소에 해당한다"고 금지 통보를 했다. 마찬가지다. 헌법재판소는 "궁극적으로 외교기관의 기능 보장과 외교 공관의 안녕·보호에 있기 때문에 합당한 제한"이라고 했다.

별거 중인 남편에 대한 거리 제한이 왜 하필 100미터냐고 묻는 분이 있을 것이다. 똑같은 헌법재판소 판례는 아니지만, 같은 법리가 적용될 수 있을 듯하다. '사생활을 보호하기 위한 최소한의 거리'라고 결정할 것이다. 이렇게 본다면 법이 특별히 100미터에 의미를 두는 것 같지는 않다. 십진법 사회의 그저 그런 결과가 아닐까. 하여튼 100미터다. 최소한의 보호를 위한 기본 거리쯤으로 기억해두면 된다.

'특허 괴물'을 아십니까

특허 관리 전문 회사　　1998년, 미국의 테크서치^{Techsearch}가 인텔^{Intel}을 상대로 소송을 제기했다. 이 회사는 컴퓨터 제조업체가 아니라 IMS^{Int' l Meta Systems Inc.}라는 마이크로프로세서 생산업체 의 특허권만 사들인 회사다. 그런 다음 인텔이 특허를 침해했다는 이유로 소송을 제기했다. 당시 테크서치가 요구한 배상액 규모는 매입가의 1만 배나 되었다. 인텔 측 사내 변호사 피터 뎃킨^{Peter Detkin}은 테크서치를 '특허 괴물^{patent troll}'이라고 비난했다.

이렇듯 상품을 제조하거나 판매하지 않고 '특허권이나 지적재산권만 집중적으로 보유해서 로열티 수입으로 이익을 창출하는 특허 관리 전문 회사'를 특허 괴물이라고 부른다. 특허 괴물은 주로 미국에서 활동한다. 미국이 지적재산권의 천국이기 때문이다. 2010년 8월 5일, 척 슈머 민주당 상원의원은 '혁신적 디자인 보호와 저작권 침해 방지를 위한 법안(s. 3728)'을 제출한다. 저작권 보호법을 패션 산업까지 확장하려는 제안이다.《뉴스위크》2010년 8월 20일자 〈Copycats vs. Copyrights〉 기사에 따르면 이 제안에는 공화당 의원 세 명을 포함한 공동 제안자 열 명이 동참했다. 현재 미국에 패션 관련 저작권 보호법은 비어 있다. 이 제 다른 사람의 디자인을 흉내 내는 일도 지적재산권으로 보호하겠다 는 것이다.

이런 연유로 미국에는 특허 전문 회사들이 많다. 전형적인 특허 괴물이 NTP다. 이들은 '오바마 스마트폰'으로 널리 알려진 캐나다 RIM의 '블랙베리 폰'에 소송을 제기하여 2006년 합의금 6억 1250만 달러를 받아내기도 했다. 이런 회사는 전 세계에 220여 개가 활동 중인 것으로 알려졌다.

한국을 공격하는 특허 괴물들　　우리나라는 이런 회사의 '사냥'에서 자유로울까. 자금 운용 규모가 무려 5조 원에 달하는 세계 최대의 특허 괴물 인텔렉추얼벤처스Intellectual Ventures가 2009년부터 우리나라에서 본격적으로 활동하고 있다. 이 회사는 마이 크로소프트와 인텔 등이 주도하여 2000년 창립한 회사로 알려졌다.

이데일리 2009년 7월 29일자 〈괴물 상대하는 특허펀드 조성 '삼성·LG 관심'〉기사에 따르면 아직 공개되지 않고 있지만 인텔렉추얼벤처스는 삼성, LG 등 국내 기업을 상대로 수조 원에 달하는 로열티를 요구해온 것으로 전해진다. 이들이 2009년 국내에서 확보한 지적재산권만 200개가 넘는다. 특허 괴물들의 특허 사냥과 특허 분쟁은 늘어날 수밖에 없다.

참고로 미국 특허 관련 단체 페이턴트프리덤Patent Freedom이 조사한 결과, 지난 2004년부터 5년 동안 특허 괴물에게 가장 많은 소송을 당한 회사가 삼성전자다. 후발 선진국으로 원천 기술이 없는 우리나라의 근본적 한계일 수도 있겠다.

그렇다면 우리나라에는 이런 특허 전문 회사가 있을까, 없을까? 없다. 문제가 되지 않을까.

한국 정부의 대응　　　정부와 업계가 힘을 모으기로 했다. 우리나라 기업들의 지적재산권을 보호하기 위한 특허 전문 회사를 설립하고, 특허펀드를 조성·운영하기로 했다. 2010년 8월 29일 국가경쟁력강화회의에서 결정된 내용이다.

우선 정부는 지식재산의 권리를 강화하고 상업화를 촉진하기 위해 민관 합동으로 지적재산관리회사NPEs 설립을 추진하기로 했다. 이 회사는 정부 지원금 50억 원에 민간 기업의 자금을 모아, 2010년 200억 원 규모의 특허펀드를 조성한다는 계획이다. 특허청은 앞으로 5년 내에 최대 5000억 원 규모로 키우겠다는 목표를 제시했다.

그렇다면 이런 정부의 대응은 무조건 옳은 걸까? 여기에 한국적 현실이 있다.

작년의 일이다. 내가 전혀 알지 못하는 유리 제조 관련 분야의 특허 기술을 보유한 분을 만났다. 이분은 우리나라 대기업과 법률 회사, 변리사들의 특허 사무 혹은 특허 소송 관련 행태에 극도로 반감을 표현했다. '아무도 믿을 수 없다'는 것이었다. 특허청도 예외일 수 없겠다. 예를 들어 특허를 신청하려고 관련 법인에 자료를 넘겨놓으면 그 순간 경쟁 대기업에 새어나갈 게 뻔하기 때문에 아예 다른 나라에 특허를 먼저 신청하는 게 요즘 개발자들의 관행이라고 설명했다. 이건 단순한 피해 의식의 수준을 넘는 일이었다. 구조적인 문제라는 생각이 들었다.

현실에는 힘없고 돈 없는 지적재산권 개발자나 여러 중소기업이 있다. 이들은 원천 기술이나 지적재산권을 확보하고도 거대 기업의 특허 침해에 제대로 대응하지 못해 결국 특허를 빼앗기고 마는 일이 비일비재하다는 것이었다. 2009년 공정거래위원회 조사에 따르면 다른 기업에게서 기술 자료를 제공할 것을 요구받은 중소업체 중에서 "기술 자료 탈취나 유용을 경험했다"고 응답한 업체가 22.1퍼센트에 달했다.

이런 관점에서 이번 민관 회사 설립을 평가해볼 필요도 있을 것 같다. 과연 이 회사나 펀드가 존재감 없는 소수파 개발자나 중소기업의 특허권을 거대 기업에게서 확실하게 보호해줄 수 있을까? 한국적 기업 현실에서, 지적재산권이란 측면에서 이 방면의 사회적 약자를 확실하게 보호하는 역할을 해낼 수 있을까? 개발자가 외국의 특허 괴물 회사에게 특허권을 일시적으로 임대하거나 배상금을 나누어 갖는 방식으로 양도하는 경우가 생기지 않을까? 이 경우 특허권을 침해해온 기업의 입장에서는 불편한 일이 되겠지만, 지금까지 특허를 침해당하고도 돈이 없어 배상을 요구하지 못한 개인이나 중소기업 입장에서는 도리어 특허 괴물 회사를 선호하지 않을까?

논쟁은 진행 중　　　최근 국내 굴지의 대기업들이 특허 괴물의 사냥감으로 지목되자, 개인이나 중소기업의 특허 침해 피해에 침묵하던 언론이 놀랍게 반응하고 있다. 당장 정부도 대책 마련에 나선 셈이다. '공정 사회'라는 관점에서 쉽게 이해되지 않는 대목이지만, 이제라도 이 문제에 우리 사회의 관심이 제고된다는 것은 장점

일 수 있을 것 같다.

특허에 대한 논쟁은 여전히 진행 중이다. 지적재산권은 '합법화된 독점'이라는 비판도 있고, 지적재산권이야말로 혁신을 장려한다는 근본 입장도 여전히 유효하다. 어느 쪽이 소비자에게 이득이 되는지 논란이 계속되고, '모방이 창조를 낳는다'는 전통적 이론도 유용하다. 과연 우리나라에서 특허권에 대한 사회적 흐름이나 특허 괴물 회사에 대한 사회적 평가가 어떻게 진행될지 관심사다.

'구텐베르크 프로젝트Project Gutenberg'에 대한 이야기로 끝낼까 한다. 알렉스 스테픈의《월드 체인징》에 따르면 이 프로젝트는 전 세계에서 저작권 시효가 만료된 책 수만 권을 공짜로 제공한다. 이 프로젝트에 참여하는 사람들은 저작권 시효가 끝난 책을 스캔해서 올린다. 책이 오래되어 글자가 흐릿하거나 불분명한 것을 확인해서 교정한다. 스캔해서 올린 글은 한 쪽을 적어도 두 사람이 읽어가며 확인하고, 확인이 끝난 책은 비교적 짧은 시간에 온라인으로 제공된다. 여기에 참여하는 사람들은 서로 한 번도 본 적이 없다. 그러나 이들은 고급 무료 정보를 더 많이 제공하기 위해 더 협력해서 일한다. 전 세계 자원봉사자 수천 명이 귀중한 시간을 쪼개서 인류 공동의 학문적 기념비를 세우기 위해 기꺼이 헌신하고 있다.

'윤리적' 책임 vs. '법적' 책임

사과는 법적책임을 인정하는 것인가　　의료사고가 발생했다. 환자 가족
이 항의했다. 슬픔에 공감한 의사
는 사과apology의 뜻을 밝혔다. '내 탓이오'라며 책임을 지겠다고 했다.
법적책임이 있으면 달게 받겠다고 했다. 연민과 애도의 뜻을 표현했
고, 자신의 의료 행위에 대해 후회한다고 했다. 심심한 위로의 말을 전
하는 것도 잊지 않았다. 그렇다면 이 의사의 말은 박애를 표현한 것이
아니라 순전히 자신의 과실과 법적책임을 인정하는 '진술'의 의미로
해석해야 하는가. 이는 재판에서 민형사상의 책임을 인정하는 증거로
사용되어도 무방한가. 이를 의사의 과실을 입증하는 또 다른 증거로
사용하는 것이 증거법 원칙에 합당한가.

이 경우 '법적책임과 윤리적 혹은 도덕적 책임의 구분'에 관한 성찰
을 요구한다. 근대법의 출발은 법적책임과 도덕적 책임의 분리, 좀더
솔직하게 표현하면 현실sein과 당위sollen의 분리요, 현실 정치와 도덕의
분리와 직결된다. 서구 사회는 마키아벨리 이래 일찍이 정치와 도덕의

분리를 꾀함으로써 근대법의 출발을 예고했다. 가깝게는 17세기 일본에서도 유교 혹은 유학에서 정치와 도덕률을 분리함으로써 근대 법치국가로 나아갈 수 있는 학문적 토대를 구축했다. 물론 우리와 중국은 여전히 종교와 도덕과 정치가 결합된 유교적 지배 이념에서 타율적 근대를 맞이했다. 이런 질서에서는 도덕과 분리된(물론 법은 도덕의 최소한일 수 있고, 자연법이 도덕과 밀접한 관계가 있다는 사실 또한 인정해야겠지만), 종교와 분리된(역시 자연법의 존재는 인정하면서도) 독자적 의미의 법적 체제를 구축하기 곤란했다.

왜 하필 이 시점에서 이렇게 방대한 논의를 거론하느냐고? 종교와 도덕에서 법의 독립이 기왕의 일이라면 이제 윤리적 책임과 법적책임을 좀더 정밀하게 구분하는 것이 사회적·법적 분쟁 해결에 유용할 수 있다는 문제의식 때문이다. 이런 시도들이 미국의 일부 주에서 현실적으로 시행되고, 필자의 경험에 비추어볼 때 이런 논의나 법제가 우리 사회에 도입되는 것이 불필요한 사회적 갈등을 줄이고 좀더 진전된 의미의 법치국가로 나아갈 수 있다는 기대 때문이다.

미국에서 의료 분쟁을 해결하기 위한 새로운 시도와 함께 우리 사회의 논의를 비교해보는 것으로 시작하려고 한다. 어디까지나 시론적 고찰임을 강조해둔다.

의료 분쟁을 해결하기 위한 우리와 미국의 새로운 접근 방식　　2005년, 미국 뉴욕 주 상원 의원 힐러리 클린턴과 일리노이 주 상원의원 버락 오바마는 공공의료서비스법The Public Health Service Act 개정을 위해 전미의료과실공개및배상법

안National Medical Error Disclosure and Compensation(MEDiC) Act.을 제출했다. 법안은 환자에게 즉각적으로 위로를 표현할 것을 요구하는 한편, 조사가 완전히 끝난 뒤에야 책임에 관한 다른 논의를 허용하는 두 가지 접근 방법에서 출발한다. 법안이 제시하는 프로그램MEDiC의 주요 내용은 다음과 같다.

1) 의사와 병원, 보험회사와 건강관리healthcare 시스템에 보조금과 기술적 지원을 제공하는 내용.
2) 환자 안전성 시스템을 위해 의료사고 관련 (정보) 공개 내용은 환자를 제외하고는 대외비로 다룬다는 내용.
3) 의료사고 관련 자료 공개 시 환자나 가족 측 보상에 관한 협상 절차에 착수한다는 내용.
4) 유사한 사례의 재발 방지를 도모하는 절차에 관한 내용.

하지만 이 법안은 폐기되었다(그리고 이들 중 한 사람은 미합중국 대통령이, 다른 한 사람은 국무부 장관이 되었다).

우리 사회에서 의료사고를 해결하는 한 방편으로 법조계가 아닌 의료계에서 주로 희망하는 법안이 있다. '의료분쟁조정및피해구제에관한법률안'이다. 이 법안은 새로운 국회가 시작될 때마다 제출되었다가 폐기되는 운명을 몇 대째 반복하고 있다. 제출자가 다를 뿐, 법안의 내용은 매번 같다. 주된 내용은 다음과 같다.

1) 의료 분쟁을 조정·중재하기 위하여 의료분쟁조정위원회를 설립하는 내용.
2) 조정전치주의를 채택하는 내용.

3) 의료사고에 대한 배상을 목적으로 하는 의료배상공제조합을 설립·운영하고, 의료 기관이나 의사는 책임보험, 책임 공제, 종합 보험, 종합 공제에 가입할 수 있도록 하는 내용.

4) 일부 원인 불명 혹은 불가항력적 사고에 대해 국가가 보상하는 내용.

5) 보건·의료인이 업무상 과실치상죄나 중과실치상죄를 범한 경우 종합 보험, 종합 공제에 가입되었다면 의학적으로 중대한 과실로 인정되지 아니한 의료 행위를 한 경우 등을 제외하고는 그 보건·의료인에 대하여 피해자의 명시한 의사에 반하여 공소를 제기할 수 없도록 하는 형사상의 특례.

이 법안은 우리 민법이나 형법이 정한 책임주의에 어긋나기 때문에 폐기될 수밖에 없는 형편이다. 어느 쪽이 더 합리적일까.

물론 미국은 의료 과실 소송에서 입증책임을 전환했고, 의료 과실 책임보험에 예외가 없는 형편이다. 게다가 징벌적 손해배상 제도가 존재하고, 전 국민 의료보험 시스템이 이제 막 도입되었다. 이런 차이점은 고려해야 할 것이다. 다만 미국 연방 차원에서 새로운 시도는 법적 책임과 윤리적 책임을 분리하되, 분쟁 해결에서 윤리적 요소를 투입하는 것이 상당한 역할을 할 수 있다는 점을 인정한다. 그러나 윤리적 책임 요소가 불필요하게 법적책임을 인정하는 증거로 작용하거나 유책의 결정적 자료로 사용되는지 않도록 양자를 구분하자는 쪽이다.

반면 우리는 여전히 의료 행위의 특수성과 전문성을 존중하는 데서 출발하려 한다. 종전 법체계에서 직업적 특수성과 행위의 특수성만 고려해달라는 것이다. 이는 사실상 의료 행위만 법적 '예외 지대'화하려는 시도인 만큼 저항에 부딪힐 수밖에 없다. 사회는 투명성과 평등성을 요구하는데, 법적 예외 규정을 창설하려는 움직임이 저항에 부딪히는 건 당연하다. 특수성과 예외성을 인정하는 것은 법의 발달단계에 비추어볼 때 도리어 역진적이다. 의료 행위도 다른 사회적·법적 행위와 마찬가지로 공정한 법적 평가 대상에 놓여야 한다. 다만 우리 사회가 사회문제를 법적으로 해결하는 방식에 익숙지 않은 점은 고려되어야 한다. '법보다 주먹이 먼저'라는 말은 여전히 세속법이다.

그렇다면 근대법의 출발이 되는 법과 도덕의 분리라는 대원칙은 지켜나가되, 도덕적·윤리적 요소를 법적 분쟁 해결에 긍정적 요소로 활용할 수 있는 방법은 없을까? 지금 미국에서 논의되는 것처럼 말이다. 법적책임과 도덕적 책임의 구분이 역사적으로 어떻게 진행되었는지 잠시 살펴볼 필요가 있다.

법적책임과 도덕적 책임의 분리에 대한 역사적 과정

가. 법학 또한 마키아벨리에게 감사해야 한다. 마키아벨리가 정치학뿐만 아니라 근대 법학의 효시로 인정받는 핵심적인 이유는 정치에 대한 이해를 도덕에서 분리해낸 현실주의 사상에 있다. 근대 정치의 핵심은 '이익 정치'다. 근대법 또한 사회계약설을 토대한 이익사회의 기본 단위로써 '개인의 자유'를 핵심으로 삼는다. 통치자가 자의적 권력 행사를 자제하고 법을 지키는 것은 무제한적 권력 행사보다 자신의 이익에 부합하기 때문이라고 본 마키아벨리는 양자 출현의 기반이 되는 법적·정치적 선견지명을 제공했다.

마키아벨리에 따르면 '인간이 어떻게 사는가' 하는 '사물의 실제적인 진실'과 '인간은 어떻게 살아야 하는가' 하는 '마땅히 행해야 할 바'를 말하는 도덕성은 별개다. 마키아벨리 이전에는 도덕·정치철학자들의 이상적 공화국이나 군주국에 관한 이념형이 제시되었을 뿐이다. 그러나 마키아벨리는 달랐다. 《군주론》을 통해 군주가 실제로 활동해야 하는 현실 정치 세계를 논했다. 국가와 권력에 관한 그의 현실주의적 담론은 장 보댕, 요하네스 알투시우스Johannes Althusius, 토머스 홉스, 장 자크 루소를 거쳐 근대국가의 (인민) 주권 사상을 형성했다. 인간의 본성에 대한 마키아벨리의 현실주의적 접근은 휘호 흐로티위스Hugo Grotius, 홉스, 존 로크를 거쳐 종교나 도덕이 아닌 '계약'을 본질로 하는 근대 자연법 이론의 형성에 기여했다. 결국 근대국가의 출현과 시민혁명, 근대적 법질서의 탄생에 이르기까지 마키아벨리의 지적 작업이 각인되지 않은 분야가 없다.

그는 정치와 윤리를 구분했지만, 윤리의 문제를 도외시하지 않았다 (현대에도 '정의'의 문제는 대단히 중요하다). 그러나 법과 도덕, 종교가 일체화되던 세계사적 특성에 일대 단절의 계기를 제공했다는 점에서 그의 사상은 매우 중요한 의미가 있다. 마키아벨리의 논리에 따르면 적어도 '현실 정치'라는 독립된 영역에서 (사회적인 도덕규범의 기준이던) '기독교적 미덕'과 전혀 무관한 권력의 창출, 확대, 유지, 재생산이 통치자가 추구해야 할 '덕virtù'의 중심적 기준이다. 그리고 정치가의 사적 윤리는 결코 저절로 공적인 덕으로 전환되지 않는다.

이런 관점에 더해 마키아벨리 사후 마르틴 루터부터 시작된 종교개혁운동은 법과 정치 대對 도덕과 종교의 근대적 분리를 가속화했고, 이는 '이익사회'의 법제적 기반이 되는 근대 자연법 체계로 이행하는 데 중요한 사상적 흐름을 제공했다. 특히 베버는 이런 관점을 충실히 이어받아 《직업으로서 정치Politics as a Vocation》에서 '확신의 윤리'와 '책임의 윤리'를 구분했다. 인간이 선한 존재임을 전제하고 동기가 선하면 결과에 상관없이 그 행위는 선하다는 관점이 확신의 윤리라면, 정치란 근본적으로 '폭력'을 수단으로 삼는 위험한 분야라는 현실에 기초해 볼 때 인간의 공통적인 악을 감안하여 행동함으로써 동기보다 결과의 선을 담보해야 한다는 관점이 책임의 윤리라 할 수 있다. 따라서 정치에서 확신의 윤리는 책임의 윤리 위에 굳건히 서 있어야 한다고 보았다.

물론 이런 전환이 법적·철학적 차원에 국한된 것은 아니다. 이런 사상적 자원이 태동한 배경이 된 동시에 이를 전면화하는 데 기여한 사회 전반의 이행이 그 배경에 자리하고 있었다. 상업과 도시의 발달, 시민혁명과 산업혁명을 통한 근대화는 페르디난트 율리우스 퇴니에스 Ferdinand Julius Tönnies가 논의한 바, 1차집단 중심의 전통적 공동사회 Gemeinshaft를 해체하고 근대적 의미의 이익사회Gesellschaft를 형성했다. 이런 흐름에서 공법과 사적 윤리를 분리한 근대법의 특징은 시민의 내면에 체화되고, 이익사회의 법적 특징은 강화되었다.

나. 서양의 근대 혁명과 동양 삼국의 근대화 과정은 사뭇 달랐다. 중국 문명과 그 정수인 유교의 지배적 영향 아래 머물다 근대법의 후발 주자가 되어야 했던 한·중·일 삼국은 법과 정치 대 도덕과 종교를 분리한 마키아벨리즘적 특징에서 다른 경향을 보였다.

이 점에서 일본을 주목할 수밖에 없다. 놀랍게도 일본은 오규 소라이荻生徂徠부터 시작된 소라이가쿠徂徠學라는 독자적인 지적 전통 안에 뚜렷한 마키아벨리즘적 특징이 태동해 있었다. 이는 일본 사회가 근대화로 이행하는 데 지적 기초로 작동했다. 중국은 19세기 말에서 20세기 초엽에야 량치차오梁啓超 등이 마키아벨리즘적 차원에서 근대성에 대한 인식의 단초를 드러냈지만, 그 출현 시기가 늦었고 영향력의 측면에서도 약한 흐름이었다.

반면 우리는 조선 개화파조차 이런 근대성에 근접한 심도 있는 고민이 발견되지 않는다. 계약에 토대한 이익 정치와 근대 자연법사상을 뚜렷이 전개하지 못하고, 오히려 인의仁義에 토대한 유학적 도덕 정치를 통해 근대 자연법사상을 유가류儒家類의 도덕적 자연법으로 재봉건화하는 경향에서 벗어나지 못했다. 그리고 이런 추세는 묘하게도 근대화의 후발 주자로서 역사의 시간과 경쟁해야 했던 한·중·일 삼국의 상황과 일치한다.

다. 일본은 메이지유신 이후 독일 법을 도입하면서 근대법 체계로 전환했다. 그러나 일본에는 제도적·형식적으로 근대법을 도입하기 훨씬 이전에도 근대로 이행하는 것을 자극하는 뚜렷한 사상적 흐름이 있었다. 일본 학계의 천황이라 불리던 마루야마 마사오丸山眞男는 앞서 언급한 '소라이가쿠'의 개조 오규 소라이를 재조명하고, 이를 일본 근대성의 효시로 삼는다.

마루야마는《일본 정치사상사 연구》에 실린 〈소라이가쿠의 특질〉이라는 논문에서 '정치적 사유의 우위'로서 소라이가쿠의 특질을 규정해 들어간다. 이는 오규 소라이의 마키아벨리즘적 사유 속에 배태된 근대성의 일본적 전개를 의미하는 것이다. 도덕과 정치의 분리라는 마키아벨리즘적 사유의 근대성이야말로 일본 정치사상사의 '정치'에 해당하며, 그런 '정치의 발견자'로서 소라이는 마루야마의 영혼을 구제하는 급박한 요청 앞에 연역적으로 나타날 수밖에 없었다. 보다 정확히 말하면 소라이가 정치를 발견했다기보다 정치의 발견자로서 소라이를 마루야마가 발견한 것이며, 그 자체가 '일본 정치'의 발견이었다.

우리의 조선 시대와 일본에서 유교와 유학자의 관계는 정반대다. 궁리와 덕행, 덕행修身齊家과 치국평천하治國平天下를 직선적으로 연속하는 주자학에서는 이론적 성격이 비정치적이기 때문에 유학자의 임무는 정치적인 것이 되고, 사적인 도덕과 정치의 연속성을 끊어버린 소라이가쿠에서는 나라를 다스리고 천하를 편안하게 하는 데서 유교의 본질을 찾기 때문에 유학자의 지위는 비정치적인 것이 된다.

소라이는 길道, 規範을 예禮, 악樂이라는 외부적·객관적 제도에 한정함으로써 '인성적 자연'을 넘어서는 것(초월)으로 만들었다. 그러나 소라이가 말하는 예, 악은 송학宋學처럼 '하늘의 이치를 표현한 것, 사람의 일에 대한 법칙'이라는 추상적인 것이 아니고, 순자荀子의 그것과도 다르며, 인간 내면성의 개혁을 문제 삼지 않고 오로지 정치적 지배의 도구로 보려는 점에서 인성에 대해 한층 외재적인 것이 되었다. 정치는 하늘의 길이 아니라 사람의 길이 될 수 있었다. 도덕과 현실 정치의 구분이 가능해졌다. 근대법의 출발이 가능할 수 있는 학문적 토대를 구축했다. 종교와 도덕과 정치와 법의 강고한 결합체였던 유교적 지배 이념에서 현실의 근거를 분리한 것이다. 현실의 자유는 정치의 독립이요, 법적 독립을 의미할 수밖에 없었다. 마키아벨리즘적 사유의 일본판일 수밖에 없었다. 마루야마는 이 점을 확실하게 논증했다. 그리고 이것이 일본 근대 정치의 출발일 수 있었음을 학문적으로 입증했다.

라. 같은 유교 문화권이지만 란가쿠蘭學를 수용하고 독특한 봉건제를 포함해 17세기 무렵부터 문화의 상대적 독자성을 강화해오던 일본과 달리, 중국과 조선은 그보다 200여 년이 지난 19세기 말엽에야 근대적 정수를 자기 문명에 수용하려는 움직임을 보인다.

유학의 개조 공자는 일찍이 "덕행으로 국가를 다스리는 것은 하늘의 북극성에 견줄 만하다. 제자리에 있으면 여러 별들이 그것을 중심으로 돈다"며 정치와 형벌이 예악 위에 위치하는 것을 반대했다. 법은 (자연 법처럼) 본래 동양 사회의 예에서 도출되기도 한다. 그렇지만 예와 법은 분명히 다르고, 가야 할 길도 다를 수밖에 없었다. 그런데 동중서董仲舒를 대표로 하는 한漢대 유학은 '종교, 윤리, 정치의 삼자 합일'이라는 도식적 우주관을 세웠다. 천인감응이나 음양오행은 모든 정교 체제의 관념 체계와 이념, 즉 '하늘을 본뜬 관료 제도'부터 의약과 점복占卜에 이르기까지 관할·주재·지배·제약한다. 이중에서 의약, 점복 등은 오늘날도 유교 문화권에 잠식된 사람들의 활동과 심리에 영향을 미친다. 정치나 법률도 마찬가지다. 일례로 대통령은 하늘에서 내린다는 사상이 여전히 우리 사회를 음성적으로 지배한다.

현대 중국에서 반체제 지식인으로 평가받는 리쩌허우李澤厚의 입장을 빌리면, 유학의 도덕률에는 종교적 도덕과 사회적 도덕이 혼재한다. 종교적 도덕은 공자, 맹자부터 송대 유학에 이르는 동안 개인의 수양을 위해 유가와 도가(그리고 불가)가 상호 보완하면서 준 종교적인 내용을 추구하는 형태로 발전했고, 성리학이 이 분야를 앞장서 이끌면서 열렬히 선전한다. 사회적 도덕은 공자부터 순자까지 이어지며, 도가와 법가, 음양가와 합쳐져 서로 보완함으로써 유가와 법가가 혼용된 윤리적·정치적 규범이자 법칙(법률적 규범)이 되어 중국의 2000년 역사를 지배했다.

종교적 도덕의 내용은 '안으로 성인을 추구하는 것內聖'이고, 사회적 도덕의 내용은 '밖으로 왕도를 실천하는 것外王'이다. 하늘의 길이 성인의 길이고, 성인의 길이 왕의 길이며, 왕의 길이 사회의 길이요, 법의 길이었던 셈이다. 이런 질서 아래서 정치와 법을 구분하기는 도저히 불가능했다. '정교분리'가 불가능했다는 말이다. 황제는 하늘에 대한 제사권이 있는 현실 정치의 지도자요, 종교 지도자요, 법의 최종적인 해석 기관이요, 도덕의 최종 모델이었다. 따라서 현실 정치와 현실의 법을 구분하기는 참으로 어려운 작업이었다. 법과 도덕의 구분 자체가 어려웠다.

중세 서양의 법정은 종교법정인 동시에 정치 법정, 도덕 법정, 문화 법정이었다. 중국과 조선에서도 정교 합일 현상이 오랫동안 계속될 수밖에 없었다. 하지만 일본에서는 제왕의 권력과 종교의 권력을 분리하는 작업이 학문적으로 가능했고, 이를 통해 사회적 권위와 도덕적·문화적 권위를 분리할 수 있었다. 이런 분리는 여러 영역이 서로 제약하는 힘과 정치, 사상, 문화 활동의 독자적 공간을 형성했다. 정교의 분리와 함께 세속 문화를 종교 문화에서 분리하면 다원화된 사회·정치·문화적 권위를 형성할 수 있다. 정치적 패권과 문화적 패권을 근절하면서 두 패권이 통일된 연맹 상태를 무너뜨려 사회가 죽음의 분위기로 빠져드는 것을 막을 수 있는 것이다.

《여씨춘추》에는 "《상서》에서 말하길, 300가지 형벌 가운데 불효보다 죄가 무거운 것은 없다"는 기록이 있다. '효'는 상고시대 씨족사회부터 요구된 매우 중요한 규범이다. 한나라 시대 이후 법률로 명문화해서

부모가 아들을 때리는 것은 법에 저촉되지 않지만 자녀가 부모를 구타하는 것은 죽을죄라고 규정했으며, 부모를 고소하는 것도 금지했다. 법률 자체가 이렇게 불평등을 확정해놓고 부자 일륜의 차등 관계를 단단하게 유지하고 보호했다.

이런 흔적은 서구 형법에는 남아 있지 않지만, 우리 형법과 형사소송법에는 남아 있다. 법과 도덕의 분리가 결코 과거에서 자유롭지 못한 대표적인 예다. 이런 사회에서 근대적 의미의 법체계가 발달하려면 여전히 갈 길이 멀다. 법이 결코 서구의 수입품일 수 없고, 한국적 가치와 전통과 정서를 반영하는 최소한의 도덕률이 돼야 한다는 점을 전적으로 부정하지는 않는다. 그런데도 법과 도덕과 정치와 종교가 분리되기 전의 유교적 이념 체계는 여전히 우리 사회를 지배한다. 이런 사회에서 법과 도덕의 차가운 구분은 계속되어야 한다.

마. 이제 우리의 과거(조선)는 어땠는지 살펴보자. 조선 성리학의 이름을 드높인 퇴계 이황은 '리理'를 우주와 인간 사회의 최고 주재자로 내세우면서 도덕적 질서와 귀천의 위계도 하늘이 정한 이치의 발현으로 여겨, 현실 세계에서 질서와 제도를 엄격히 지켜야 한다고 했다. 임금은 '리'를 체현하는 자로서 나라와 백성의 주인이기 때문에 신하는 받들고 임금은 잘 다스려야 하며, 이와 같은 질서에는 오륜이 규정한 관계가 포함된다고 했다. 아울러 이런 성리학적 질서를 현실에 충실히 구현하기 위해 몸소 향약을 조직하고 운영했다. 당파가 다른 율곡 이이를 포함해 조선 중기 이후 관료 사회를 장악한 사람들은 대개 향약을 통해 말단 향촌까지 뿌리를 내리고, 자신들의 도덕 정치적 이상을 주입하여 지배적 위치를 공고히 했다. 이런 상황에서 정치와 종교, 법

과 도덕이 과연 구분될 수 있었을까.

한·중·일 삼국 중 정통 성리학의 그늘이 가장 짙었던 소중화小中華 조선은 성리학적 잔재에서 탈피해 근대로 전환하는 데 지체를 겪어야 했다. 이런 특성은 동북아 삼국 중 가장 늦은 개화의 길의 선봉에 섰던 박영효와 유길준의 정치사상에도 그대로 반영되었다. 조선의 개화파 지식인은 전통적 도덕 형이상학과 결별을 선언한 일본의 오규 소라이는 물론, 청조의 량치차오와도 사뭇 다른 경향을 보였다. 이들은 서구 문물을 수용하는 차원에서 근대 민주주의가 강조하는 자유와 법치의 개념을 수용할 것을 강조했지만, 반드시 유학적 도덕과 덕치를 통해 이를 보완해야 한다고 주장했다. 이를 위해 근대적 의미의 자유와 유가적 의미의 도덕을 혼용해 서구의 법치와 유가의 덕치를 겸전하려는 지적 시도를 보였다.

박영효는 법치에 입각해야 한다고 하면서도 "형을 가혹하게 하여 인을 상하게 하고, 벌을 윽박질러 의를 어그러뜨리며, 법을 천단하여 신信을 잃어 마침내 사람의 마음을 연약, 완폭, 의심하여 요란케 하는 것은 만방미개蠻邦未開의 정치다. 형을 인으로써 행하고 벌을 의로써 행하며 법을 신으로써 행하여 마침내 사람의 마음이 호건豪健, 화평, 신뢰하여 안온하게 하는 것은 문명 개명한 정치다"라고 하여 서구적 법치를 형벌론적 법가로 인식하고, 이를 유가적 도덕 정치와 병행할 것을 주문한다.

유길준 역시 법치를 도덕에 의한 규율과 책임이 수반되는 것으로 이해하고 있다. 개화파 중에서도 비교적 왕실에 가까운 보수적 성향을 보인 유길준은 정부의 설립 목적 자체를 "학문으로써 사람의 도리를 가르치고 법률로써 사람의 권리를 교회敎誨"함과 더불어 "사람의 강약과 현우賢愚를 물론하고 각각의 인간이 인간다운 인간이 되는 도리와 신명身命, 재산을 보전하는 권리를 귀歸"하기 위한 것으로 규정한다. 이와 같이 국가의 '윤리적 개입'을 당연시하며 국가는 백성의 교화 주체라는 관점을 드러내는 유길준의 권리론과 법치론은 전통 유가의 도리론과 덕치적 교화론에 토대한 것이다.

개화파는 '교양'과 '재산'을 갖춘 보편적 '시민상' 역시 '도덕'을 갖춘 유가적 '군자상'으로 치환하고자 했다. 특히 유길준은 아예 지식을 갖춘 인민만 정치에 참여할 것을 주장하면서 새 정치에 필요한 정치의 주체를 시민이 아닌 '군자'로 명명하기도 했다.

법적책임과 도덕적 책임의 구분에 대한 우리의 법 현실

비동시성의 동시성. 후발 근대화 사회를 분석할 때 많이 쓰이는 이 개념은 현재 우리나라의 법 현실이나 시민의 법의식을 표현하는 데도 매우 적절하다. 건국 이후 근대적 법제로 탈바꿈한 지도 어느덧 60년이 훌쩍 지났지만, 식민 통치를 통해 파행적·피동적 근대화를 겪은 우리 역사의 특수성이다. 특히 앞서 논한 도덕과 법을 나눠 접근하는 관념은 세대가 올라갈수록 부족하며, 종교와 정치의 구분도 여전히 미흡하다. 이것이 우리 헌법 현실이 좀더 민주적 헌법 현실로 나아가는 데 중대한 장애 요소로 작용한다.

국무총리를 일인지하 만인지상으로 표현하는 방식 또한 지극히 반헌법적이다. 대통령을 '나라님'이라고 생각하는 방식이나 논두렁 정기라도 안고 태어나야 대통령이 될 수 있다거나 태몽을 따지는 방식 또한 지극히 전근대적이요, 종교적이다. 종교와 현실 정치의 구분이 지극히 미약한 헌법 현실은 통치를 종교적·권위적으로 이끌어가고 대통령제를 사적 대통령이나 제왕적 대통령제로 몰고 가는 또 다른 부정적 유산이다. "법 없이도 산다"는 표현 역시 공적 법제와 사적 도덕이 의식적으로 미분화된 양상을 잘 드러내는 화석과 같다.

재미 교포가 어린 자녀를 집에 두고 직장에 나갔다가 사고로 자녀들이 사망한 것을 나중에 발견하고 "내가 죽였어, 내가 죽였어"라고 울부짖다가 범행을 자백한 것처럼 간주된 사례가 있다. 먼 나라 이야기가 아니다. 문화의 충돌이라고 치부하기엔 냉정한 법적 평가의 대상이 될 필요가 있다. 법적 제도를 바꿀 시간은 충분했지만, 시민의 법의식이 이를 따라잡는 데는 지체가 발생했다.

전통적 저항 속에 동성동본 금혼 제도나 호주제를 폐지하기까지 긴 시간이 필요했다. 존속살해죄에 대한 가중처벌 조항 또한 위헌 논쟁 속에서도 여전히 작동한다. 유교적 가족 윤리의 장점은 인정하지만, 법과 도덕의 구분은 다시 강조할 필요가 있는 별개의 문제다. 이것이야말로 근대법의 출발이요, 현실 정치의 시작이다. 그리고 윤리적·도덕적 책임 요소와 법적책임 요소를 구분하여 체계화되고 예측 가능한 법적책임 구조를 완성하는 것이야말로 근대법의 핵심적 특징이다.

얼마 전 헌법재판소는 형사소송법 제224조 '직계존속 고소 금지'에 대한 헌법 소원 사건(2008헌바56)의 위헌 여부 심리를 위한 공개 변론을 진행했다. 이날 변론에서 청구인 측은 해당 조항이 봉건적 가부장제에 기초한 윤리 규범에 근거한 것으로, 직계비속이라는 사회적 신분을 이유로 평등권과 재판 받을 권리를 차별하고 있다고 주장했다. 법무부 측은 "효 사상은 우리가 계승·발전시켜야 할 가치 질서일 뿐만 아니라 형사소송법 조항에 따라 직계존속에 대한 고소가 제한된다고 하더라도 신고나 제보, 인지에 의해 수사가 가능하다"며 맞섰다. 흥미로운 것은 미국이나 유럽 등 서구권은 물론, 같은 유교 문화권에서도 이런 규정은 존재하지 않는다는 점이다. 하지만 앞서 살펴본 바와 같이 그 역사의 뿌리는 지극히 동양적이요, 유교적이다.

다시 강조하건대 유교적 지배 체제에 기초한 우리 법의 특수한 현실이 우리 사회의 특수한 현실에 긍정적으로 기여한다면 굳이 이를 서구의 근대법을 기준으로 비판할 생각은 없다. 다만 우리 법에 각인된 전통적 도덕의 잔재가 과연 우리 사회의 분쟁과 갈등 해결에, 비정치적 의미의 사회적 도덕 확립에 도움이 되는지 따져봐야 한다. 우리 사회가 동의하는 민주주의와 인권, 시장경제 사회를 좀더 고도화하기 위해서는 법적책임 구조를 명확히 할 필요가 있다. 그렇다면 종교와 정치의 구분도 좀더 정교해져야 한다. 그런 의미에서 종교적 근본주의로 정치에 영향을 미치려는 시도는 비판 받아 마땅하다. 도덕률과 법률의 구분 또한 서로 영향을 차단하지는 않되, 좀더 강화될 필요가 있다. 법률에서 전통적·도덕적 요소를 구분하는 것이 법적책임 구조 확립에 보탬이 된다. 한국적 갈등 구조에 비추어볼 때 법적책임과 도덕적 책임을 좀더 분명하게 구분하는 것이 사회적 갈등 해소에 유용하다. 법적책임과 윤리적 책임을 구분하는 것 또한 마찬가지다.

미국의 '소리워크스' 법제　　　　다시 강조하거니와, 법적책임과 윤리적 책임은 구분되어야 한다. 이런 구분이 도리어 현대 법의 발달을 재촉하고, 사회적 갈등 해결에 도움이 될 수 있다는 유력한 증거가 있다. 미국의 여러 주에서 시행되는 '사과 관련법

apology laws'이 바로 그것이다. 의료사고가 발생했을 때 피해 환자 측과 의료진 측의 소통과 합의를 위한 조정 제도에 관한 법률이다. '소리워크스sorry works'라고도 불리는 이 제도는 법적책임과 윤리적 책임이 극적으로 충돌하는 의사-환자라는 특수한 관계에서 불필요한 갈등의 증폭과 소송의 남용을 막고, 갈등 해소를 위한 적극적 소통과 선제적 보상 조치가 안정적으로 취해질 수 있는 여건을 마련하기 위해 고안되었다.

인도주의와 생명 윤리의 최전선에 복무하는 의사라는 직업의 윤리적 특수성은 동서고금을 막론하고 널리 인정받아왔다. '히포크라테스 선서'는 그 빛나는 상징이라 할 수 있다. 그 특수성은 비단 의료인 자신들만 주장하는 것이 아니라 환자를 포함한 모든 이들이 공히 인정한다. 문제는 의료인이 의료 행위를 하는 과정에서 불의의 사고가 발생했을 경우(의료사고)다. 이때는 이런 특수성이 오히려 갈등을 배가하는 소재가 된다. 의료인에게 결정적 유책 사유가 없을 때도 사회적 비난이나 의혹의 시선이 가중되기 일쑤다. 환자 측 역시 의료 행위의 전문성 때문에 갑작스런 의료사고에 직면했을 경우 의문과 회의를 품는 것이 당연하다.

흥미로운 사실은 의료인의 잘못으로 발생하는 것으로 알려진 의료 과실(혹은 의료 과오)이 의사 개인의 태만이나 부주의보다 의료 환경이나 시스템, 잘못된 절차 등에 기인하는 경우가 훨씬 많다는 점이다. 미국의학연구소IOM의 1999년 통계에 따르면, 의료 과실에 따른 사망 9만 8000여 건 중 90퍼센트는 의사 개인의 잘못이 아니라 의료 시스템과 절차상의 문제에서 비롯되었다고 한다. 힐러리와 오바마가 환자 진료 기록 관리 전산 시스템 도입 등을 포함한 전반적인 환자 안전성patient safety

강화를 위한 조치를 MEDiC 법안에 추가한 것도 이런 문제점을 해결하려는 방안이다. 이들은 환자 안전성 강화와 의료 책임 환경 개선의 핵심 목표는 다음 네 가지임을 강조했다.

1) 막을 수 있었는데 발생한 환자의 상해injury 비율을 낮춰야 함.
2) 의사와 환자 사이의 개방적인 소통을 증진해야 함.
3) 환자가 정당한 의료 상해에 합당한 보상을 받을 수 있도록 보장해야 함.
4) 의료 서비스 제공자의 의료 책임 보험료 부담을 줄여야 함.

여기서 주목할 것이 2번이다. 한 연구 결과에 따르면 의료 소송을 결심하는 가장 중요한 요소는 환자와 의료인 측의 불충분한 의사소통이라고 한다. 많은 의료 서비스 제공자도 이를 인식하고, 의료사고가 발생했을 때 환자 측과 원활한 의사소통을 위한 대책을 강구하고 있다. 병원이나 보험회사가 '진실 말하기 프로그램'을 통해 환자에게 사건 경위를 적극적으로 설명하고, 진실에 토대한 보상 문제 해결을 시도한 것이다. 그리고 진실 말하기 프로그램이 실제 의료 소송에서도 피고인 의료인 측의 성실성과 결백성을 방어하는 데 유용하다는 것이 입증되었다. 진실 말하기 프로그램의 순기능을 확인한 여러 주 정부 역시 이를 주법으로 입법화해 프로그램을 확산하기 위해 노력했다.

1986년 매사추세츠 주를 시작으로 2007년까지 미국 34개 주에서 보건·의료 제공자의 위로나 사과를 면책으로 보호하는 일종의 '위로/사과 관련법'이 제정되었다. 매사추세츠 주는 1986년에 처음 위로/사과 관련법을 제정하여 다음과 같이 언급했다.

"사고와 관련된 사람이 환자나 가족에 대하여 행한 사망이나 고통 혹은 괴로움과 관련한 일반적인 공감이나 선의의 위로를 표시하는 말, 서면, 몸짓은 민사소송에서 법적책임의 증거로 사용될 수 없다."

"소리sorry"라고 말하면 법정에서 유죄의 증거 능력이 있는 진술로 간주되던 일은 옛말이 되었다. 같은 "소리"지만 '진지한 위로'와 '책임을 인정하는 사과'의 엄청난 차이를 이해하고, 사과와 진실 말하기를 적당한 방법과 절차에 따라 진행한다면 유죄의 증거로 인정되지 않는다. 대다수 사과 관련법은 이런 점을 의료인과 대중에게 환기한다는 점에서 의사들이 진실 말하기와 사과하기를 좀더 편안하게 느낄 수 있게 해준다. 물론 의료인의 사과나 유감 표명에 대한 면책조항을 명문화해 진실 말하기를 보다 적극적으로 보호하는 주도 13곳이나 있다. 이처럼 사과 관련법의 구체적 내용은 주에 따라 다양하지만, 대체로 다음과 같은 것을 포함한다.

- 특정 절차에서 보호(민사소송, 사망 사고, 중재, 행정소송 등)
- 보호되는 대상(서면, 구두 혹은 행동 등)
- 보호되는 내용(확인, 몸짓, 사과 혹은 동정의 표현, 과실의 표현, "안타깝습니다", 교정적 처치를 하자는 제안 등)
- 보호되는 사람(의료 제공자 혹은 의료 제공자의 피고용인 등)
- 발언 혹은 행위의 대상(환자, 환자의 친척, 생존자, 환자를 위한 의료 결정권자, 즉 환자 혹은 가족의 친구 등)
- 위로 혹은 사과의 대상(사고, 예상치 않은 결과, 사건, 환자의 상해 혹은 고통 등)

• 보호의 내용(책임을 인정하는 증거로 제출 불가, 이익에 반하는 증거로 제출 불가, 추가적인 조사 대상에서 제외 등)

이런 수준에서 한 발 더 나아가 의료인 측의 면책 범위를 과실을 인정하는 발언까지 확대한 법안도 등장하고 있다. 의사와 환자 의 열린 관계를 진작하기 위한 방안이다. 2003년 콜로라도 주를 시작으로 조지아, 사우스캐롤라이나, 코네티컷, 애리조나에서 '실수'나 '과실' 같은 단어도 사과 관련법상 면책의 범위에 포함한 것이다.

환자 측에게 진실을 공개하는 것은 윤리적 차원에서 당연한 상식이다. 환자와 그 가족은 진료 당시 무슨 일이 있었는지, 환자가 의학적으로 어떤 상태인지 알 권리가 있다. 미국의사협회나 미국의료윤리학회 매뉴얼 등이 윤리적 기준을 공표하기도 한다. 그러나 미국은 이런 윤리적 당위 명제를 법제화하는 데 신중하다. 각 주는 입법화 과정에서 법이 윤리의 영역을 과도하게 침식하는 것을 철저히 조심하면서 주별 이해당사자 간의 합의 수준을 토대로 점진적인 법제화를 추구한다.

소리워크스의 경우 이 작업이 환자 측은 물론 소송 등에 따른 불필요한 비용이 과다해지는 경향에서 의료인 측을 보호하는 측면에 많은 의료인의 공감을 얻었기에 입법화까지 이어진 측면이 있었다. 힐러리와 오바마 역시 연방 정부에 MEDiC 관련 법안을 제안하면서 윤리적 당위성보다는 환자-의사 양측의 이해에 부합하는 법안의 특징을 강조했다. 그 법제화 과정의 기본 전제로 법적 영역과 윤리적 영역을 철저히 분리된 다른 출발점에서 놓고 다룬다는 점 또한 명백하다.

결론　　마키아벨리 이래 서양 근대법은 정교분리, 종교와 현실의 분리, 종교와 정치의 분리, 도덕과 법의 분리를 통해 합리적이고 주체적인 개인과 이들의 사회계약, 독자적인 현실 정치와 법 제도를 구축했다. 무엇보다 법과 도덕의 구분이 인간을 인간답게 했고, 신에게서 인간의 자유를 가져왔고, 절대왕권에서 개인의 독립을 구축했다. 그럼으로써 근대사회가 가능했다. 따라서 도덕적 책임과 법적책임은 명료하게 구분되기 시작했고, 도덕적 권리와 법적 권리도 마찬가지다. 이것이 현재 우리가 배우는 근대법의 출발이요, 발전이다.

조선이나 중국과 다른 일본의 마키아벨리즘적 사유 체계 발전이 유발하는 차이는 분명하다. 그 영향력과 차이점은 굳이 강조할 필요가 없다. 그런데도 우리 사회는 여전히 법과 도덕이 제대로 분리되지 못한 채 종교와 정치, 윤리와 법이 사실상 한 묶음으로 전해 내려온 동양적 사유 체계에서 자유롭지 못하다는 것이 필자의 생각이다. 법과 도덕의 구분은 좀더 강화되어야 한다. 이로써 법적책임과 도덕적 책임은 확연히 구분될 수 있고, 법 문화 발전 역시 강화될 수 있다.

이 시점에서 현대사회의 법 발달을 이끌어가는 미국의 제도는 우리에게 많은 시사점을 준다. 법과 도덕의 구분, 법과 윤리의 구분, 법과 정서의 구분을 좀더 강화하면서 사회적 갈등 해소에 도움이 되는 쪽으로 양자를 적절히 활용하는 새로운 시도가 엿보인다. 의료 분쟁 해결을 놓고 우리가 접근하는 방식과 현재 미국이 새롭게 접근하는 방식이 곧 한국과 미국 법 문화의 차이다. 이는 법과 도덕의 구분에 대한 차이다. 또 법적책임과 윤리적 책임의 구분에 대한 중대한 징표다. 미국의 관심사는 윤리적 요소를 법적책임에서 분리하면서도 이를 사회적 갈

등 해소에 도움이 되는 쪽으로 어떻게 활용할 것인가 하는 점이다. 이런 관심사가 우리에게 많은 시사점을 줄 것이다. 그래서 법과 도덕의 구분에 관한 역사를 언급하지 않을 수 없었고, 한·중·일의 역사적 사례를 짧게나마 검토한 것이다. 이 과정에서 다소 논의가 산만하게 느껴졌을 수 있지만, 문제의식만큼은 이해해주었으면 한다.

6부

그들만의 교육 리그

선행 학습의 비경제학

대한민국의 풍속도, 선행 학습　　교육이 '자본'화되고 '투자'가 된 지 오래다.

인적 자본을 양성하기 위한 투자 중 선행 학습이 있는데, 이는 학교에서 배울 내용을 몇 달 혹은 한두 학기 일찍 배우는 것을 말한다. 초등학생 때 중학교 과정을 배우는 경우도 있다. 선행 학습은 경쟁과 차별, 속도에 익숙한 대한민국의 풍속도다. 선행 학습은 예습과 다르다. 예습은 그날이나 다음에 배울 것을 짧은 시간에 미리 훑어보는 것으로, 수업에 대한 집중력을 높여준다는 점에서 긍정적이다. 선행 학습은 주로 영재들을 대상으로 하는 심화 학습과도 다르다. 아이들의 지적 발달 능력을 고려하지 않는 데서 오는 차이다. 학원이나 과외 선생님에게 의존한다는 점에서 자율 학습과도 구별된다.

경제는 곧 시장이고, 시장의 기초는 자율과 책임이다. 타율성에 기초한 선행 학습은 자기 선택의 원리가 무시된다. 자발적 선택이 아닌 이상 책임에서 자유로울 수밖에 없다.

비경제적 투자, 선행 학습　　　성적 부진의 책임은 부모에게 있다. 스스로 목표를 세우고 과정을 통제하는 가운데 자신에게 가장 효율적이고 적절한 경로를 찾아가는 것이 '학습 경제'라면, 선행 학습은 근본적으로 반시장적이고 비경제적이다. '최소 투입 최대 효과'라는 경제 원리와 근본적으로 상충되며, 학습의 근본 목적인 행복 추구의 최대화와도 거리가 한참 멀다.

우리나라 중학교에 진학하는 학생들의 자율성이 초등학생 때보다 퇴보한다는 연구 결과가 있다. '보이는 손visible hands' 때문이다. 시장의 주체인 부모가 경제적 선택을 잘못한 결과다. 특히 '선행'이라는 용어가 상징하듯 투자의 타이밍이 문제다. 교육 투자는 자칫 과도한 위험에 노출될 수 있는 선물先物거래와 다르다. 날 줄도 모르는 어린 독수리에게 사냥하는 법을 가르치는 것과 마찬가지다. 아이들의 지적 발달 수준을 고려하지 않은 투자는 가치 투자가 되지 못한다. 성장 속도에 맞는 학습 내용과 강도가 필요한데, 소화하기 힘든 선행 학습과 주입식 교육은 도리어 학습 지체를 가져온다.

대다수 부모들은 학원에서 한 번 배우고 학교에서 다시 배우면 결승점에 남보다 빠르고 쉽게 도달할 것이라고 기대한다. 하지만 모두 선행 학습에 나서다 보니 이제 선발 효과도 무의미하다. 도리어 생산능력을 초과한 요소 투입이 생산 공정에 과부하를 일으키고 불량품 양산으로 이어질 가능성이 높다. 과잉학습장애증후군으로 이어지는 아이들도 있다. 과잉 선행 학습에 부모들의 과도한 기대가 겹치면서 발생하는 '한국병'이다.

공교육의 황폐화　　　선행 학습이 주는 또 다른 비경제적 효과는 공교육이라는 공적 시장의 황폐화다. 공교육과 사교육, 이원적 교육은 공교육의 실패를 전제할 수밖에 없다. 아이들은 학원에서 배웠기 때문에 정규 과정을 무시하고, 선생님을 존경하는 마음이 없어진다.

교육이라는 산업에 대한 생산성의 평가를 오로지 학업 성취도에 두는 것도 반시장적이다. 기업과 상품의 사회적 공헌도가 재평가되듯, 학교교육의 또 다른 성과 지표는 사회성, 리더십 등이다. 정규 과정에 대한 호기심 결여는 교우 관계의 무관심으로 이어진다. 갈등과 긴장과 협력을 통해 교우 관계가 형성되는 곳은 학교가 아니라 학원이다. 학교는 다양성에 기초한 큰 집단이지만, 학원은 소규모 동류 집단이다. 이런 구조적 차이가 공교육의 중요한 지표인 사회성의 상실로 이어질 수 있다.

선행 학습을 탐구하고 학습해볼수록 반시장적이고 비경제적임을 알 수 있다. 그래서 선행 학습의 비경제학을 제시한다.

제발 아이들 잠 좀 재워라

잠 못 자는 아이들　　　초등학생부터 고등학생까지 우리나라 아이들과 청소년의 잠 부족은 심각한 문제다. 굳이 의학적 소견을 인용하지 않아도 그 심각성을 모르는 사람은 아무도 없을 것이다. 불필요한 경쟁 때문이라는 것도 안다. 무지한 소견으로 다 조금씩 게으르면 될 일인데, 1분 1초씩 당기고 잠을 줄이다 보니 어느새 우리 아이들이 잠 못 자는 아이가 되어간다.

　첫째, 오바마 대통령의 두 딸 이야기다. 이제 4학년과 2학년이다. 얼마 전 뉴욕타임스 보도에 따르면, 오바마 대통령의 두 딸은 밤 8시면 반드시 취침해야 한다. 대신 자명종 시계를 맞춰놓고 아침 일찍 일어난다. 우리나라에서 밤 8시에 잠자리에 들 수 있는 아이들이 몇이나 될까. 아이들이 깨어 있는 시간이 많기 때문에 온 나라가 천재 공화국이 되고 있나.

　둘째, 언젠가 읽은 홍세화 선생 이야기다. 선생은 파리에서 택시 운전사로 일하던 시절, 학교에 딱 두 차례 불려갔단다. 두 번 모두 아이를 늦게 재웠다는 선생님의 질책 때문이었다. 밤 9시 넘어 재운 적이 두어 차례 있었고, 아이들이 학교에 가서 졸았나 보다. 선생님은 당연히 홍세화 선생을 불렀고, 왜 늦게 재웠느냐고 지적한 모양이다. 우리나라에서 이런 일이 있을 수 있나.

셋째, 대구의 초등학교 학생들을 대상으로 조사해보니 잠 못 자는 우리나라 아이들의 현실이 여실히 드러났다는 연구 결과다. 조사에 따르면 우리나라 어린이들의 수면 시간이 세계에서 가장 짧은 수준이었다. 영남대병원 정신과 서완석·구본훈 교수, 대구가톨릭대병원 이종훈 교수, 포천중문의대 구미차병원 성형모 교수 등으로 구성된 공동 연구팀이 2007년 12월부터 6개월여 동안 대구의 초등학생(만 7~12세) 3506명을 대상으로 조사·분석했다.

연구 결과에 따르면 국내 어린이들의 수면 시간은 7세 9.08시간, 8세 8.89시간, 9세 8.75시간, 10세 8.52시간, 11세 8.39시간, 12세 8.21시간 등으로 나이가 들수록 짧아졌다. 이 때문인지 수면 시간이 8시간 미만으로 만성 수면 부족에 시달리는 어린이 비율이 7세의 경우 4.3퍼센트에서 12세에는 25퍼센트로 급증했다고 한다.

되레 아이의 행복을 망치는 공부　　　2000년 이후 발표된 각국의 자료를 비교한 결과, 우리나라 어린이의 수면 시간은 다른 나라 어린이들보다 30분~1시간 30분 짧았다. 10세의 경우 스위스는 9.9시간, 미국은 9.44시간, 사우디아라비아는 9.2시간, 홍콩은 8.72시간인데 한국은 8.52시간으로 가장 짧았다.

연구팀은 "학원에서 보내는 시간이 길고 학생과 부모의 학업 만족도가 낮을수록 잠을 적게 자는 것으로 나타났고, 비만도가 높을수록 잠을 적게 잔다는 결과도 나왔다"고 전했다. 결국 공부 때문이다. 아이들이 잠을 제대로 못 자는 나라가 과연 행복한 나라일까. 아이들의 잠을 빼앗아 학원에 보낸들 그 아이들의 미래가 행복할까. 그래야 나라가 성장할 수 있을까. 아이들의 정신과 육체와 행복의 성장에는 왜 이토록 무관심할까.

학벌·지벌, 그들만의 나라

SKY라는 학벌　　　최근 고려대 입시 문제를 둘러싼 논란을 볼 때마다
　　　　　　　　　　우울하다. '고소영' 논란을 볼 때 역시 우울해진다.
인사 동정란에서 고려대학교 출신을 발견할 때마다 순간 움찔해진다.
'벌족' 사회에 대한 두려움 때문이다. 재벌이나 학벌이나 지벌^{地閥}이나
마찬가지다. 김상봉 교수가 《학벌 사회》에서 제대로 구별했다. 학력과
학연과 학벌은 완전히 다르다는 얘기다.

"학력은 개인의 이력으로서 개인에게 귀속하는 속성이다. 학연은 그
런 개인들 사이의 관계다. 그러나 학연이란 그 자체로서는 아무런 의
미도 없는 무관심하고 중립적인 관계다. 학벌이란 학연이 같은 사람들
이 결속하여 '우리'라는 공동의 주체를 형성할 때 비로소 성립한다."

홍훈 박사가 〈학력·학벌의 사회경제적 가치〉라는 논문에서 구별하
는 것도 유사하다.

"학력은 교육 정도를 개인 차원에서 규정하는 개념이다. 학연은 특
정 학교의 졸업자들 사이에 생기며, 이들 각 개인의 목적이나 수단이

되는 연결망을 의미한다. ……학벌은 단순히 같은 교육 수준이 아니라 같은 학교 졸업생들이 하나의 집단을 이루어 독자적인 논리를 가지고 다른 집단과 다툼을 벌인다는 의미를 담고 있다. 학연이라는 표현은 연결망을 이용하는 것이 개인이라는 점을 강조하는 데 비해, 학벌이라는 개념은 그 개인이 속한 집단의 의지가 개인의 의지보다 우선한다는 것을 시사하고 있다. 그렇지만 학연과 학벌은 모두 각 개인이 자신의 능력이나 노력보다는 타인과 관계나 집단에 속해 있다는 사실에 의존해 권력, 돈, 명예를 추구한다는 의미를 담고 있다."

이렇듯 학력과 학연은 결코 비난 받을 요소가 아니다. 자랑스러운 일이며, 나아가 떳떳한 연대가 될 수 있다. 아름다운 공동체가 될 수 있다. 하지만 학벌은 위험해질 수 있다.

고교 입시 시절이 있었다. 지금도 고위 공무원과 법조인, 대기업 사장들의 출신 고등학교는 이 범주에서 크게 벗어나지 않는다. 서울에서는 1977년, 지방에서는 1978년부터 고교 입학시험이 폐지되어 학벌로 이어질 위험성은 상당 부분 해소되고 있었다. 하지만 전 세계 1위를 자랑하는 대학 진학률이 'SKY'라는 새로운 학벌을 만드는 것 같다. 여기에 외국어고, 자사고로 표현되는 특목고가 새로운 고등학교 학벌을 만들고 있다. 2009년 SKY 합격자 네 명 중 한 명이 외고나 자사고 출신이다. 중앙일보 3월 18일자 보도에 따르면 같은 날 경향신문에는 고교 중퇴자가 2만 5000명을 넘어섰지만, 이들을 수용할 대안학교는 없다는 기사가 실렸다. 선명한 대비다.

특정 고등학교 출신이 학연을 넘어 학벌로 이어질 위험성이 있고, 특정 대학 출신이 학연을 넘어 정치권력과 결부되면서 학벌로 이어질 수 있다. 개인의 다양성과 능력의 차이는 집단주의 앞에 허무하게 무너지고 만다. 인간의 나약함이 새로운 학벌을 만드는 것일까.

지벌들의 나라　　　나도 지역주의를 비판한다. 혈연, 지연, 학연, 근무연, 종교연이라는 이름으로 뭉뚱그려 비판하기도 했다. 학연의 문제가 아니라 학벌의 문제라는 것을 앞서 적었다. 구별해야 할 필요를 느낀다. 지연도 마찬가지다. 지연과 지역주의, 지연과 지벌을 구별해야 한다. 지역주의를 이용한, 출신 지역을 이용한 일종의 '벌족' 행태를 지벌이라는 이름으로 비판해야겠다는 생각을 한다. 다음은 3월 17일 한국경제정책연구회 토론회장에서 홍종학 경원대 교수가 발언한 내용이다.

"지난해 2009년 예산을 짤 때도 여야 간에 많은 논쟁이 있었다. 마지막에 보니까 포항 관련 예산이 엄청나게 잡혀 있었다. 코오롱, 두산, 포항은 매우 중요한 코드다. 이 정부에서 정책을 세우고 실행하는 데 가장 많이 신경을 쓰는 게 바로 지지자들이라는 사실이다. 국가 경제에 미치는 영향이 아니다. 따라서 재정지출을 한다면 위와 같은 방식이 될 가능성이 대단히 농후하다."

근거는 빈약하지만, 자칫 위험한 지벌의 징표일 수 있다. 다음 기사와 연결해보면 더욱 그렇다. 포항 출신 5급 이상 공무원 모임 '영포목우회'가 있다. 1월 초 모임에서 있었던 일을 《위클리경향》이 보도했다.

"행사를 후원한 박승호 포항시장은 '이렇게 물 좋은 때에 고향을 발전시키지 못하면 죄인이 된다'고 말했고, 최영만 포항시의회 의장은 '어떻게 하는지 몰라도 예산이 쭉쭉 내려온다'고 말했다."

지역 발전에 대한 욕심이 없는 사람이 있겠는가. 하지만 예산 관련 발언은 결코 예사롭지 않아 보인다. 얼마 전 동아일보 정용관 기자의 칼럼 또한 간단치 않다. 오죽했으면 동아일보가 나서서 이런 칼럼을 실었을까.

"이 과정에서 정권 실세인 누구누구의 '보이지 않는 손'이 작동했다는 얘기도 파다하다. ……청와대가 'TK의 덫'에 스스로 가두는 것 아니냐는 한탄이 친이(친이명박)계 핵심들 사이에서도 나오는 실정"이라고 했다. 그러면서 어느 공무원의 말을 인용했다. "요즘 정부 부처의 국장·과장급 인사까지 TK의 파워가 작동하고 있다. 고위직은 물론이고 일선 부처의 과장급 인사까지 챙기는 게 말이 되느냐. 일만 잘하면 되지 왜 지역을 따지느냐." 마지막으로 정 기자는 "13일 만난 한 중간 간부는 자신도 TK 출신이지만 이래선 안 된다고 한탄했다"고 적었다.

짧은 글이지만 한편으로는 우울한, 그래도 문제를 지적한 다행스러운 글이라고 생각한다. 문제는 '벌족'이다. 대기업이 아닌 재벌의 행태가 문제다. 학력과 학연이 아닌 학벌이 문제다. 고향과 지연이 아닌 지벌이 문제다. 지벌의 망령이 되살아나는 듯하다.

기회의 평등이냐, 결과의 평등이냐

문제는 전문직 부모 자식이냐, 아니냐　　　김덕영 교수가 펴낸《입시 공화국의 종말》에 보면 다음과 같은 내용이 있다.

"대한민국 초·중·고등학교는 대학의 식민지다. 초등학교는 국제중에 얼마나 넣느냐가 명문의 기준이 되고, 중학교는 특목고나 자사고에 얼마나 넣느냐가 서열과 가치를 좌우하고, 고등학교는 명문대 인기 학과에 얼마나 넣느냐가 서열과 가치의 기준이 된다. 한국에서 대학 이전의 학교교육은 그 자체로서는 아무런 의미가 없다."

그런데 그 현상을 관통하는 한 가지 특징이 있다. 국제중에서 특목고로, 다시 서울대로 이어지는 지름길이 있다는 거다. 그 지름길, 공통된 특징은 무엇일까. 바로 전문직 부모다. 고소득과 학력과 교육열이 결합된 전문직 부모의 자식이냐 아니냐가 아이들의 인생을 판가름한다. 전문직 부모면 아이가 국제중에 가고, 특목고에 가고, 다시 서울대 아니면 최소한 연·고대, 이른바 SKY에 진학할 수 있다.

한나라당 권영진 의원실에서 재미있는 통계가 나왔다. 2009년 서울의 대원국제중, 영훈국제중 입학생 부모의 직업 통계다. 추첨이라서 다를 줄 알았는데, 놀랍게도 일반 시험과 거의 유사한 결과가 나왔다. 결국 고소득 전문직 판이었다.

신입생 학부모 10명 중 6명 이상이 고소득 직종에 종사하는 것으로 나타났다. 학부모 가운데 관리·사무직이 141명(44퍼센트), 의사·교수 등 전문직은 58명(18퍼센트)이다. 판매·서비스업은 38명(12퍼센트), 초·중·고 교원 16명(5퍼센트), 숙련·기술직 11명(3퍼센트) 등이 뒤를 이었다. 농·축·수산업에 종사하는 학부모는 한 명도 없었다(물론 서울이라 그럴 수도 있을 것이다). 결국 67퍼센트가 관리·전문직의 자녀다.

2008년 청심국제중과 부산국제중의 통계도 유사하다. 당시 민주당 안민석 의원 자료에 따르면, 재학생 5명에 1명꼴로 부모 직업이 의료인이나 법조인이고, 아버지 학력도 10명에 3명꼴로 대학원 졸업 이상의 고학력이었다.

민족사관고와 또 다른 자사고인 부산해운대고 재학생 986명을 대상으로 한 2008년 통계다. 부모의 직업을 보면 의료인이 197명(20퍼센트), 법조인은 20명(2퍼센트), 회사원 312명(31.6퍼센트), 사업 231명(23.4퍼센트), 교육자 212명(21.5퍼센트) 등이다. 강원도와 부산에 있는 학교인데도 농·수·임·광산업 종사자는 전혀 없었다. 부모 학력은 아버지가 대학원 졸업 이상인 경우가 380명(38.5퍼센트), 어머니도 190명(19.3퍼센트)이 대학원 졸업 이상의 고학력자였다.

2008년 서울 지역 6개 외고, 전체 학생 6711명을 분석한 자료가 있다. 부모의 직업이 의료인 377명(5.6퍼센트), 법조인 251명(3.7퍼센트), 교육자 873명(13퍼센트), 사업 1408명(21퍼센트) 등인 것으로 집계됐다. 기초 생활 수급자는 15명(0.2퍼센트)에 불과했다.

류방난·김성식의 논문 〈교육 격차 : 가정 배경과 학교교육의 영향력 분석〉에 따르면 2005년 6개 자사고 학부모 월평균 소득은 537만 원이었다. 2005년 1/4분기 도시 근로자 월평균 소득은 329만 원이었다.

2008년 10월 권영길 의원이 분석한 2008학년 서울대 신입생 학부모 직업 분포에 대한 교육과학기술부 자료에 따르면, 평균 연봉 3904만 원인 전문직·경영·관리자와 3127만 원인 사무직 비율이 각각 50.6퍼센트, 27.4퍼센트나 된다. 이들 직업에 대한 대한민국 평균 부모 비율이 각각 22.5퍼센트, 14.3퍼센트인 것과 비교할 때 서울대 학부모 중 고소득층이 매우 많이 분포하는 셈이다.

당연히 기회는 평등하게 주어야 할 것이다. 기회는 평등하되, 결과의 평등은 개인에게 맡겨야 할 것이다. 21세기는 신분 사회가 아니다. 신분이 세습되는 봉건사회가 아니다. 그런데 여전히 고교 등급제, 기여 입학제 등 3불 정책 폐지를 주장하는 사람들이 있다. 고교 평준화 폐지를 주장하기도 한다. 실상 속을 들여다보면 비공식적인 불평등이 학생 개인의 노력을 훨씬 웃도는 방식으로 유지된다. 우리 사회에서 늘 거론되어온 뻔한 자료고 뻔한 이야기다.

추첨으로 뽑았다는 서울의 국제중조차 이런 상황이 발생했다는 데 놀랐을 뿐이다. 이런저런 이유로 비전문직 자녀들은 아예 응시를 포기한 경우가 많았다는 징표가 될 것이다. 어느새 우리 사회에 특목고나 국제중을 둘러싼 구획이 분명해지고 있다는 무서운 신호다.

빌 게이츠의 하버드대 명예 졸업식 연설　　하버드대학을 중퇴한 빌 게이츠가 2007년 명예 졸업장을 받으러 갔다. 그때 빌 게이츠는 다음과 같은 연설을 했다.

……그러나 과거를 진지하게 돌이켜볼 때 저에겐 크게 후회스러운 일이 한 가지 있습니다. 저는 세계의 지독한 불균형, 즉 수백만 명을 절망적인 삶으로 빠뜨리는 건강과 부, 기회의 심각한 불평등에 대한 인식 없이 하버드를 떠났습니다.

저는 이곳 하버드에서 경제학과 정치학의 새로운 사상에 대해 많이 배웠습니다. 과학 분야에서 이룩한 진보에 대해서도 많이 체험했습니다. 그러나 인간성의 가장 위대한 진보는 그런 발견에 있는 것이 아니라, 그런 발견을 종전의 불평등이 감소되는 데 어떻게 적용하느냐에 달린 것입니다. 민주주의를 통하거나 강력한 공교육, 양질의 보건 서비스 혹은 폭넓은 경제적 기회를 통해 불평등을 줄이는 것이 인간이 이루어야 할 최상의 성취입니다.

저는 미국의 젊은이 수백만 명이 교육의 기회를 박탈당하는 것에 대해 잘 알지 못하고 캠퍼스를 떠났습니다. 개발도상국 사람들 수백만 명이 말할 수 없는 가난과 질병 가운데 사는 것도 알지 못했습니다. 그것을 깨닫기까지 수십 년이 걸렸습니다.

미 명문대 동시 합격이 뉴스가 되는 세상

미국에서는 뉴스도 안 되는 뉴스　　　매년 4월 1일이면 미국의 대학 정시 합격자가 발표된다. 미국에서는 명문대 몇 군데에 동시 합격한 것이 뉴스가 되지 않는다. 하지만 우리나라에서는 해마다 이맘때면 한국인이 미국 명문대 몇 군데에 동시 합격했다는 사실이 중요한 뉴스가 된다. 장학금 수령 사실을 두고 최우수 입학인 것처럼 과장하기도 하고, 입학을 둘러싼 미담 기사가 지면을 장식한다.

이번에도 '하버드대 전액 장학생 캐나다 한인 남매' 기사, 미국 명문대 여덟 군데에 동시 합격한 학생 기사, 자사고와 특목고의 미국 대학 입학 실적 등이 보도됐다. 특히 한 학생이 하버드뿐만 아니라 예일, 다트머스, UCLA, 버클리, 옥스퍼드, 런던정치경제대학, 서울대 등에 모두 합격했다는 데 언론은 '놀랍다'며 집중 조명하기도 했다.

축하한다. 같은 한국인으로서 자랑스럽게 생각한다. 하지만 아직도 이런 사실이 뉴스가 되어야 하는가.

사람이 개를 물어야 뉴스가 된다　　　　　"개가 사람을 물면 뉴스가 아니다. 그러나 사람이 개를 물면 뉴스가 된다"는 말이 있다. 19세기 후반 뉴욕의 염가 신문 선The Sun에서 유래한 말이다. 실제로 한 남자가 개를 무는 사례가 있었지만, 여자가 개를 물었다는 기사는 거의 없었다. 1987년 11월 LA타임스는 남자가 개를 물었다는 사실을 보도했다. 하지만 개가 먼저 남자를 물었다는 것 때문에 그 기사의 가치는 조금 떨어졌다.

미국 유학생 세계 1위인 나라에서, 오로지 명문대를 선호하는 나라에서, 외국 대학 입학을 목적으로 하는 외고·특목고·자사고를 운영하는 나라에서 외국 명문대 합격 소식은 이제 뉴스의 가치를 잃어간다. 입시 제도와 장학제도의 차이를 무시하는 것도 못된 습관이다. 미국 대학 등록금이 비싼 것은 사실이지만, 우리보다 훨씬 폭넓고 깊이 있는 장학제도를 운영한다는 것쯤은 다들 알고 있다. 장학금 기준이 성적뿐만 아니라는 것도 비밀이 아니다. 그래서 장학금을 기준으로 한 기사 가치 판단 역시 바뀌어야 한다.

미국 명문대 한 곳에 합격하건 열 곳에 합격하건, 별 차이가 없다는 사실도 인정해야 한다. SAT 만점 수준에 몇몇 조건만 갖추면 흔히 말하는 미국 명문대에서 입학을 환영한다. 우리는 정시 모집 때 가·나·다 군에만 입학원서를 넣을 수 있지만 미국은 수십 군데, 심지어 마음만 먹으면 500군데도 넣을 수 있다. 미국에서 대학 최종 합격자가 가려지기까지 몇 달이 걸리는 것도 이 때문이다. 앞 순번을 받은 사람이 등록하지 않으면 그다음 후보자로 넘어가다 보니 7월이 다 되어 신입생이 결정되는 경우도 허다하다.

여러 군데 합격하면 대단한 것처럼 보도하는 태도는 이제 고쳐야 한다. 물론 어느 대학에서나 입학을 허가받고 환영한다는 건 그만큼 실력 있고 입학사정관의 마음에 쏙 들었다는 의미일 테지만, 그 자체가 우리나라와 미국의 입학 제도의 차이에서 기인한다는 사실을 무시해서는 안 된다.

미국 명문대 입학을 다룬 언론 기사를 읽다 보면, 미국 명문대 입학이 개인의 동기보다 부모의 노력과 조건 때문에 사실상 선제적으로 결정될 수밖에 없는 것 아닌가 하는 결정론의 함정에 빠질 때가 많다. 물론 성적과 각종 대회 수상 경력, 특기·적성 능력은 기본이다. 문제는 대다수 미국 명문대 입학생이 어린 시절 부모님을 따라 외국에서 수년 동안 체류한 경험이 있는 아이들이라는 것이다. 자칫 그 학생들에게 누가 될까 염려스럽지만, 대부분 초·중등 시절 유학 경험이 있다는 사실이 중요한 조건 중 하나다.

명문대 입학은 시작일 뿐

문제는 대학에 들어갈 때까지 관심이 있고, 명문대 입학이 남은 인생을 결정한다고 믿는 대한민국 특유의 사고방식이다. 명문대 입학이 좋은 직장으로 이어지고, 학벌은 우리 사회의 신분 질서로 이어진다. 명문대 입학 이전에 명문고가 있고, 명문고 이전에 고소득 전문직이라는 이른바 '명문 부모'가 있다. 근대 이후 해체된 신분제적 질서가 개인의 능력을 넘어 문벌 혹은 신분제 사회로 귀착되고 있다.

이 사회에서는 대학에 들어가서 무엇을 공부하고 무슨 생각을 하고, 대학을 졸업한 뒤 우리 사회와 국가에 어떤 기여를 하는지 관심 밖이다. 오늘의 미국 명문대 입학생이 10년, 20년 뒤 우리 사회에 어떤 긍정적 영향력을 미치는지 아무런 관심이 없다. 입학 때까지 사회적 관심사고, 그다음은 개인의 생애일 뿐이다. 조선 시대 과거에 누가 합격했는지, 최근 우리 사회에서 누가 고시에 합격했는지 이런 식의 뉴스와 하나도 다르지 않다.

2008년, 우리에게 충격을 준 뉴스가 있었다. 재미 교포 새뮤얼 김의 컬럼비아대 교육심리학 박사 논문이 그것이다. 논문에 따르면 미국 명문대 한국인 유학생 가운데 중도 탈락자가 10명 중 4.4명에 달한다. 김 박사는 1985년부터 2007년까지 한국인이 특별히 선호하는 하버드대를 비롯한 미국 14개 명문대에 입학한 한인 학생 1400명을 추적·조사했다. 놀랍게도 이중 616명(44퍼센트)이 중퇴한 것으로 조사됐다. 이는 미국 학생들의 평균 중퇴율(34퍼센트)보다 10퍼센트나 높고, 인도계(21.5퍼센트)나 중국계(25퍼센트), 유대계(12.5퍼센트) 중퇴율에 비해서도 거의 2~3배 높은 수치다.

한국 최고의 수재들이 미국의 명문대에 입학하고도 적응하지 못하는 날카로운 현실을 보여준 논문이다. 가깝게는 입학 이후 적응이 중요하다는 것을 보여준 논문이다. 하지만 보다 멀게는 우리가 입학과 재학, 졸업 이후 사회에서 무슨 일을 하고, 어떤 긍정적 영향력을 미칠 수 있는지 교육·사회학적 차원에서 살펴봐야 할 사회적 의제를 제시한 논문이다.

SKY로 대변되는 명문대 입학이 한 인간의 평생을 좌우하는 사회가 바로 한국 사회다. 우리는 그 눈으로 누가, 몇 명이 미국 명문대에 입학하는지 수치로 따지고, 어떻게 들어갔는지 확인하며 보도한다. 이런 버릇은 고쳐야 한다.

개가 사람을 무는 것은 뉴스가 아니다. 미국 명문대 입학이 그렇다.

사람이 개를 물어도 사안에 따라 뉴스가 된다. 구체적인 정황을 따져 봐야 한다. 사람이 개를 물어 이후 사건이 어떻게 진행됐는지도 따져 볼 필요가 있다. 뉴스는 늘 새로운 것만 찾는 일이 아니다. 왜 새로운 지, 왜 더 이상 새롭지 않은지, 계속 새로울 수 있는지 등도 따져봐야 한다.

미셸 리 교육감의 과장된 신화

리 교육감의 교육개혁이 신화가 된 이유　　　워싱턴 D.C.의 교육감을 지낸
　　　　　　　　　　　　　　　　　　　한국계 미국인 미셸 리 이야기
다. 미국의 심장부 워싱턴 D.C.의 교육감이 한국계인데다, 코넬대학
출신의 비교적 젊은 여성이라 한국 언론에서 더 각광을 받은 것 같다.

　한국 보수 언론은 왜 미셸 리를 교육개혁의 상징으로 떠받들었을까?
물론 탁월한 뉴스 가치가 있었다. 리 교육감은 취임 직후 과감한 교육
혁명을 추진, 2008년 초 시사 주간지 《뉴스위크》에서 '올해 주목되는
인물'로 선정됐고, 2008년 11월에는 시사 주간지 《타임》의 표지를 장식
하기도 했다. 이런 뉴스 가치에 한국인이라는 측면, 즉 아메리칸드림
의 상징으로 보는 측면이 있었을 것이다.

　하지만 본질적으로 리 교육감은 한국 보수 언론의 교육관에 적합한
인물이다. 성적을 강조하는 신자유주의적 교육 시스템, 수요(학생, 학부
모) 중심적이라는 미명 아래 교육의 비즈니스화를 추구하는 이 정부와
전임 공정택 교육감의 교육철학을 주장할 때 인용하기 적합한 인물이

바로 미셸 리 아닌가. '미국의 심장부인 워싱턴 D.C.에서 이렇게 하고 있다. 그러니 우리도 따라가야 한다'는 논리는 한국의 보수 언론이 가장 즐겨 사용하는 논거다.

사실 미국의 공교육 환경은 우리보다 훨씬 열악하다. 리 교육감은 이런 현실을 타파해 학력 증진을 통한 인생의 자기 결정권과 계층 이동성을 높이는 데 극단적일 정도로 개혁의 초점을 맞추고 있다. 이런 점에서 리 교육감의 철학은 분명 본질적으로 우리나라 보수 세력의 교육관과 다르다(리 교육감은 정치적으로도 민주당 지지자^{Democrat}로 알려졌다).

교원노조와 적대적 관계라는 점, 학력의 객관적 척도로 성적을 강조한다는 점, 교원이나 학교 구조조정에 적극적이라는 점 등에서 우리 보수 언론과 코드가 맞는 부분도 분명 있다. 그러기에 미국에서도 비교적 보수 성향으로 분류되는 워싱턴포스트 역시 리 교육감에게 호의를 표시했을 것이다.

리 교육감 신화가 과장되었음을 폭로한 워싱턴포스트 칼럼

미셸 리가 사임한 것을 두고 미국 사회에서도 논란이 일었다. 사임 기사를 두고 워싱턴포스트에 댓글이 1200개나 달렸는데, 리 교육감을 옹호하는 글이 대부분인 모양이다. 리 교육감을 내쫓은 워싱턴 D.C.의 정치 관계자를 비판하고, 리 교육감의 업적을 찬양하는 내용이었을 것이다.

그런데 이런 댓글은 오해에 기초하고 있었다. 그래서 평소 리 교육감에게 호의적이던 워싱턴포스트가 2010년 10월 16일자 콜버트 킹의 기명 칼럼 〈Rhee's and Gray's critics fail in D.C. history(워싱턴 D.C. 역사에

관해 낙제점인 리 교육감과 그레이 시장에 대한 비판자들)〉에서 이 문제를
반박한다. 칼럼은 우리가 미처 몰랐던 미셸 리의 신화가 상당 부분 과
장되었다는 사실을 분명히 알려준다. 한마디로 워싱턴 D.C.발 신자유
주의적 교육개혁은 전임 교육감의 작품이고, 리 교육감은 이를 충실히
계승하는 차원이었다는 것이다. 아래에 칼럼을 인용하고 사실관계를
요약했다.

교육개혁은 전임 교육감이 기획한 작품이다.

첫째, 무능한 교사·교장 해고와 학교 통폐합이 전임자의 기획이다. 리
의 개혁보다 과격한 개혁이 전임자의 의도였다는 것이다.

"……리 교육감의 지지자들은 그녀가 무능한 교사 200명을 해고한 것이
용기 있는 행동이고 학교 개혁의 첫 신호탄이라며 칭송했지만, 사실 (미셸
리의) 전임자 클리포드 제니가 그런 일들을 하고 있었다. 제니는 아드리안
펜티 시장이 그를 밀어내고 2007년 6월 취임하기 전에 수백 명을 해고하려
했다. 아이로니컬하게도 제니에게 730명을 추가로 해임할 것을 권한 인물
은 리 교육감 밑에서 부교육감을 지냈고, 현재 교육감 대행을 맡고 있는
카야 핸더슨이다."

"제니는 교장들의 해임에 관해서도 맹공을 받았다. 그는 워싱턴포스트
에 워싱턴 교육계의 140명이 넘는 교장 가운데 25~40퍼센트가 '함량 미달'
이라고 밝혔다."

"제니는 학교의 폐교에도 관여했다. 그는 위원회에 100개가 넘는 학교
를 리모델링할 것과 다른 19개교를 통폐합할 것을 제안했다. 그의 계획은
공식적으로 채택되지 않았지만 그는 2006년 여름 9개교를 통합했고, 펜티
가 그 계획을 완화한 2007년에 또 다른 폐교 계획을 시행하려 했다."

둘째, 시험 성적에 대한 개혁 부분도 전임자의 성과일 가능성이 높다.

"시험 성적과 개혁을 리 교육감이 시작했다는 주장에 관해서 말하자면, 2008년 7월 10일자 워싱턴포스트의 사설에 실린 다음 문구를 참고하라. '학업 성취도가 뛰어난 초등학생의 비율은 지난해 측정치에 비해 읽기 영역에서 8퍼센트, 수리 영역에서 11퍼센트 증가한 것으로 나온다. 중학생은 두 영역 모두 9퍼센트였다. ……제니의 개혁이 주효했다는 점에는 이론의 여지가 없다. 리 교육감은 전임자에게 흠집을 내는 데서 시작하는 대신 그 개혁을 계승하는 현명한 결정을 내렸다.'"

여기에서 당시 조선일보 보도를 인용할 필요가 있겠다. 2008년 7월 13일 밤 10시 58분에 입력된 〈"워싱턴 D.C. 학생들 성적 크게 향상… 저도 놀랐어요"-한국계 교육감 미셸 리 '교육개혁 성과 나타나'〉라는 기사다.

이 기사는 워싱턴포스트 기사를 인용해 워싱턴 D.C. 지역 학력 수준 향상을 리 교육감의 업적으로 치켜세우는 내용이다. 같은 워싱턴포스트에서 조선일보의 보도가 있기 며칠 전인 7월 10일 사설(위의 워싱턴포스트 사설 재인용 부분 참고)을 통해 워싱턴 D.C.의 학력 테스트 향상이 누구의 업적인지 논란이 있음을 보여준다.

그러나 조선일보의 보도에서 이런 내용은 전혀 언급하지 않았다. 같은 매체에서 같은 주제를 다룬 내용을 하나는 놓치고 하나만 보았을 수도 있겠지만, 아무래도 편집상 인용을 취사선택한 느낌이다. 취사선택의 기준이 되는 편집 방향이 어떤 것인지는 많은 분들이 충분히 짐작하리라 생각한다. 이런 보도들이 한국에 미셸 리에 관한 오해와 신화를 확산시킨 것은 아닐까.

워싱턴포스트는 사설에서 리 교육감이 '전임자의 방식을 계승했다'고 보도했다(물론 중요한 것은 학생의 성적 향상이지 정책의 원조 논쟁은 아니라는 것이 해당 사설의 핵심 논지다). 콜버트 킹의 칼럼도 그 부분을 확실하게 재인용했다. 그런데 조선일보는 이 모든 개혁 작업이 리 교육감의 독자적 업적인 것처럼 강조하고 나선다. 창조냐, 계승이냐 근본적 차이를 무시한 채 한국에서 리 교육감의 신화 전파에 골몰한 것이다. 다음은 조선일보 기사가 워싱턴포스트 기사를 인용한 부분이다.

"아드리안 펜티 워싱턴 D.C. 시장은 '리 교육감이 취하는 조치가 결실을 맺고 있으며, 학교 시스템 개혁이 바른 방향으로 가고 있다'고 말했다고 워싱턴포스트가 최근 보도했다."

왜 팩트가 신화에 가려져야 하는가

이번 워싱턴포스트 칼럼은 "아, 그러나 왜 팩트가 신화에 가려져야 하는가?"라는 문장으로 마무리했다. 이를 부연 설명하면 다음과 같다.

워싱턴 D.C.발 교육개혁을 시작한 것은 전임자의 업적이다. 리 교육감은 이를 충실히 계승했을 뿐이다. 이것이 팩트다. 그런데 리 교육감이 신화화되고 있다. 굳이 파고들자면 리 교육감은 전임자의 기획에 충실했을 뿐이다. 물론 다른 면에서 수많은 장점이 있지만, 역사를 왜곡하면서까지 리 교육감을 신화화하는 건 옳지 않다. 팩트는 팩트다. 리 교육감의 신화가 팩트를 가려선 안 된다. 그 팩트는 워싱턴 D.C.의 교육개혁은 전임자의 기획이고 작품이라는 점이다.

이제 우리 사회도 리 교육감의 신화에서 조금은 깨어나야 할 듯싶다. 그렇다고 아메리칸드림을 이룬 미셸 리 교육감의 신화에 가까운 업적을 부정하고 싶진 않다. 실천도 능력이고, 이를 언론에서 평가받는 것도 확실한 업적이다. 그래서 자랑스럽다. 다만 이를 극단적으로 과장하고 아전인수 격으로 한국식 교육개혁에 활용하려는 일부 언론이 있었다면 반성이 필요할 것이다. 왜 팩트를 신화라는 이름으로 가렸는지 안타까운 마음으로 질문한다.

우골탑–인골탑–쪼글탑

우골탑이 아니라 인골탑을 넘어 쪼글탑　　대학 입시만 통과하면 '고생 끝 행복 시작'이라며 공부에 매진하라던 선생님과 부모님의 말씀은 이제 옛말이 되었다. 대학 진학을 향한 고통의 터널을 지나 꿈에 그리던 대학생이 되었지만, 현실은 장밋빛이 아니다. 경기 불황에 물가는 끝없이 치솟고, 경제 상황은 점점 더 힘들어지고 있다. 경기 침체가 계속되다 보니 부모들이 대학생 자녀의 등록금이며 모든 생활비를 부담하기 어려워지면서 상당수 대학생이 아르바이트를 하지 않으면 대학에 다닐 수 없는 상황에 내몰리는 것이다.

　과거 지방에서 소를 키워 자녀를 대학에 보낸다고 해서 대학을 '우골탑'이라 불렀다. 이제는 소를 팔아서 대학 등록금을 댈 수 없는 시대가 되었다. 최근 30년 동안 쇠고기 생산자가격은 3배 오른 반면, 대학 등록금은 13배나 뛰었기 때문이다. 물가가 36퍼센트 오른 지난 10년 동안 대학 등록금은 116퍼센트 인상되었다. 우골탑이 아니라 부모의 등

골이 빠진다는 '인골탑'을 넘어, 쪽방에서 쪼그려 자며 대학에 다녀야 하는 '쪼글탑' 시대가 왔다고 한다.

휴학은 선택이 아닌 필수　　　한국대학교육연구소가 펴낸 《미친 등록금 의 나라》에 따르면 사립대학 한 학기 등록 금이 400만 원에 이르고, 1년이면 1000만 원이다. 물론 자연과학계와 공학계, 예체능계, 의학계 등록금은 더 비싸다. 1인당 국민소득은 세계 20위권인데, 대학 등록금은 미국에 이어 세계 2위다.

　매년 기업들이 사립대에 어마어마한 기부금을 주지만, 이 돈이 대부 분 법인의 자산이 되는 땅이나 건물 매입 비용과 공사 대금으로 들어 가는 게 현실이다. 2009년 사립대가 땅이나 건물을 매입하고 공사하는 데 지출한 비용은 총 1조 2668억 원이라고 한다. 대학은 기부금으로 장 학금을 늘리거나 기숙사를 짓는 데 그다지 관심이 없는 것처럼 보인다.

　등록금은 오르고 대학은 장학금 제도를 개선하지 않으니, 학생들은 등록을 포기할 수밖에 없다. 2011년 1월 한 조사에서 대학생 네 명 중 한 명이 "이번 학기에 등록하지 않을 예정"이라고 답했고, 등록을 포기 하는 이유는 '등록금을 마련하지 못해서'가 44.7퍼센트로 가장 많았다 고 한다. 2010년 말에 진행한 설문 조사에서는 대학생 응답자 가운데 88.6퍼센트가 등록금을 마련하느라 고통을 느낀다고 밝혔다. 잘 사는 집의 대학생은 단기 영어 연수를 위해 필수로 휴학을 '선택'한다. 하지 만 가정 형편이 어려운 대다수 학생에게는 휴학이 '선택'이 아닌 '필 수'다.

등록금 마련 위해 편의점 아르바이트 926시간　　등록을 포기하지 않은 학생은 대학 시절 내내 아르바이트로 등록금을 마련하거나 생활비를 벌어야 한다. 운이 좋아 과외 자리라도 얻으면 다행이지만, 그마저 잡지 못하면 편의점 아르바이트에 나설 수밖에 없다. 2011년 시간당 최저임금은 4320원이다. 그나마 2010년 4110원에서 5.1퍼센트 인상된 것이다. 편의점 아르바이트를 하루 5시간 하면 2만 원 남짓 받을 수 있다. 한 학기 등록금 400만 원을 마련하려면 편의점에서 총 926시간, 하루 5시간씩 185일 동안 일해야 한다. 6개월 동안 하루도 쉬지 않고 5시간씩 일해야 겨우 한 학기 등록금을 마련할 수 있다.

학교 공부를 하면서 매일 5시간씩 일한다는 것은 쉽지 않은 일이다. 그나마 등록금은 마련한다고 해도 지방 출신 학생은 하숙비며 생활비가 만만치 않다. 서울 시내 대학 재학생 27만여 명 중 14만여 명이 지방 출신이지만, 기숙사는 전체 지방 학생 수의 12퍼센트에 불과하다. 그래서 학생들은 학자금 대출을 비롯한 대출을 선택한다. 당장 필요한 등록금과 생활비를 마련하기 위해 돈을 빌렸다 갚지 못하고 신용 불량자가 되는 대학생들의 뉴스가 심심치 않게 들린다. 2010년 국감 자료에 따르면 대학생 신용 불량자는 2만 6000명으로 3년간 7배 증가했다. 2007년 3785명에서 2008년 1만 250명, 2009년 2만 2142명으로 급증했다.

대학생의 미래, 신용 불량자　　2010년 정부는 학기 중 대출금을 갚지 않는 '취업 후 학자금 상환제[ICL]'를 도입했으나, 취업이 되지 않아도 계속 이자가 붙는 문제 때문에 당초 정부가 추산한 100만 명의 20퍼센트 수준인 23만 명만 이용하고 있다. 뿐만 아니라 경기 불황으로 대졸자의 취업이 어려워지면서 많은 사람들이 대학 졸업 후 학자금 대출을 갚지 못해 신용 불량자가 되고 있다. 인터넷 직업 포털 잡코리아가 2010년 대학 졸업 예정자 1179명을 대상으로 조사한 결과에 따르면, 10명 중 7명 이상이 빚을 안고 있었다고 한다.

꿈에 그리던 대학에 입학해서 낭만적인 캠퍼스 생활을 기대하던 학생들이 가혹한 현실을 깨닫기까지 그리 오랜 시간이 걸리지 않을 것이다. 많은 대학생들이 대학 등록금을 마련하기 위해 아르바이트에 지치고, 휴학을 선택이 아닌 필수로 받아들이며, 학자금 대출에 내몰릴 것이다. 나의 이런 예측이 맞지 않기를, 대학 새내기들의 미래가 밝고 탄탄대로이기를 바라지만 현실은 그렇지 않다는 것을 알기에 마음이 무거울 수밖에 없다.

신림동 고시촌의 어제와 오늘

고시촌의 달라진 풍경   얼마 전 신림동에서 고시 공부하는 제자들을 만났다. 로스쿨에 간 학생도 있어서, 로스쿨 학생의 검사 임용 문제에 대해 토론했다. 벌써 이 친구들의 사고방식에서 멀찍이 떨어졌구나 생각했다. 세상이 변했고 현실이 완전히 달라졌다. 특히 신림동이 그랬다.

로스쿨 도입과 2017년 사법시험 제도 폐지 결정으로 고시촌의 풍경도 전 같지 않은 모양이다. 과거 '개천에서 용 난다'는 말을 상징적으로 보여주던 고시 제도를 폐지함에 따라 가진 것 없는 사람들은 변호사 되기도 어려운 시대가 되었다. 현재의 로스쿨 제도는 비싼 등록금과 면접 선발 방식으로 중·상류층만 갈 수 있다는 비판을 받는다. 지금 고시촌에 있는 고시생들도 좋은 머리만 가지고는 안 된다. 고시를 준비하는 동안 들어가는 제반 비용이 엄청나게 올랐기 때문이다.

신림동에서 고시 공부하는 제자에게 요즘 신림동의 현실이 어떤지 적어 보내달라고 했다. 이 글은 그 학생이 보낸 글을 정리한 것이다.

기본 강의 100만 원　　　2010년 1차 사시 기본 강의, 즉 3월부터 7월까지 기본 3법의 기초를 다루는 기본 강의는 회당 1만 8000원이었다. 민법 강의는 양이 방대하다 보니 2010년 60회를 기준으로 100만 원이 넘는다. 2011년 45회(ㅎ법학원 K강사 기준) 정도로 줄기는 했으나, 해마다 인상되는 학원 강의료(매년 회당 1000원 정도 인상)에 새로 구입하는 교과서와 부교재 구입비를 감안하면 부담은 증가하고 있다. 이런 부담은 학원 강의를 들음으로써 시험에 빨리 합격할 수 있다면 어쩔 수 없이 투자해야 하는 비용이지만, 장수생이 되어갈수록 학원 강의료 부담은 점점 커진다.

　고시생들은 비싼 학원 강의 대신 서점에서 강의가 녹음된 플레이디스크나 강의 테이프를 구입하기도 한다. 민법총칙과 물권 진도(채권법 제외)가 녹음된 민법 플레이디스크가 10만 원 정도임을 감안하면, 비록 귀로만 듣다 보니 직접 강사를 보고 듣는 것보다 집중력이 떨어질 수 있으나 비용 면에서는 학원 강의의 3분의 1도 되지 않고, 여러 번 반복해서 들을 수 있기 때문에(다 듣고 필요 없어지면 중고 책방이나 인터넷 게시판에서 되파는 것도 가능) 꾸준히 팔린다.

불법으로 학원 강의 다운로드　　　인터넷 강의도 학원 강의와 가격 차이가 별로 나지 않아서 ID 하나로 강의를 등록한 다음, 돈을 나눠 내고 ID를 공유하여 여럿이 같이 듣는 방법이 있다(강의 사이트에서는 ID 공유 금지). 이런 방법을 차단하기 위해 대다수 강의 사이트에서는 '수강 시간 종량제'를 적용한다. 동영상을 실제 재생한 시간의 두 배까지 들을 수 있게 한 것이다. 결국 한 강좌를 나눠 들을 수 있는 것은 두 명이라는 이야기다. ID를 동시 접속하면 IP 접속 때문에 적발될 수 있어 아침 시간, 저녁 시간 등으로 나눠서 듣는 것이 보통이다.

학원 강의는 듣고 싶으나 돈이 없어서 혹은 아까워서 강의를 얻기 위한 여러 가지 방법이 동원된다. 인터넷 사이트에서 학원 강의를 불법으로 내려받는 일이 생기면서 학원 홈페이지에 단속과 형사처분을 경고하는 글을 게시해두고 있다. 몇 년 전에는 학원 강의가 저장된 불법 CD를 팔다가 적발된 일도 있었고, 학원 수강증을 직접 위조해서 싼값에 팔다가 갑자기 불어난 수강생에 의아한 학원 측이 경찰 수사를 의뢰하는 바람에 적발된 일도 있었다고 한다.

사시 종합반 등장

사시 합격 인원이 줄면서 수강생도 해마다 줄고 있다. 학원에서는 줄어드는 수강생에 대한 위기감 때문에 1년 치 학원 과정을 미리 등록하게 하는 종합반 제도를 만들었다. 종합반 과정은 500만 원이 넘는데, 매년 3월부터 이듬해 사법시험을 보기 직전인 2월까지 총 강좌를 듣는 데 드는 비용보다 훨씬 저렴하다는 것이 학원 측의 주장이다. 종합반 강의는 3월부터 8월 중순까지 기본 3법 강의, 7월과 8월 상반기 판례 강의, 9월부터 12월까지 진도별 모의고사 강의, 12월과 1월 하반기 판례 강의, 1월의 마무리 강의를 모두 포함한 것이다.

문제는 시간상 모든 강의를 듣는 것이 거의 불가능하며, 강의를 모두 수강하는 것이 합격에 얼마나 도움이 될지 의문이라는 데 있다. 학원 강의에 치중하면 자칫 복습하는 시간이 지나치게 줄어들 수 있기 때문이다. 시험 막판인 12월쯤 되면 독서실 게시판에는 판례 강의와 마무리 강의 수강증을 싸게 넘기는 쪽지가 여러 개 붙어 있는데, 종합반에 등록한 고시생들이 막판 정리를 위해 들을 수 없는 강의를 넘기는 것이다.

프리미어 종합반 1년에 2000만 원

2010년 ㅂ법학원에는 고시생 생활 관리를 해주는 일명 '프리미어 종합반'이 생기기도 했다. 1년에 2000만 원이 훌쩍 넘는다니 보통 사람은 꿈도 꾸기 어렵다. 프리미어 종합반은 학원 강의가 끝난 뒤 생활 통제를 철저히 하고, 질문을 받는 등 관리를 해준다. ㅎ법학원은 학원 강사들이 고시생을 관리하는 제도가 있는데, 프리미어 종합반은 아니고 160만 원 정도를 별도로 부담한다.

사시 2차의 경우 ㅂ법학원에는 학원 강사들이 답안지 작성을 위한 소수 지도 과외를 하는 강의도 생겼다. 행시나 외시는 몇 년 전부터 면접이나 답안 작성을 위한 소수 지도 강의가 있었다. 소수 지도 강의니 일반 강의보다 비용이 부담되지만, 2차까지 시험을 치른 경우 합격을 위해 어쩔 수 없다고 생각하는 사람도 많다. 사시는 면접에서 탈락하는 비율이 극히 낮고, 설사 탈락해도 이듬해에 기회가 있다. 하지만 행시나 외시는 면접이 차지하는 비중이 상당하고, 2차에서 좋은 성적으로 합격해도 3차 면접이 블라인드 테스트 형식이다 보니 면접의 압박감이 상당하다. 2차 시험을 치른 사람들이 부담을 감수하고 학원에서 3차 면접 강의를 등록하는 경우가 많은 것도 이런 이유다.

가끔 사법연수원 입소 대기 중인 사람들이 '법률저널' 게시판 등에 사시 2차 합격생에게 과외를 해준다는 글을 올리는 경우도 있다. 행시 합격생이 주 2회 정도 가르치고 받는 과외비가 한 달 30만~40만 원이라고 한다. 고시 합격생을 많이 배출하는 명문대 학생들은 같은 학교 학생끼리 스터디 그룹을 결성하기도 쉽고, 합격생 선배들이 답안 연습을 도와주기도 한다. 하지만 지방에서 올라오거나 고시 합격생을 거의 배출하지 못하는 학교 출신이 고시를 준비하는 경우 고시 시작을 마음먹는 것도 쉽지 않지만, 일단 시작해도 공부하는 데 어려움이 많다.

고시원과 원룸 사이에서　　　소득에 따른 격차가 가장 많이 나는 것이 자취방이다. 신림동에서는 자취방을 광고하는 홍보물을 흔히 볼 수 있다. 고시원은 15만 원(시설이 매우 열악해서 공부하기에는 적당하지 않고 잠만 겨우 잘 수 있다고 함)부터 30만 원 선이다. 원룸 보증금은 보통 100만 원에서 시작하며, 월세는 40만 원 안팎에서 시작한다. 층수와 방의 크기, 방음 정도, 개인별 세탁기 등과 같은 시설 구비 여부에 따라 가격대가 정해진다. 시설이 좋거나 방음이 잘되는 경우 보증금 1000만 원이 넘기도 한다.

식비도 문제다. 100장 단위로 구입하거나 책방에서 식권을 구입하는 경우 한 끼에 3000원 정도다. 원룸에 살고 학원 강의는 대체로 듣는다고 가정할 때 독서실 비용(10만~15만 원 선)과 책값 등을 고려하면 최소한 달에 100만 원이 든다. 고시에 합격하기까지 평균 4~5년 걸린다고 하는데, 그중 3년만 고시촌에서 보낸다고 해도 최소한 3600만 원이 필요하다.

1980년대 신림동 고시촌　　　나는 1986~1987년 신림동에 있었다. 그때
　　　　　　　　　　　　는 돈이 없어도 공부할 수 있었을까? 전혀
그렇지 않다. 내 주변 동료 중에도 경제적 어려움 때문에 버티지 못하
고 취업 일선으로 뛰어든 이들이 많다. 지금은 그때보다 돈의 굴레가
더 정교해지고 악화되고 기능적으로 짜인 듯하다. 잠재력을 공정하게
인정받고 평가하는 사회적 수단이 마련되기는 진정 어려운가.

　잊고 살다 제자들을 만나 이야기를 듣고, 이렇게 보내온 자료를 읽
고 정리하다 보니 참으로 답답하다. 참고로 나는 사법시험을 확 늘리
자는 쪽이다. 로스쿨도 당연히 확 늘리자는 쪽이다. 대륙법제의 전문
가형 법조 인력 충원 구조를 바꾸자는 쪽이다.

국가경쟁력이 메달 색깔 순인가

IMD 국가경쟁력 순위에 대한 언론의 과잉 반응　　대한민국에서 국가경쟁
　　　　　　　　　　　　　　　　　　　　　　　　　　력 순위는 범국민적 스
포츠다. 월드컵 축구보다 사랑하는 것 같다. 특히 언론이 그렇다.

　스위스 국제경영개발원IMD이 2009년 5월 20일 국가 간 경쟁력 순위를
발표했다. 그 한계는 몇 년 전부터 수없이 지적해왔다. 어찌 되었건 우
리나라는 57개국 가운데 지난해 31위에서 올해 27위로 올랐다. 단 노사
관계 생산성은 꼴찌에서 두 번째다.

　어느 부분이 기사가 됐을까. 당연히 56위를 차지한 노사 관계 생산성
이다. 56위에 대한 평가 기초 자료는 누가 제공했나. 대부분 대한민국
기업인이다. 사용자다. 노동자 입장에서 한 조사가 아니다. 설문 조사
가 3분의 1인데, 전 세계 최고경영자 4160명을 대상으로 실시한다. 따
라서 한국의 노사 관계에 대한 답변은 우리나라 기업의 최고경영자들
이 담당한다. 기업인 입장에서는 그렇게 답답한 모양이다. 역으로 생
각하면 다른 나라와 비교한다는 것 자체가 무의미한 셈이다.

"경쟁력 개념은 국가에 적용될 수 없다"　　　　노사 관계뿐만 아니라 나머지
　　　　　　　　　　　　　　　　　　　　　　부분에 대한 비판적 기사는
너무나 흔하기 때문에 인용하지 않겠다. 참고로 2008년 11월 삼성경제
연구소 김득갑 연구원의 비판적 분석 보고서 〈국가경쟁력 지수의 허와
실〉이 제공되었다.

　2008년 노벨 경제학상을 수상한 폴 크루그먼의 말을 인용하고 싶다.
크루그먼은 "국가는 기업과 달리 단순한 지표 하나로 핵심 내용을 표
현할 수 없기 때문에 경쟁력 개념은 국가에 적용될 수 없다"고 했다. 실
제로 2007년 7위에 올랐던 아이슬란드는 2008년 국가 부도 위기에 직면
하면서 아예 순위에서 빠진 상태다.

　런던대학교 토머스 미키위즈Tomasz Mickiewicz 석좌교수 역시 "서유럽에
서는 순위 변화에 크게 주목하지 않는다"고 지적했다. 앞서 인용한 삼
성경제연구소 자료다. "지난 1년간 각종 국내 언론에 보도된 국가경쟁
력 순위 관련 기사가 보도 기사 284건과 사설 34건을 포함, 무려 318건
이 쏟아졌다. 반면 CNN과 ABC, 뉴욕타임스, 워싱턴포스트 등은 전무
했다. (설사 보도한다고 해도) 단순한 참고 지표로 객관적인 사실 전달에
치중한다. 영국의 BBC도 해마다 한 차례씩 간단한 소개 기사를 보도했
을 뿐이다. 일본 역시 2007년 IMD 국가경쟁력 순위가 4단계 떨어져 중
국에 크게 뒤질 때도 언론에서 대서특필하지는 않았다."

대학 순위를 매기는 것도 범국민적 스포츠　　　　최근 조선일보가 아시아 대
　　　　　　　　　　　　　　　　　　　　　　학 순위를 보도했다. 한국에
서 대학 순위는 다른 나라와 비교하는 국가경쟁력의 기준이요, 국제

스포츠 경기와 유사한 국가 간 게임이다. 물론 외국에도 대학 경쟁력 순위를 매기는 관례가 있다. 하지만 이는 주로 영미권 중심이고, 성적 순이 아니라 모든 것을 종합한 평가다. 대한민국에서 대학의 순위 평가는 철저히 수능 시험을 기준으로 한 입학 성적순이다. 다른 기준은 무의미한 것 같다. 오로지 성적순이라는, 그것도 입학 성적순이라는 획일적 기준이 좌우한다. 국내는 물론 외국 대학과 비교할 때도 과잉 반응은 마찬가지다.

한국과학기술인연합 웹사이트에 보면 프랑스와 독일은 대학 순위를 매기지 않는다. 프랑스의 대학은 1968년 사회 개혁 이후 평준화되어 한국과 같이 일류나 이류, 삼류와 같은 구분이 거의 없다. 물론 이공계는 《르 푸앵Le Point》이란 종합 주간지에서 교육의 질, 취업률, 국제 교류,

개선 필요한 대학 평가

서울대는 지난해 11월 영국 QS^{대학 평가 민간 업체}가 실시한 대학 평가에서 50위를 차지했다. KAIST는 95위였다. 하지만 같은 해 중국 상하이교통대의 평가에서는 160위로 밀렸다. 이처럼 대학 평가 순위가 들쭉날쭉한 것은 평가의 공정성과 객관성에 문제가 있기 때문이다. 캐나다 브리티시컬럼비아대학은 객관적인 데이터를 비교한 QS의 정량 지표에서는 모두 100위권 밖이었으나, 종합 순위는 35위로 나왔다. 평가의 신뢰성에 의문을 제기하는 대학이 많은 이유다.

16년째 대학 평가를 진행 중인 중앙일보가 21일 국내 언론 최초로 '대학 평가 포럼'을 연 것은 이런 문제점을 대학과 함께 풀어가자는 취지에서다. 이날 발제한 성균관대 신현대(행정학) 박사는 "대학 평가는 신뢰가 생명인 만큼 객관적인 자료를 토대로 평가 주체에 관계없이 동일한 결과가 나와야 한다"며 "세계 대학 평가는 이런 객관성에 문제가 있다"고 지적했다. 외국의 대학 평가가 개인 주관이 개입되는 설문에 지나치게 의존하거나, 노벨상 등 수상 경력과 연구 실적만 평가하는 한계가 있다는 것이다. 이날 참가자들은 객관적이고 신뢰성 있는 다양한 평가 방법 개선 모델을 제시했다.

중앙일보 2009년 5월 22일자

기업들이 선호하는 학교, 인지도, 학연 등을 참고해서 학교 랭킹을 매기는 모양이다.

네이버 카페 '할로도이치란드'에 다음과 같은 글이 실렸다.

"독일에는 우리나라 대학들과 같은 절대적인 순위는 없고, 시설이나 학생의 선호도, 학업 기간, 교수들의 추천, 연구 업적 등 여러 관점에서 전국의 대학과 학과를 비교한 순위 정보가 매년 새로 발표된다. 독일에서 대학의 순위를 정하기 시작한 것은 10년 정도밖에 안 된 일로, 처음에는 주요 시사지들이 이에 중요한 역할을 했다. 이후 대학랭킹센터CHE가 이 중대한 국가적 정보의 공백을 메우는 업무를 맡아, 2002년 유명 시사 주간지《슈테른Stern》과 공동으로 면밀한 조사를 바탕으로 가장 광범위한 대학 순위를 발표하기에 이르렀다. 이 자료에는 240여 개 유명 국립대학과 응용 학문 대학이 제공하는 학업 과정이 비교되었고, 학생 10만여 명과 교수진 1만여 명의 의견이 반영되었다. 한국의 대학 순위와 비교해 가장 큰 차이점은 비교 평가의 대상이 대학 자체가 아니라 개별 학과라는 점이다."

올림픽 메달 순위 경쟁에도 과민 반응 　베이징올림픽 때의 일이다. 우리나라가 유도 경기에서 금메달을 땄는데, 우는 우리 선수를 달래는 사람은 은메달리스트였다. 한국에서 금빛과 은빛은 그야말로 하늘과 땅 차이다. 더구나 동메달이라도 딴 사람과 아예 메달에서 빠진 사람은 이 차이를 어떻게 비교해야 할까.

국제올림픽위원회IOC는 국가별 메달 수를 집계하지 않는다. 올림픽 정신에 따른 것이다. 2008년 베이징올림픽 때도 IOC 공식 홈페이지 www.olympic.org는 별도의 메달 순위표를 만든 적이 없다. 베이징올림픽위원회BOC가 공식 홈페이지en.beijing2008.cn를 통해 각국의 메달 현황을 보여주었을 뿐이다.(조선일보 2008년 8월 12일자)

그렇다고 모든 나라가 메달 집계를 포기하는 것은 아니다. 대부분 1등 기준이다. 미국과 AP 등 미국 통신사들은 금·은·동을 합해 메달 수를 집계한다. 우리와 확연하게 다른 점이다. 캐나다도 마찬가지다.

오로지 성적, 오로지 등수　　　　내가 제기하고 싶은 문제는 모든 것을 서열화하고 성적화하고, 유일한 기준으로 세상의 모든 것을 판단하는 한국적 가치관에 대한 비판이다. 인생도 성적순이고, 행복도 성적순이고, 나라도 성적순이고, 기업도 성적순이고, 대학도 성적순이고…… 오로지 성적, 성적, 성적이다. 등수, 등수, 등수다.

문제는 이런 패러다임이 우리 사회의 전 분야를 과도하게 억압하고 폭력적으로 지배한다는 점이다. 이런 것들이 사교육으로 이어지고, 대입으로 전환되고, 기득권 구조가 되어 세상살이로 이어진다. 출발이 불공평한 사회가 되고, 공정한 기회를 저해한다. 과도한 논리의 비약이라고? 결코 그렇지 않다. 공정한 평가 기준이 없는 나라다. 그래서 획일적인 지필 고사에 따른, 그것도 냉정하게 평가할 수 있고 칼로 두부를 잘라낼 수 있는 사지선다형을 선호하는 나라다. 사지선다형은 두 개의 답이 허용되지 않는다. 두 개의 생각, 다른 생각이 허용되지 않는다. 그 순간 시험 자체가 틀린 시험이 되고, 소송으로 이어지고 만다.

이런 거대한 사슬이 우리 사회를 지배한다. 성적을 유일신화하는 세태는 국가경쟁력 순위로 이어지고, 올림픽 순위로 이어지고, 월드컵 16강 진출 여부로 이어지고, 수학올림피아드로 이어지고, 노벨상 수상 실적 존부로 이어지고, 부의 순위로 이어지고, 기업 순위로 이어지고, 일등 상품 순위로 이어지고…… 이렇게 우리는 '성적'이라는 신, '등수'라는 신, '경쟁'이라는 신을 지상 최고의 가치로 모시고 산다.

위험한 권력

견제 받지 않는 사법 관료, 사유화된 검찰 권력

초판 1쇄 발행 2011년 11월 15일

초판 2쇄 발행 2012년 1월 10일

지은이 최재천

펴낸이 우좌명

펴낸곳 출판회사 유리창

출판등록 제406-2011-000075호(2011.3.16)

주소 413-756 경기도 파주시 교하읍 문발리 파주출판도시 535-7
세종출판타운 402호

전화 031)955-1621

팩스 0505)925-1621

이메일 yurichangpub@gmail.com

ISBN 978-89-966804-2-0 03300